企业人力资源管理与
法律顾问实务指引丛书

HR劳动争议案例精选与实务操作指引

郝云峰◎著

第二版

中国法制出版社
CHINA LEGAL PUBLISHING HOUSE

图书在版编目 (CIP) 数据

HR劳动争议案例精选与实务操作指引 / 郝云峰著
. —2版. —北京：中国法制出版社，2022.5
（企业人力资源管理与法律顾问实务指引丛书）
ISBN 978-7-5216-2604-9

Ⅰ. ①H… Ⅱ. ①郝… Ⅲ. ①劳动争议—处理—案例
—中国 Ⅳ. ①D922.591.5

中国版本图书馆CIP数据核字（2022）第050704号

责任编辑：马春芳　　封面设计：汪要军

HR劳动争议案例精选与实务操作指引
HR LAODONG ZHENGYI ANLI JINGXUAN YU SHIWU CAOZUO ZHIYIN

著者 / 郝云峰
经销 / 新华书店
印刷 / 三河市紫恒印装有限公司
开本 / 730毫米×1030毫米 16开　　印张 / 19.75 字数 / 307千
版次 / 2022年5月第2版　　2022年5月第1次印刷

中国法制出版社出版
书号 ISBN 978-7-5216-2604-9　　定价：69.00元

北京市西城区西便门西里甲16号西便门办公区
邮政编码：100053　　传真：010-63141600
网址：http://www.zgfzs.com　　**编辑部电话：010-63141822**
市场营销部电话：010-63141612　　**印务部电话：010-63141606**

推荐序

Foreword

判断一个劳动法律师是否专业，一般可以从律师的教育背景、工作经历和处理劳动案件的数量及质量判断。一个律师受过良好的法学教育、有过丰富的工作经历并办理过大量的劳动案件，这个律师大概率是一名劳动法专业律师。

很多劳动法专业律师认为，劳动法是一个应用广泛的法律门类。只要有组织，就有员工，故劳动法专业律师只要认真钻研劳动法的法律规定与适用，就可以熟练地为当事人或者客户提供法律意见、担任代理人了。

这种观点当然不错，然而，面对众多行业和各类用人主体，仅仅满足于劳动法的规定及适用则显得不够专业、不够精准。

以金融保险业为例，中国银行保险监督管理委员会（简称银保监会）颁布了许多从业人员管理办法，以控制金融领域的风险。从任职资格方面，银保监会有银行业、保险业董事（理事）和高级管理人员任职资格规定；从职业操守方面，有银行业金融机构从业人员职业操守指引；从金融行为方面，有银行业金融机构从业人员行为管理指引；从信息披露方面，有银行业金融机构从业人员处罚信息管理办法；从薪酬机制方面，有关于商业银行稳健薪酬监管指引等。

从金融保险业的行规上，可以看出仅仅依靠劳动法以及相关法律法规是远远不够的。劳动法专业律师必须将劳动法和行业要求结合起来，这是专业升级的客观要求。

不仅金融保险业有特殊的要求，其他行业也有一些独特的要求或者市场运行的规则，包括但不限于互联网、高科技、影视、体育、娱乐、新能源、医疗医药等。

更进一步，服务对象的独特性质也会带来对劳动法一般适用的挑战，如跨国公司会涉及员工的跨境流动管制、税务居民申报、社会保险缴纳；国有企业会涉及组织任命、人事调整、用工机制改革、薪酬封顶、离任审计、党纪政纪处理等；民营企业会涉及岗位和工作地点调整、内部机构撤并、工作时间延长、社保基数降低、住房公积金比例选择等。

在我们进行专业研究或者行业研究的过程中，也要重视裁审机构对相关问题的评价。对裁判文书的研究是了解、掌握裁审机构审理案件思路的一条很好的路径。最高人民法院要求从2014年1月1日起，符合条件的法院生效裁判文书应当在互联网全面公布。海量裁判文书进入律师的日常工作，通过研究裁判文书，律师也不断提升了自身的专业技能。郝云峰律师研读了大量裁判文书并且转化为工作成果，撰写本书，为用人单位和劳动者快速掌握劳动法最新的裁审观点提供了一个新的选择。

相信本书的面世，对于用人单位合规用工、构建和谐劳动关系必将产生积极影响。

是为序。

姜俊禄　博士

中国社会法学研究会副会长

北京市劳动和社会保障法学会名誉会长

第二版序言

Preface

新冠肺炎疫情暴发后，中国人民在以习近平同志为核心的党中央坚强领导下，众志成城、齐心抗疫，取得了抗击疫情的阶段性胜利。中国的国际地位进一步提升，逐渐成为抗击疫情、提振世界经济的中坚力量。

在积极抗疫的同时，社会生产逐步恢复正常。各行各业的人们响应党的号召，以极大的热情投入到生产建设中去，努力做好本职工作，为国民经济的恢复与发展尽自己的一份力量。作为一名劳动法律师，除了办好委托人交办的每一起案件外，还要研究最新的裁审观点、裁判思路，并希望将这些研究成果转化为用人单位劳动用工合规管理的参考依据。本书的第一版深受用人单位 HR 的喜爱，常有读者和我交流读书心得，甚至还有读者报来喜讯说看这本书帮助他打赢了官司，这个效果倒是我没有想到的。我的第三部作品《企业劳动法实战问题解答精要》于 2020 年 9 月上市后，我正在筹备第四部作品，专题写劳动合同解除环节的内容。这时出版社的编辑老师告诉我本书的第一版已经没货了，能不能更新一版。这样《HR 劳动争议案例精选与实务操作指引》（第二版）成功“加塞”成为我的第四部作品。

这本书不同于其他三本书的最大之处在于它是这四部作品中最成熟的一本。不论是从案例的选择、编排，还是对案例的分析，都较之前有很大的进步。在律师点评环节，第一句话往往是我对这个案例的最大感受，或者说是这个案例最能触动我的那个点。挑选案例本身就是一个浩大的工程，案件的取舍是最让人纠结、抓狂的事儿，未入选的案例中也有许多经典、精彩的内容，但由于篇幅原因未能收录。当然，入选的案例都是精华中的精华，这些案例都让我的头脑产生过火花，都激发过我很多的思考。比如，案例 1“董事长参与公司管理，可以与用人单位建立劳动关系”是实务讨论中非常激烈的一个点。北京市第一中级人民法院和上海市第一中级人民法院分别于 2020 年 12 月和 2021 年 4 月发布了涉高管劳动争议典型案例，其中十大典型案例的第一个典型案例均涉及法定代表人与用人单位能否建立劳动关系的问题，其中两地观点迥异但各自说理又非常充分、让人信服。有关的争论，有可能还会持续。类似的案例还有很多。

本书在章节内容的编排上也更注重整体逻辑的推演。从整体章节上看，从劳动关系的认定开始，再到劳动合同的订立、劳动合同的履行、劳动合同的解除。这样，从劳动关系的确立和建立到劳动合同的终止和解除就形成一个闭环，在这个闭环里，从不同的角度分别加入规章制度、工时、休假、社会保险、竞业限制、劳动报酬、离职协议、举证责任等重点内容，这样，在这个闭环里基本涵盖了员工关系模块中涉及劳动法的全部环节。在每一章节的内容编排上，我也重点进行了逻辑上的梳理。比如，在第四章“一般劳动者劳动合同的解除”中，案例 36“劳动者骗回并撕毁辞职报告不影响劳动合同已解除”阐释劳动者任意性解除劳动合同。当然，这次选择的任意性解除的案例较之前有所提升，为了更进一步理解任意性解除系形成权，该案例讲的是递交辞职报告后劳动合同即解除，即使劳动者把辞职信撕毁也不影响劳动合同已经解除；案例 37“飞行员辞职，用人单位拒绝解除要求继续履行未获支持”，作为飞行员这类劳动者行使任意解除权，就是让读者更深程度去理解任意解除权中的“任意”；案例38“劳动者辞职后，用人单位的单方解除行为无效”是从劳动者任意性解除权实施后的法律效果来看任意性解除权的法律含义；案例39“员工预告性解除，用人单位可立即同意无须等满三十日”是从用人单位的角度来看任意性解除权到底是权利还是义务。通过这四个案例，希望读者能够从多角度、多维度去理解劳动者任意性解除的法律含义。理解任意性解除劳动合同绝非我们对理论的偏好，而是企业劳动用工管理风险管控的现实需要，理解不到位或是理解错误将给用人单位带来现实的用工风险。

《民法典》的实施对劳动法领域也会产生影响。案例2“村委会不是用人单位，与劳动者无法建立劳动关系”，案例中的观点系《民法典》实施前主流的裁判规则。《民法典》实施后，第一百零一条第一款规定“居民委员会、村民委员会具有基层群众性自治组织法人资格，可以从事为履行职能所需要的民事活动”，该规定不仅确认了居民委员会、村民委员会的法人资格，而且明确规定了可以从事民事活动。

书中的一些案例还与社会中的热点问题相契合，这些案例可以帮助用人单位从劳动用工的角度来审视社会上的这些热点、焦点问题。案例41“家人病重请事假未获批，用人单位以旷工为由解除违法”对于用人单位的事假批准权的边界进行了讨论；案例43“劳动者以第三者身份介入他人婚姻，用人单位解除合法”从民法“公序良俗”的角度来看用人单位对劳动者行为规制的边界；案例52“用人单位将员工移出群聊，构成违法解除劳动合同”让我们见识到了解除劳动合同的新方式；案例66“劳动者生育三胎，用人单位依约定解除未获支持”对于当前三孩政策下用人单位劳动用工制度的调整提供了参考。

书中的案例个个经典、个个实用，对企业劳动用工管理实操能力的提升大有裨益。当完成书稿的时候，我很希望这本书能够快点送到用人单位HR手中，为规范企业劳动用工管理、降低企业违法用工成本提供些许帮助，为构筑和谐稳定的劳动关系尽一点绵薄之力。

在阅读本书过程中，您有任何问题，欢迎与我沟通交流，也欢迎您关注我的视频号“郝云峰律师”，书中的案例我还会通过视频的方式和大家分享。

郝云峰

2022 年 3 月 6 日

目 录

Contents

第一章

劳动关系认定——一切劳动纠纷的前提

001　董事长参与公司管理，可以与用人单位建立劳动关系

董事长兼任法定代表人，在享有董事长职权的同时，参与公司日常经营管理的，也可以与用人单位建立劳动关系。

案情简介

2017 年 7 月 20 日，孙某被吉林麦某轻合金有限公司（以下简称麦某轻合金）股东麦某控股有限公司（以下简称麦某控股）调任麦某轻合金董事长兼法定代表人。2018 年 2 月 7 日，孙某被麦某控股免去麦某轻合金董事长职务，孙某与麦某轻合金现任董事长进行了工作交接。后孙某以确认其与麦某轻合金存在无固定期限劳动合同关系等为由诉至法院。

法院裁判

本案历经吉林省辽源市中级人民法院一审、吉林省高级人民法院二审、最高人民法院再审。最高人民法院再审认为：

麦某轻合金与孙某之间存在事实上的劳动合同关系。2017 年 7 月 20 日，孙某被麦某控股调任其全资子公司麦某轻合金任董事长兼法定代表人，月薪税后 7 万元。自此，孙某既作为麦某轻合金的董事、董事长参加董事会行使公司法赋予的职权，同时作为麦某轻合金的法定代表人参与公司日常经营管理。从公司法的角度看，公司依据章程规定及股东会决议聘任董事行使法定职权，董事同意任职并依法开展

委托事项，公司与董事之间即形成委任关系，从双方法律行为的角度看实为委托合同关系。但公司与董事之间的委任关系并不排斥劳动合同关系的存在，即二者之间在符合特定条件时还可以同时构成劳动法上的劳动合同关系。《公司法》第四十四条第二款规定，“两个以上的国有企业或者两个以上的其他国有投资主体投资设立的有限责任公司，其董事会成员中应当有公司职工代表；其他有限责任公司董事会成员中可以有公司职工代表……”这就以法律形式明确肯定了董事与公司之间可以形成劳动关系，委任关系与劳动关系并非绝对排斥、不能兼容。本案中，孙某于2017年7月被任命为麦某轻合金董事长，与公司形成委任关系。孙某虽未与麦某轻合金签订书面劳动合同，但其被任命为董事长的同时还担任公司法定代表人，负责公司融资、对外协调及财务管理等大量具体经营管理事务，受公司规章制度管理和约束，麦某轻合金按月向其支付工资并委托外服公司代缴“五险一金”费用。故孙某因担任法定代表人而从事除董事职权以外的公司其他具体业务，并以工资为主要生活来源等事实，符合劳动关系的构成要素，足以认定麦某轻合金与孙某同时形成委任关系和事实上的劳动合同关系。

律师点评

北京市第一中级人民法院于2020年12月4日召开“平衡保护公司与高管权益、构建劳资共赢的用工环境——涉公司高管劳动争议十大典型案例”新闻发布会。发布会公布的第一个典型案例即为“股东基于股东间约定兼任公司高管，参与用人单位经营管理的，其与用人单位之间不存在劳动关系”。基本案情是这样的：胡某自称其于2018年3月1日入职某食品公司任CEO，双方于2018年2月15日签订劳动合同。某食品公司对此不予认可，主张胡某是作为公司的股东进入公司，双方之间并非劳动关系。后胡某诉至法院要求确认双方存在劳动关系。法院经审理后认为，胡某主张签订的劳动合同系其利用职务之便自行签订，其通过股东之间的约定在某食品公司担任CEO职务，双方并未形成建立劳动关系的合意，故胡某与某食品公司之间不存在劳动关系。在法官释法环节，法官认为，公司股东依法享有资产收益、参与重大决策等权利，股东间协商担任公司管理职务，也是常见的公司内部组织管理形式。从选任的角度看，股东担任公司高管系基于股东之间的约定，其与公司之间并无建立劳动关系的合意；从风险负担的角度看，胡某持有某食品公司股份，参与经营管理，理应承担经营风险，不能因公司未获利，而主张其应获得劳动法的保护，使得风险收益转化为一般劳动者固定的劳动报酬。因此，仅从股东参与公司的日常行政事务管理和决策等外在特征不能判断其与用人单位之间必然存在劳动关系。

这两个案子单独去看，我们可能发现不了什么问题，但是对比来看，可能会有疑惑，股东到底能不能与用人单位建立劳动关系?

最高人民法院的观点是委任关系并不排斥劳动关系，股东担任公司高管期间符合劳动关系认定标准的，仍然可以和公司建立劳动关系；北京市第一中级人民法院的观点是，股东担任高管系股东之间的约定，股东与公司并无建立劳动关系的合意，仅从股东参与公司的日常行政事务管理和决策等外在特征不能判断其与用人单位之间必然存在劳动关系。看来，对于股东担任高管与公司能否建立劳动关系目前尚有不同认识，用人单位应该通过协议的方式和担任股东的高管具体约定任职期间的权利义务，从而管控潜在的法律风险。

案例索引

最高人民法院（2020）最高法民再50号

002 村委会不是用人单位，与劳动者无法建立劳动关系

村民委员会是村民自我管理、自我教育、自我服务的基层群众性自治组织，不属于劳动合同法意义上的用人单位。

案情简介

黄某于1986年6月1日入职某江村委会从事治安员工作，某江村委会没有与

黄某签订书面劳动合同，也没有为黄某缴纳社会保险，每月工资以现金形式发放。黄某于2018年1月26日以确认劳动关系为由申请劳动仲裁，请求确认其与某江村委会自1986年6月1日至2018年1月26日存在劳动关系。

法院裁判

某江村委会是村民委员会，根据《村民委员会组织法》第二条第一款“村民委员会是村民自我管理、自我教育、自我服务的基层群众性自治组织，实行民主选举、民主决策、民主管理、民主监督”的规定，认定某江村委会同属于《劳动合同法》上规定的“企业、个体经济组织、民办非企业单位等组织”依据不足。因此，对黄某关于确认双方存在劳动关系的请求，法院未予支持。

律师点评

居民委员会、村民委员会能否成为劳动法意义上的用人单位？

《民法典》实施前，这个问题一直存在争议，主流观点认为居民委员会、村民委员会不是劳动法意义上的用人单位。《民法典》实施后，第一百零一条第一款规定“居民委员会、村民委员会具有基层群众性自治组织法人资格，可以从事为履行职能所需要的民事活动”，该规定不仅确认了居民委员会、村民委员会的法人资格，而且明确规定其可以从事民事活动。从理论上讲，从事民事活动当然就包括雇佣劳动者建立劳动关系。不过，司法审判中如何认定，目前尚缺少新的实践案例参考。

案例索引

广东省佛山市中级人民法院（2018）粤06民终8287号

003　签订劳动合同、缴纳社保也不一定存在劳动关系

劳动关系认定的三个要素缺一不可，劳动者提交劳动合同和社保缴费记录，并不必然推定其与用人单位存在劳动关系。

案情简介

杨某主张其于2015年8月入职北京闻某物业管理服务有限公司（以下简称闻某物业公司），工作地点为消防局机关食堂，担任服务员。杨某就其主张提交了劳动合同书和劳动合同变更书。劳动合同书显示，闻某物业公司与杨某于2015年8月1日签订了期限自当日起至2018年8月1日止的劳动合同，其中试用期至2015年11月15日，杨某担任洗碗工岗位工作；劳动合同变更书中显示，经双方协商一致，劳动合同于2017年1月1日终止。

闻某物业公司称，其服务于消防局，服务项目为消防局办公楼的保洁、工程和秩序维护。闻某物业公司与消防局机关食堂只是客户关系，帮助机关食堂给杨某等人代缴纳社会保险。因为机关食堂陈助理说杨某的孩子要在北京上学，所以请求闻某物业公司与杨某签订劳动合同，但杨某的工资不是闻某物业公司发放，闻某物业公司也不对杨某进行管理。

法院裁判

在证明双方存在劳动关系时，杨某作为本证方，应承担基本的举证责任。为此，杨某提交了劳动合同书、社保缴费明细等证据。上述证据系证明双方存在劳动关系的必要条件，但非充要条件。换言之，杨某提交的证据并不能必然推定双方存在劳动关系，且未能显示杨某与闻某物业公司之间存在人身依附性。再结合杨某提交的银行交易明细，其工资发放的起始时间及数额与闻某物业公司和消防局提交的外聘人员工资发放表中杨某的发放工资时间和实发工资数额一致，法院无法以此认定杨

某与闻某物业公司有建立劳动力交换的意思表示。故法院对杨某关于双方系劳动关系的主张产生合理怀疑，本证方的证据未能达成高度盖然性，未能使法院形成有效心证。反观反证方的证据，第一，结合闻某物业公司提交的《关于杨某在消防局机关食堂工作情况说明》《告知函》以及双方庭审陈述，法院有理由相信杨某与闻某物业公司签订劳动合同的真实意图不在于用工和管理，如若此，不符合劳动关系的实质。第二，消防局的谈话笔录及其向法院提交的外聘人员工资发放表与闻某物业公司的庭审陈述和提交证据不谋而合，可以相互佐证并形成证据链，足以使法院对本证方的主张产生合理怀疑，质疑本证方提交证据的证明力。综上，法院认为，杨某作为证明劳动关系存在的本证方，其证据未能达到高度盖然性，且不足以反驳对方提交证据的证明力，未能完成举证责任。故法院认定杨某与闻某物业公司之间不存在劳动关系，驳回杨某的诉讼请求。

律师点评

用人单位与劳动者签有劳动合同并为其缴纳了社保，但双方不存在劳动关系，这是本案的特殊之处。

在以往的案例中，劳动合同是用人单位与劳动者建立劳动关系最直接，也是最重要的证据。在认定劳动关系的案例中，我们首先要看双方是否签有劳动合同，这就造成一种“签有劳动合同，双方即存在劳动关系”的错觉。建立劳动关系应当签订劳动合同，但签订劳动合同不能证明双方就一定存在劳动关系。

劳动关系认定的三个要素是认定用人单位与劳动者是否存在劳动关系的基本原则，明确规定了劳动关系认定的标准，同时也明确，劳动合同、工资支付凭证、社保缴费记录、工作证等可以作为劳动关系认定的参照。

实践中，虽然用人单位与劳动者之间签有劳动合同，且用人单位为劳动者缴纳了社保，但双方只存在挂靠或代缴等关系而并未建立劳动关系的情况很多。通过本案也可以看出，在不存在劳动关系的情况下，企业为他人代缴社保，或出于某种原因签订劳动合同，存在较大风险，建议用人单位不要冒险为之。

案例索引

北京市第二中级人民法院（2019）京02民终1278号

004 用人单位主张与挂靠人雇佣的人员无劳动关系，未获支持

用人单位主张劳动者是挂靠在公司的个人雇佣的人员，双方不属于劳动关系，该主张未获法院支持。

案情简介

2018年5月23日晚，赵某驾驶上海安某物流有限公司（以下简称安某公司）所有的某车辆在高速公路上发生交通事故，赵某受伤。赵某与安某公司就双方是否存在劳动关系产生纠纷，双方诉至法院。

安某公司主张：2018年2月23日至2018年5月10日，赵某驾驶的车辆不是安某公司的，只是挂靠在安某公司运营，安某公司给车辆所有人郑某新提供业务，郑某新派人、派车运输。在这期间，作为郑某新雇佣的驾驶员，赵某每次接到运输业务时，安某公司都预付运输费（过桥费、过路费、油费）给赵某，安某公司不存在发放赵某工资的事实。故2018年2月23日至5月10日期间，赵某与郑某新存在雇佣关系，与安某公司没有劳动关系。

法院裁判

根据安某公司、赵某的举证，赵某系根据安某公司的安排进行商品车运输工作，由安某公司的工作人员与赵某结算油费、工资、运费等款项，在赵某受伤后，由安某公司为其支付医疗费。以上足以证实赵某在安某公司工作，为安某公司提供劳动，其工作内容系安某公司的业务组成部分，接受安某公司的管理及约束，安某公司按约支付赵某劳动报酬，双方实际履行劳动权利义务。安某公司对此辩解称，因

2018 年 5 月 11 日之前，公司没有自己所有的车辆，赵某驾驶的系郑某新挂靠在安某公司处的车辆，所以赵某由郑某新个人雇佣，但安某公司未提交证据证明赵某与郑某新存在雇佣关系，不管是赵某驾驶非安某公司所有的车辆时还是驾驶安某公司所有的车辆时，赵某的工作模式均一致，均接受安某公司的工作安排及管理。因此，法院对安某公司的主张不予采信。故确认安某公司与赵某于 2018 年 2 月 23 日至 2018 年 5 月 23 日期间存在劳动关系。

律师点评

该案彰显了实践中劳动关系认定的复杂性。用人单位与挂靠人雇佣的人员是否存在劳动关系也是我们常常遇到的难题，但无论如何还是应当从劳动关系认定的三个要素去判断。首先要看双方是否存在建立劳动关系的合意，当然这个合意判断起来有一定的难度。有的时候用人单位根本就不知道这个劳动者的存在，从外观上根本不可能存在合意，但是当引入代理这个概念后事情就变得复杂了；其次要看劳动者是否接受用人单位的工作指派；最后还要考察用人单位是否向劳动者支付劳动报酬。

劳动关系不同于其他社会关系，具有独特属性。劳动关系兼有人身关系和财产关系的性质，兼有平等关系和隶属关系的法律特征。劳动关系一经建立，劳动者必须听从用人单位的指挥，将劳动力的支配权交给用人单位，接受用人单位的管理，服从其工作时间、工作任务等安排，遵守其规章制度。

实践中，劳动关系确认一般会涉及其他财产或赔偿问题。只有确认劳动关系的起止时间，才能确定工资支付、社保缴纳起止时间及补偿金或赔偿金计算期间，当然最常见的是确认是否属于工伤及工伤赔偿问题。本案中，用人单位认可劳动者发生工伤时与其存在劳动关系，却不认可之前某个时间段内双方存在劳动关系，其理由是之前公司没有自己的车辆，某个时间点之后劳动者才驾驶公司的车辆，意图通过生产资料（工具）的所有权权属来否认劳动关系，当然，对于用人单位的主张，法院最终没有采信。

经常会有 HR 来询问，用人单位与挂靠人员签署怎样的合同才能避免风险？本案就是一个很好的例子，即使双方属于挂靠关系，也很有可能被认定为劳动关系，挂靠人将依法享受劳动者的待遇。最大的风险当然还是工伤风险，由于用人单位往往认为其和挂靠人员不存在劳动关系，也就不会为其缴纳社会保险，而一旦劳动者发生工伤，这时的工伤保险责任就需要由用人单位自行承担了。当然，并非所有挂靠都会被认定为存在劳动关系，需根据具体案情确定，但不建议用人单位通过挂靠方式雇佣劳务人员，因为这种方式风险非常大。

案例索引

上海市第二中级人民法院（2019）沪02民终1033号

005　劳动者入职当天即受伤，要求确认劳动关系获支持

用人单位称劳动者在面试时受伤，双方未形成劳动关系，但因劳动者已接受用人单位的劳动管理而被法院认定为存在劳动关系。

案情简介

王某主张其与保某物业管理（北京）有限公司（以下简称保某物业公司）之间存在劳动关系，其于2016年7月1日接受保某物业公司刘经理的面试，约定由王某担任厨师，负责为该公司职工做饭，口头约定月工资标准为2400元。2016年7月2日，王某入职保某物业公司，当日在员工食堂工作时，因保某物业公司未对其进行培训，其对设备不熟悉，导致操作不当引起爆燃事故，王某被烧伤。

保某物业公司对王某的主张不予认可，主张王某于2016年7月2日上午到保某物业公司面试，面试内容为在厨房试做几个菜，因王某的错误操作导致爆燃事故发生，双方并未建立劳动关系。

法院裁判

王某称其在保某物业公司担任厨师，双方约定月工资标准为2400元，后其

在工作期间受伤，保某物业公司亦认可王某面试的岗位为厨师，且受伤地点为该公司办公地点，故法院认定王某接受保某物业公司的劳动管理，其所提供的劳动系保某物业公司的工作业务组成部分。现保某物业公司否认双方之间存在劳动关系，主张当日系对王某进行面试，但并未就其主张提交证据予以证明，故法院认定王某与保某物业公司之间的关系符合劳动关系特征，法院依法确认双方存在劳动关系。劳动关系，一般是指劳动者与用人单位之间因交换劳动与报酬而形成的持续性的、较为稳定的社会关系。然而在本案中，依王某所述，其于 2016 年 7 月 2 日入职保某物业公司从事厨师工作，当日即发生事故，产生纠纷，故就本案而言，双方不具备通常情形下认定劳动关系所依据的周期性的、规律性的工资支付、考勤管理及社会保险缴纳等客观因素，进而无法苛求劳动者就双方存在持续、稳定之关系承担举证责任。鉴于王某系在依保某物业公司要求、为保某物业公司提供劳动过程中受伤，在此情形下，保某物业公司主张双方仅为面试而尚未发生劳动关系或劳务关系，应就此举证证明。现保某物业公司未能就此提举证据，应承担不利的诉讼后果。

律师点评

本案给我们的启示是，劳动关系自用工之日起建立，用工之日是指劳动者接受管理提供劳动之日，且不论劳动关系存续时间的长短。

一般来说，劳动者要求确认劳动关系的，应当提供相关证据。但是，本案比较特殊，劳动者刚入职即因工作受伤或者说确实是在面试过程中受伤，如法院要求劳动者提供双方存在持续、稳定劳动关系的证据既不现实也不公平。基于双方均认可劳动者遭受伤害的事实，法院将该举证责任分配给用人单位，用人单位在难以举证的情况下，需承担不利的诉讼后果。

关于劳动关系的建立时间，《劳动合同法》第七条明确规定，用人单位自用工之日起即与劳动者建立劳动关系。用工之日意味着用人单位开始对劳动者进行劳动用工管理，用人单位开始承担用工管理的责任，当然本案巧合的是，入职当天即发生事故。这个案子反过来也告诉我们，不管入职时间长短，只要是劳动者接受用人单位的管理，双方便建立劳动关系。

本案法院更多地考虑了判决的社会效果，毕竟无论劳动者是否已经入职，其都是在从事与用人单位相关的工作中受伤的，如果其伤害不能得到有效的救助和赔偿，劳动者有可能陷入孤立无援的窘境，有可能成为社会的不安定因素，因此，判决由用人单位承担相关责任也有利于社会的整体和谐与稳定。

案例索引

北京市第一中级人民法院（2017）京 01 民终 9484 号

006 与下岗待岗人员签订劳务合同，仍按劳动关系处理

下岗待岗人员与用人单位签订了劳务合同，但双方发生的用工争议仍按劳动关系处理而非按劳务关系处理。

案情简介

下岗待业人员翁某于 2006 年 10 月 10 日入职北京普某物业管理有限公司上海分公司（以下简称普某公司），双方先后签订多份《劳务合同》，其中第二十条约定“本合同的解除或终止不适用《劳动法》《劳动合同法》等劳动和社会保障法律、法规、规章等规范性文件中有关经济补偿金、生活补助费、一次性医疗补助费等规定”。2017 年 11 月 1 日，普某公司向翁某出具《劳动合同 / 劳务合同解除通知书》。

翁某认为，双方系劳动关系，普某公司解除劳动关系的行为系违法解除，双方因此成讼。

法院裁判

根据 2010 年 9 月 14 日开始实施的《最高人民法院关于审理劳动争议案件适

用法律若干问题的解释（三）》[①]第八条的规定，企业停薪留职人员、未达到法定退休年龄的内退人员、下岗待岗人员以及企业经营性停产放长假人员，因与新的用人单位发生用工争议，依法向人民法院提起诉讼的，人民法院应当按劳动关系处理。翁某作为下岗待岗人员，自2006年10月开始一直在普某公司处工作至2017年11月1日，并在《最高人民法院关于审理劳动争议案件适用法律若干问题的解释（三）》实施后与普某公司签订多份《劳务合同》，故双方发生的用工争议应按劳动关系处理。现翁某对普某公司解除劳动关系并无异议，仅要求支付经济补偿金，应视为双方已协商解除，普某公司理应支付经济补偿金。

律师点评

根据本案例，劳动者可以同时与两个用人单位建立劳动关系，且不论劳动者与新用人单位签订的是劳动合同还是劳务合同。

在用工实践中，对于是否承认双重劳动关系或者多重劳动关系一直存在争议。本案中，虽然存在两个劳动关系，但是由于相关司法解释对于此种情形有明文规定，即企业停薪留职人员、未达到法定退休年龄的内退人员、下岗待岗人员以及企业经营性停产放长假人员这四类人员与新用人单位发生争议，应按劳动关系处理，使本案的裁判变得容易理解，即这四类人员可以与新用人单位建立一个新的劳动关系，法律对此是认可的。

如果不属于上述四类人员，应如何进行认定呢？是否承认双重劳动关系或者多重劳动关系呢？在《劳动合同法》中，虽并没有明文规定认可双重劳动关系，但该法第三十九条第四项规定“劳动者同时与其他用人单位建立劳动关系，对完成本单位的工作任务造成严重影响，或者经用人单位提出，拒不改正的”，可以推断出法律是认可双重劳动关系的存在的。《最高人民法院关于审理工伤保险行政案件若干问题的规定》第三条规定，“社会保险行政部门认定下列单位为承担工伤保险责任

---

① 2021年1月1日起，施行《最高人民法院关于审理劳动争议案件适用法律问题的解释（一）》，为第三十二条第二款：“企业停薪留职人员、未达到法定退休年龄的内退人员、下岗待岗人员以及企业经营性停产放长假人员，因与新的用人单位发生用工争议而提起诉讼的，人民法院应当按劳动关系处理。”

单位的，人民法院应予支持：（一）职工与两个或两个以上单位建立劳动关系，工伤事故发生时，职工为之工作的单位为承担工伤保险责任的单位……”从该条司法解释我们也可以看出，对于双重劳动关系法律是予以认可的。

案例索引

上海市静安区人民法院（2018）沪 0106 民初 4204 号

007　签订的是劳务合同，但双方仍被认定为劳动关系

虽然用人单位与劳动者订立了劳务合同，但双方关系符合劳动关系认定标准的，仍会被认定为劳动关系。

案情简介

2019 年 8 月 10 日，陕西晨某建筑劳务发展有限公司（以下简称晨某公司）与袁某签订《劳务合同》，该合同第二条第三项约定“乙方必须服从甲方管理，遵守员工守则和甲方的各项管理制度，必须按时上班，准时参加安全例会和班前交底等各项会议和培训，严格按照施工工法、技术交底、安全交底操作”。2019 年 8 月 12 日，袁某开始在晨某公司处上班，工作地点为晨某公司位于延安新区的某工地，接受晨某公司统一管理，并领取报酬。后袁某向陕西省延安市宝塔区劳动人事争议仲裁委员会提起仲裁申请，要求确认晨某公司与袁某从 2019 年 8 月 12 日起存在劳动关系，该委支持其请求后，用人单位不服，诉至陕西省延安市宝塔区人民法院。

法院裁判

劳动关系的确认除审查从属性标准外，还需判断双方有无建立劳动关系的合意。合意可以通过书面或口头的明示方式达成，也可以通过实际履行的默示方式呈现。就本案而言，晨某公司与袁某之间所签订的《劳务合同》虽有劳务合同之名，却无劳务

合同之实，晨某公司所谓计件承包制仅是内部经营管理模式，不能以此否定晨某公司与袁某之间管理与被管理的劳动关系。从本案审理情况来看，晨某公司和袁某符合法律、法规规定的主体资格，袁某受晨某公司的劳动管理，从事晨某公司安排的有报酬的劳动，袁某提供的劳动是晨某公司业务的组成部分。综上所述，晨某公司诉请与袁某之间系劳务关系的理由不能成立，法院确认晨某公司与袁某之间具有劳动关系。

律师点评

本案给我们的启示是，劳动关系的认定是法定的，不是意定的，即只要双方的关系符合劳动关系认定标准，不管是否签订合同，也不管签订的是什么合同，都不影响劳动关系的最终认定。

《劳动和社会保障部关于确立劳动关系有关事项的通知》明确，同时具备下列情形的，劳动关系成立：（一）用人单位和劳动者符合法律、法规规定的主体资格；（二）用人单位依法制定的各项劳动规章制度适用于劳动者，劳动者受用人单位的劳动管理，从事用人单位安排的有报酬的劳动；（三）劳动者提供的劳动是用人单位业务的组成部分。这就是我们常说的劳动关系认定的三个要素。

劳务关系是指提供劳务一方在一定或不特定的期间内，接受雇主的指挥与安排，为其提供特定或不特定的劳务，雇佣人接受受雇人提供的劳务并按约定给付报酬的权利义务关系。

劳动关系与劳务关系有什么区别呢？从主体地位的角度来看，在劳动关系中，用人单位与劳动者的地位不平等，双方不仅有给付劳动报酬等的财产关系，还具有一定的人身隶属关系，劳动者除了为用人单位提供劳动外，还需要遵守用人单位的规章制度，接受用人单位的劳动用工管理；而在劳务关系中，双方的地位是平等的，劳务提供方仅需按照约定提供劳务，无须接受雇佣方的管理，雇佣方也仅享有对劳务进行验收等合同约定的权利，双方仅存在财产关系。

在实践中，一些企业存在“以劳务合同之名，行劳动合同之实”的情况。在这种情况下，一旦被依法认定为双方存在劳动关系，企业将对补缴社会保险、公积金及未签书面劳动合同等事宜承担法定责任，在劳动者出现工伤事故时，将承担工伤保险责任。

案例索引

陕西省延安市中级人民法院（2020）陕06民终900号

008　不接受律所管理的提成律师与律所之间并非劳动关系

提成律师因履行由律所统一接受委托的法定要求而任职于律所，实质上不接受律所管理的，双方不存在劳动关系。

案情简介

2015年11月11日，王某与共某律师事务所签订了《聘用合同》，约定：合同期为2015年11月11日至2017年11月10日；共某律师事务所聘用王某为其专职律师；王某月工资3000元，每月5日发放。2016年2月2日，双方签署《聘用合同补充协议》，约定：关于2016年度的提成，业务实际收到额在20万元以下（含20万元）的，按67%提成；业务实际收到额在20万元以上的，超过20万元部分按77%提成，工资薪金个人所得税由王某自行承担。2017年10月23日，王某与共某律师事务所负责人谈话，该负责人表示因合同到期决定不再与王某续签。后王某向宁波市鄞州区劳动人事争议仲裁委员会提起仲裁申请，要求共某律师事务所支付克扣工资、经济赔偿金、经济损失，该委驳回其仲裁请求后，王某不服，诉至宁波市鄞州区人民法院。

王某诉称：我与共某律师事务所于2014年8月14日起建立劳动关系，双方约定2014年8月至2015年8月王某的劳动报酬为每月1800元，2015年11月至2017年11月王某的劳动报酬为每月3000元。工资发放日为每月5日。在上述期间，共某律师事务所未按合同约定支付劳动报酬，且共某律师事务所没有依法与王某签订无固定期限劳动合同。

共某律师事务所辩称：双方之间是劳务关系并非劳动关系，律所无须与王某签订劳动合同，且律所已足额支付王某的律师分成。

法院裁判

法院认定双方不形成劳动关系，理由如下。从双方的合意来看，双方签订的聘用合同中虽就工资、待遇及仲裁前置等进行了形同劳动合同的约定，但双方又对此签订了补充协议，就报酬、福利另行约定，并协商一致以补充协议为准，且双方均按补充协议实际履行，故该补充协议系双方的真实意思表示。从独立性来看，根据补充协议及实际履约情况，王某作为共某律师事务所的专职律师，虽在形式上由共某律师事务所对外签订委托合同，但实质上业务由王某自行承接，委托事项、内容、权限、费用、期限等内容均由王某与客户自行商定，并不受共某律师事务所管理、控制。王某以律师名义，运用自身的专业知识，依照法律及委托协议完成委托事项，并非按照共某律师事务所的授意或工作任务完成劳动，未体现劳动关系职务性的特征。从管理方式来看，虽然王某主张其为当事人提供的法律服务是受共某律师事务所的工作指派，但该“指派”应理解为《律师法》对律师承办业务需由律师事务所统一接受委托的法定要求，而非劳动关系中用人单位对劳动者的工作指派。王某主张其担任姜山镇 5 个村的法律顾问工作是受共某律师事务所工作指派，但并无证据证明，而且共某律师事务所按惯例以代理费的 67% 计提比例向王某支付了顾问费，故法院对该主张无法采信。共某律师事务所对王某的管理仅限于律师法及行业行为规范等宽泛的规范性约束，并非共某律师事务所制定的工作纪律或规章制度。从报酬组成来看，王某获得的报酬来源于双方对委托人支付的代理费的分成约定，不具有劳动报酬稳定性、周期性的特征。综上，王某以劳动关系为基础主张的各项费用缺乏依据，法院不予支持。

律师点评

律师与律师事务所之间是劳动关系，这是目前的主流观点，至于是授薪律师还是提成律师，仅仅存在劳动报酬分配形式的差异，并不会影响劳动关系的认定。之所以选择本案就是要说明审判实践中还有其他观点。

根据《劳动合同法实施条例》第三条的规定，依法成立的会计师事务所、律师事务所等合伙组织和基金会，属于劳动合同法规定的用人单位。该规定明确了律师事务所是劳动法意义上的用人单位，可以作为劳动用工主体一方与劳动者签订劳动合同。

从属性系劳动关系的本质属性。劳动合同双方当事人应具有经济上的从属性和人身上的依附性。劳动者并不是为自己的经营而劳动，而是从属于用人单位的经营活动，为用人单位实现经营目的而劳动，并借此换取劳动报酬，用人单位应当依法稳定、按周期为劳动者发放劳动报酬。同时，劳动者应当遵守用人单位的各项规章制度以便建立正常的劳动秩序。

本案反映出来的提成律师与律师事务所之间的关系似乎与劳动关系的特征并不相符，如提成律师并不需要遵守律所的规章制度，律所不对提成律师进行劳动用工管理，有的提成律师甚至一年都不来律所一次，显然不具有劳动关系必备的人身依附属性；再如，律师事务所并不向提成律师支付劳动报酬，本案中，律师事务所按照案件代理费的 67% 向王某支付提成款，王某获取收入的数额取决于其代理案件的数量，而与律师事务所并无关联，提成律师一年不接案子，这一年就没有收入，最低工资保障在这里似乎并不适用，双方显然不具有经济从属性。当然，换个角度来看，这些观点似乎又不能成立。提成律师看似不需要遵守律所的规章制度，但提成律师需要遵守律所的收结案制度、利益冲突制度等；提成律师不需要出勤打卡只是出勤方式的不同而已，当然不能据此来否定劳动关系；提成律师的业务均来源于个人的市场拓展，看似没有接受律所的管理，但提成律师并不能直接延揽业务，必须由律所统一对外接受委托，再由律所指派给提成律师办理，从这个角度看，提成律师所办业务均为律所指派，与授薪律师的区别也仅在于对业务来源的贡献程度的不同而已。

现实的困境在于，如果不认定为劳动关系，提成律师和律所之间是什么关系？提成律师的劳动关系在哪里？难道提成律师就不是劳动者了吗？作为非人力资源服务机构，为何律所可以给提成律师代缴社保？这些问题尚且需要进一步思考和明确。

案例索引

宁波市中级人民法院（2021）浙02民终1222号

009　事业单位在编人员也可以与用人单位形成劳动关系

公务员及相应人员不得兼职的限制条件应当在保障其基本生活水平的前提下实行，难以保障的，不应当予以适用。

案情简介

2015年9月14日，曾某与江苏澳某生态农业科技股份有限公司（以下简称澳某公司）签订《劳务雇佣合同书》，约定由曾某担任澳某公司的明祖陵绿博园基地经理。2016年12月18日，曾某在工作中受伤，此后双方就该事宜协商不成，曾某未再上班。曾某原系盱眙县三墩电灌站职工，属事业单位在编人员。但因三墩电灌站属于财政定额补助的事业单位，其收入无法正常发放职工工资，曾某等多名职工外出自谋职业维持生存，仅在农忙灌溉季节回电灌站从事相应工作。后曾某向江苏省盱眙县劳动人事争议仲裁委员会提起仲裁申请，要求确认其与澳某公司存在劳动关系。该委支持曾某的请求后，澳某公司不服，诉至江苏省盱眙县人民法院。

用人单位诉称：我司与曾某之间是雇佣关系还是劳动关系应当以我们之间签订的合同以及签订合同时的背景作为依据，鉴于曾某与盱眙县水务局之间存在的人事关系并未解除，我司才与曾某签订雇佣合同。因此，双方之间的法律关系是明确的，即存在雇佣关系而非劳动关系。

劳动者辩称：我于2015年9月14日到澳某公司上班，担任明祖陵绿博园基地经理一职，在劳动过程中，我接受澳某公司的用工管理，从事相关业务，澳某公司亦按月发放工资，我虽然在盱眙县水务局下属单位上班，但由于单位效益不好，已经停薪待岗多年，所以我另行与其他单位建立劳动关系不违反法律规定，请求法院驳回澳某公司的请求，确认双方存在劳动关系。

法院裁判

合同性质的认定不能仅凭合同名称而定，应当根据合同内容所涉法律关系，即合同双方当事人所设立权利义务内容来确定合同性质。就本案而言，虽然澳某公司与曾某所签订的合同名称为《劳务雇佣合同书》，但该合同内容反映，澳某公司制定的各项规章制度适用于曾某，曾某接受澳某公司的劳动管理，从事澳某公司安排的有报酬的劳动，且曾某提供的劳动是澳某公司业务的组成部分，故该合同约定的权利义务内容并不符合劳务合同的法律特征，而与劳动关系法律特征相符，因此应当认定本案合同性质为劳动合同。

虽然在澳某公司与曾某签订合同之后，曾某仍然与盱眙县三墩电灌站之间存在人事关系，但曾某既不为盱眙县三墩电灌站提供劳动，盱眙县三墩电灌站也不提供工作岗位，其发放的生活费很难满足曾某的生活需求，更难以为曾某提供职业保障和职业发展，更妄论为曾某的人格发展提供条件。而反向来看，澳某公司为曾某提供工作岗位，曾某付出劳动，两者之间的关系符合劳动关系的一切特征，故应当认定澳某公司与曾某之间存在劳动关系。此外，法院认为，《公务员法》中不得兼职的限制条件是在保障公务员及相应人员正常的基本生活水平的前提下确定的，现在盱眙县三墩电灌站发放的生活费难以维持曾某的生存，在此情况下，曾某至澳某公司处工作，并不违反法律的限制性规定。

律师点评

在笔者曾代理的张某河与北京雄某彩虹油墨有限公司劳动争议案件［北京市第三中级人民法院（2015）三中民终字第 06986 号］中，由于劳动者张某河系事业单位在编人员，法院直接否定了其劳动者的身份。而本案的特点在于，法院不仅考察了劳动者的身份问题，还考虑了劳动者实际的境况。

在司法实践中，很多HR存在这样一个误区，即合同双方签订的合同名称决定了合同性质，决定了双方当事人的法律关系。其实，在我国现行的法律法规中，对于不同的法律关系，都有相应的构成要件的规定，如认定合同双方构成劳动关系需要符合劳动关系认定的三个要素，即主体适格、业务从属、用工管理，只要合同双方满足上述三个要素，即使双方签订的是《劳务合同》《合作合同》抑或是《承揽合同》，亦难以掩盖背后的劳动关系。因此，当用人单位需要与相对人签订合同时，应首先辨明双方的法律关系，避免因认知错误导致违反法律的强制性规定，产生没有必要的经济支出。

法律的适用应当具备一定的合理性。在我国众多的法律法规中，存在大量的限制性规定，如公司董高监的忠实勤勉义务、劳动者的保密义务等，但是对于具体的适用，在符合法律构成要件外，亦应当保障当事人基本的生活水平。在本案中，劳动者与其他单位存在人事关系，而根据《公务员法》的有关规定，该类劳动者不得领取兼职报酬，但是，由于与其存在人事关系的单位发放的生活费不足以维持劳动者的正常生活，在劳动者基本的生存权利无法得到保障的情况下，要求其遵守相应的管理制度不存在合理性，故，该劳动者有权另行建立劳动关系并获取劳动报酬以维持其基本生存。

案例索引

淮安市中级人民法院（2017）苏08民终2818号

010　确认劳动关系属于确认之诉，不受诉讼时效的限制

确认劳动关系之诉属于民事案件范畴，民事诉讼的基本原则和基本制度对其理应适用，因此不受诉讼时效的限制。

案情简介

2007年3月，刘某经张某介绍到金某矿业管理股份有限公司（以下简称金某

公司）上班，工作地点为北京市密云区巨各庄镇豆各庄村某铁矿，工作岗位是井下掘进钻工，入职时签订过劳动合同。2007 年的工资以现金方式发放，2008 年以后通过银行卡发放。工作期间，金某公司、江西省鹰潭市博某劳务派遣有限公司（以下简称博某公司）给刘某缴纳过社会保险，工作截止的时间是 2013 年 3 月。

2017 年 12 月 22 日，刘某向北京市密云区劳动人事争议仲裁委员会提起仲裁申请，要求确认自 2007 年 3 月至 2011 年 3 月其与金某公司存在劳动关系，自 2011 年 4 月以后与博某公司存在劳动关系。该委做出不予受理通知书后，刘某不服，诉至北京市密云区人民法院。

用人单位皆辩称，劳动争议案件的诉讼时效为一年，即使双方存在劳动关系，亦已经超过诉讼时效，请求驳回刘某的诉讼请求。

法院裁判

诉是一种请求，指当事人就特定民事争议向法院提出保护自己民事实体权益的请求。按请求的性质分为确认之诉、给付之诉、变更之诉。根据《最高人民法院关于审理民事案件适用诉讼时效若干问题的规定》第一条规定，当事人可以对债权请求权提出诉讼时效抗辩，债权请求权性质的民事权利适用诉讼时效。在本案中，刘某的请求为确认其与博某公司、金某公司存在劳动关系，按诉的分类属确认之诉。劳动争议属于民事案件范畴，民事诉讼的基本原则和基本制度对劳动争议案件理应适用。本案中，博某公司、金某公司以刘某要求确认劳动关系的请求已超过仲裁时效而应予驳回的理由不能成立。

律师点评

本案涉及劳动关系确认之诉的诉讼时效问题。

《劳动争议调解仲裁法》第二十七条第一款规定，劳动争议申请仲裁的时效期间为一年。仲裁时效期间从当事人知道或者应当知道其权利被侵害之日起计算。诉讼时效制度的设立目的在于督促人们尽快行使权利，履行义务，法学谚语“法律不保护躺在权利上睡觉的人”正是指的诉讼时效制度。权利人的权利主张一旦超过诉讼时效，将在义务人主张时效制度的情况下丧失胜诉权，从而直接影响实体权利的主张。

确认劳动关系之诉是否受诉讼时效制度的限制呢？在司法实践中，存在两种观点：一种观点认为，确认劳动关系之诉不受诉讼时效的限制。当事人请求的性质可以分为确认之诉、给付之付、变更之诉。根据《最高人民法院关于审理民事案件适用诉讼时效若干问题的规定》，当事人可以对债权请求权提出诉讼时效抗辩，因此债权请求权性质的民事权利适用诉讼时效的规定，而确认劳动关系之诉按诉的分类为确认之诉，确认之诉并无诉讼时效的法律规定，因此，该类诉讼不适用诉讼时效制度。另一种观点认为，确认劳动关系之诉受诉讼时效的限制。《劳动争议调解仲裁法》第二条规定：“中华人民共和国境内的用人单位与劳动者发生的下列劳动争议，适用本法：（一）因确认劳动关系发生的争议……”而劳动争议案件的仲裁时效期间为一年，因此，应当适用诉讼时效制度。

本案中，北京市高级人民法院持第一种观点，即确认劳动关系之诉不受诉讼时效的限制。但在司法实践中，各地对此也存在不同的掌握，如《天津市高级人民法院、天津市人力资源和社会保障局印发〈关于审理劳动人事争议案件的会议纪要〉的通知》（津高法〔2019〕296号）就持第二种观点，该纪要第四条规定：“依据《调解仲裁法》第二条、第二十七条第一款的规定，劳动者申请仲裁确认劳动关系的时效期间为一年。从其知道或者应当知道权利被侵害之日起计算。”

案例索引

北京市高级人民法院（2018）京民申4792号

011　通过注册个体工商户规避劳动关系，法院不予支持

用人单位要求劳动者注册个体工商户并通过签订项目转包协议的方式提供服务，据此否认存在劳动关系，法院不予支持。

案情简介

2019 年 10 月 15 日，朱某到江苏诚某企业管理有限公司（以下简称诚某公司）从事送餐服务。2019 年 10 月 19 日，双方签订《个人工作室注册协议》《项目转包协议》，约定由朱某委托诚某公司为其代办个体工商注册，以及朱某独立承包诚某公司配送服务业务，朱某不接受诚某公司任何管理等内容。2019 年 11 月 4 日，以朱某为经营者的服务工作室注册成立，类型为个体工商户。2019 年 12 月 16 日下午，朱某在送餐途中不慎摔伤，后被送至医院治疗并于 2020 年 1 月 7 日出院。朱某受伤后未为诚某公司提供劳动。朱某向江苏省淮安经济技术开发区劳动人事争议仲裁委员会提起仲裁申请，要求确认其与诚某公司存在劳动关系，该委支持其请求后，诚某公司不服，诉至江苏省淮安经济技术开发区人民法院。

用人单位诉称：诚某公司与朱某之间并不存在事实劳动关系，诚某公司作为灵活用工平台，仅将相关业务发包在网站上，并不对朱某进行实际管理。诚某公司与朱某签订有《个人工作室注册协议》《项目转包协议》，可以证明朱某成立个体工商户，并以个体工商户身份在灵活用工平台上承接业务。

劳动者辩称：我接受公司管理，按时上下班，按时打卡，有事需要请假，完全符合劳动合同法规定的劳动关系。

法院裁判

朱某于 2019 年 10 月 15 日到诚某公司大学城站点从事送餐工作，朱某按照诚某公司的要求在指定时间、地点，按指定方式、形式提供劳动，该劳动内容系诚某公司的业务组成部分。朱某平时的工作接受诚某公司的管理和监督，诚某公司按月向朱某支付劳动报酬，朱某在经济上依赖于诚某公司。从朱某为诚某公司提供劳务的时间来看，朱某亦向诚某公司提供了较为长期、固定的劳务。双方虽签订了《个人工作室注册协议》《项目转包协议》，但双方并未按照协议约定实际履行，双方之间具备形成事实劳动关系的实质特征，法院确认双方在 2019 年 10 月 15 日至

2019年12月16日期间存在事实劳动关系。

律师点评

通过劳务派遣、劳务外包等方式分散用工风险一度成为一些用人单位的选择。本案展示的是另外一种所谓“规避用工风险”的方式，即要求劳动者注册为个体工商户，用人单位和个体工商户直接建立业务合作关系，在业务合作的外衣下掩盖劳动关系的实质。劳动关系是用人单位将劳动者招用为单位成员，劳动者在用人单位的用工管理下，提供劳动、领取劳动报酬的权利义务关系。用人单位与劳动者之间是否建立劳动关系并不会因双方签订协议的名称或双方签有合作协议而变化。

《劳动和社会保障部关于确立劳动关系有关事项的通知》第一条规定：“用人单位招用劳动者未订立书面劳动合同，但同时具备下列情形的，劳动关系成立。（一）用人单位和劳动者符合法律、法规规定的主体资格；（二）用人单位依法制定的各项劳动规章制度适用于劳动者，劳动者受用人单位的劳动管理，从事用人单位安排的有报酬的劳动；（三）劳动者提供的劳动是用人单位业务的组成部分。”因此，在双方未签订劳动合同的情况下，裁审机构通常会以上述三项内容作为认定劳动关系的依据。

本案中，劳动者虽然注册了工作室，且工作室已与用人单位签订转包协议，但在双方符合上述三个要素的情况下，法院仍会认定双方存在劳动关系，根本原因在于合作关系、承包关系属于平等主体之间建立的法律关系，关系双方不具备人身依附性，不具备管理与被管理的关系。如果通过现有证据能够证明双方具有管理与被管理、依附与被依附的关系，裁审机构会依法认定双方之间存在劳动关系，至于双方通过何种形式进行管理、通过哪个主体发放工资，并不影响对劳动关系成立的认定。

案例索引

江苏省淮安市中级人民法院（2021）苏08民终854号

第二章

劳动合同的订立——败诉风险在此时孕育

012 发出录用通知后不录用，单位应承担缔约过失责任

劳动者按照录用通知要求，持离职证明办理入职，用人单位拒绝录用给劳动者造成损失的，应承担缔约过失责任。

案情简介

2018 年 7 月 16 日，掘某科技上海有限公司（以下简称掘某公司）人事通过微信向陆某发出录用意向书，载明：经管理层慎重考虑，将录用陆某担任资深软件工程师，期望到岗时间为 2018 年 8 月 15 日，如陆某接受此职位，应自签署本意向书后与掘某公司签订劳动合同，月薪为 19000 元。陆某收到上述录用意向书后，在录用意向书落款处签字后发送给掘某公司人事。2018 年 8 月 14 日，陆某询问报到地点，掘某公司人事答复称相应职位有变动，现无法入职。双方因此产生争议，后陆某向上海市嘉定区劳动人事争议仲裁委员会提起仲裁申请，要求掘某公司支付经济损失。该委做出不予受理通知书后，陆某不服，诉至上海市嘉定区人民法院。

陆某诉称：我与掘某公司签署录取意向书后，向原用人单位提出了离职申请。之后，掘某公司人事告知我无法入职报到，理由是职位有变动，此时我已经从上一家用人单位离职，处于失业状态。我一方面需要寻找新工作，一方面没有收入来源，承受着精神压力，因此掘某公司应按照 3 个月工资标准向我支付经济损失。

法院裁判

在缔约过程中，相对于经济实力较强的用人单位，劳动者所承担的风险要高很多，故用人单位应履行谨慎义务。在本案中，陆某收到掘某公司的录用意向书后向上一家用人单位提出离职，而在入职掘某公司之前取得上一家用人单位的离职证明亦是掘某公司提出的要求。2018 年 8 月 14 日，陆某从上一家用人单位离职，希望按照录用意向书的约定与掘某公司建立劳动关系，但掘某公司无正当理由未与陆某签订劳动合同、建立劳动关系，掘某公司取消录用的行为在双方缔约过程中存在过错。陆某基于对掘某公司的信赖，按照掘某公司的要求与上一家用人单位办理了离职手续，但掘某公司最终未与陆某订立劳动合同的行为使陆某处于失业状态，给陆某造成了一定的经济损失。因掘某公司在缔约过程中存在过错，违反先合同义务，导致陆某信赖利益的损失，应当在过错范围内赔偿陆某信赖利益的损失。关于赔偿的具体数额，结合陆某提交的录用意向书承诺的工资标准以及掘某公司的过错、陆某自身的就业条件、所应聘岗位的月工资水平、停止工作时间以及因停止工作而可能减少的权益等因素，酌定为 10000 元。

律师点评

该类案件实际并不属于劳动争议案件，因为双方尚未建立劳动关系，但是这并不会影响存在过错的一方承担缔约过失责任。本案就是在订立劳动合同的过程中，用人单位违反先合同义务而应向劳动者承担赔偿责任的一起典型案例。

所谓缔约过失责任，是指在合同订立过程中，一方当事人违背其依据诚实信用原则和法律规定所承担的义务而导致另一方当事人信赖利益的损失应承担的民事责任。当事人在订立合同过程中，因过错违反先合同义务导致合同不能成立，或者合同虽然成立，但被确认无效、被撤销或变更，给对方造成损失时应承担民事责任。

根据《劳动合同法》第三条第一款的规定，订立劳动合同，应当遵循合法、公平、平等自愿、协商一致、诚实信用的原则。用人单位和劳动者在订立合同过程中均享有订约自由，在相互接触和磋商过程中双方应遵从诚实信用原则。如在缔约过程中，用人单位因自身行为导致劳动者形成合理信赖并基于此信赖遭受损失的，用人单位应当对该损失承担赔偿责任。

本案中，用人单位先向劳动者发出录用通知，并要求其提供离职证明，系用人单位向劳动者发出的要约，劳动者随即承诺，双方达成预约合同，已经建立了相关的信赖利益，而待劳动者基于信赖利益离职并取得离职证明后，用人单位拒绝录用的行为系违约行为，已经严重违反诚实信用原则，侵犯了劳动者的信赖利益，应当依法承担缔约过失责任。

案例索引

上海市嘉定区人民法院（2018）沪 0114 民初 16222 号

013　员工隐瞒婚姻状况不构成劳动法意义上的欺诈行为

员工入职时隐瞒婚姻状况，不构成劳动法意义上的欺诈，用人单位据此主张劳动合同无效的，人民法院不予支持。

案情简介

2017 年 11 月 15 日，蔡某入职中某（福建）文化传媒有限公司（以下简称中某公司）。入职时，蔡某为离异状态，但在《员工入职表格》中“婚姻”一栏填写为“未婚”。同时，《员工入职表格》“特别提示”一栏中载明：“本人承诺保证所填资料真实，若有虚假，愿承担所有法律责任和经济责任。”自 2018 年 6 月 12 日下午起，蔡某因怀孕生产未再到中某公司上班，也未办理正式请假手续。此后，蔡某向福建省福州市马尾区劳动人事争议仲裁委员会提起仲裁申请，要求中某公司支付未签劳动合同的二倍工资差额、补缴社会保险费用等，该委支持其部分请求后，中某公司不服，诉至福建省福州市马尾区人民法院。

用人单位称：蔡某在《员工入职表格》“婚姻”一栏中填写为“未婚”，但实际上，

蔡某为离异状态，该行为已经构成欺诈，双方建立的劳动关系无效，应认定为劳务关系，公司已足额支付其劳务报酬，无须支付二倍工资差额。

法院裁判

本案的争议焦点为蔡某隐瞒婚姻状况，能否构成劳动法意义上的欺诈，进而导致劳动关系无效。

首先，无论蔡某是结婚、离异还是生育，均应当保障其与男子平等的就业权利，中某公司不应对其区别对待。其次，用人单位有权了解劳动者与劳动合同直接相关的基本情况，劳动者应当如实说明，故劳动者的欺诈行为，应当与工作内容及能否胜任相关工作直接相关，蔡某的婚姻状况与其担任的文案策划工作并不冲突，蔡某在中某公司实际工作时间半年有余，中某公司并无证据证明因蔡某离异而导致其无法胜任相关工作，故蔡某隐瞒婚姻状况不构成劳动法意义上的欺诈。最后，《劳动合同法》第二十六条第一款第一项中的“以欺诈、胁迫的手段或者乘人之危，使对方在违背真实意思的情况下订立或者变更劳动合同的”，其中的“真实意思”应当符合法律规定。本案中，中某公司的真实意思为若知晓蔡某为离异状态将选择不予录用，该意思表示明显与法律规定及法律精神相悖，不应予以保护，否则保障妇女平等就业权利将成为一句空话。基于上述理由，对中某公司以蔡某隐瞒婚姻状况为由主张劳动关系无效或不存在劳动关系的诉请，法院不予支持。

律师点评

在实践中，用人单位往往存在这样一个误区，即劳动者存在不诚信行为的，用人单位就可以以此为由对劳动者进行处理。然而，并不是所有的隐瞒都是劳动法意义上的欺诈。究其原因，是用人单位对于劳动者信息知情权的限制，也就是说用人单位可以了解与劳动合同直接相关的劳动者基本情况，一旦超过了这个范围，用人单位的知情权就会受到限制。有些情况本就不是用人单位有权了解的范畴，如涉及劳动者隐私且与工作岗位、工作内容毫不相干的个人信息，在这种情况下，劳动者不实陈述、虚假陈述不会侵犯用人单位的知情权，用人单位本来就没有这个权利，何来侵犯？

所谓欺诈，是指行为人故意制造假象、隐瞒事实真相并可能使他人误解、上当的行为。隐瞒事实真相有一个前提，即行为人有告知的义务。因此，对于没有告知义务的隐瞒，不构成隐瞒事实真相，也不属于欺诈。而劳动法意义上的欺诈则是指，劳动者或用人单位故意制造假象、隐瞒事实真相并足以导致相对方对能否建立劳动关系事宜产生错误判断。在本案中，劳动者隐瞒婚姻状况，从法律层面来看，由于婚姻状况与劳动合同的履行无必然联系，所以该行为不应影响用人单位对于能否建立劳动关系这一问题的判断，即使劳动者确实存在欺骗的故意，也无法构成劳动法意义上的欺诈行为，不足以产生使劳动合同无效的法律后果。如果劳动者在入职时明示已离异，用人单位能否因此不予录用呢？当然不可以，因为妇女在法律上享有平等的就业权，用人单位不能因其性别、婚育情况加以歧视，限制其就业权利。

案例索引

福州市中级人民法院（2019）闽 01 民终 2420 号

014 用人单位拒录某地人构成就业地域歧视应支付赔偿金

用人单位因面试人员是某地人而拒绝录用，应聘者以侵犯平等就业权为由要求用人单位支付精神损害抚慰金，获法院支持。

案情简介

2019 年 7 月，浙江喜某度假村有限公司（以下简称喜某公司）通过某招聘平台向社会发布了一批公司人员招聘信息，其中包含“法务专员”“董事长助理”两个岗位。2019 年 7 月 3 日，闫某通过招聘软件就喜某公司发布的前述两个岗位分别投递了求职简历。闫某投递的求职简历中，包含姓名、性别、出生年月、户口所在地、现居住城市等个人基本信息，其中户口所在地填写为“××省××市”。据杭州市杭州互联网公证处出具的公证书记载，公证人员使用闫某的账户、密码登录招聘软件客户端，显示闫某投递的前述“董事长助理”岗位于2019年7月4日14点28分被查看，28分被给出岗位不合适的结论，“不合适原因：某地人”；“法务专员”岗位在同日14点28分被查看，29分被给出岗位不合适的结论，“不合适原因：某地人”。后闫某向杭州互联网法院起诉，要求喜某公司支付精神损害抚慰金、合理支出并登报道歉。

喜某公司辩称：我司不录用闫某的原因是其没有工作经验，“某地人”仅是公司内部进行备注使用，事件发生后，公司已经多次表态不存在对闫某的歧视，并明确表达了不论对错都可以先向闫某道歉的态度，但是闫某要求公司登报道歉，没有法律依据。

法院裁判

从已查明的事实可知，闫某向喜某公司两次投递求职简历，均被喜某公司以闫某属某地人为由予以拒绝，显然在针对闫某的案涉招聘过程中，喜某公司使用了主体来源的地域空间这一标准对人群进行了归类，并根据这一归类标准而给予闫某低于正常情况下应当给予其他人的待遇，即拒绝录用，可以认定喜某公司因地域事由要素对闫某进行了差别对待。《就业促进法》第三条在明确规定“民族、种族、性别、宗教信仰”四种法定禁止区分事由时使用“等”字结尾，表明该条款是一个不完全列举的开放性条款，即法律除认为前述四种事由构成不合理差别对待的禁止性事由外，还存在与前述事由性质一致的其他不合理事由，亦为法律所禁止。何种事由属于前述条款中“等”的范畴，现阶段在司法实践中一个重要的判断标准是，用人单位是根据劳动者的专业、学历、工作经验、工作技能以及职业资格等与“工作内在要求”密切相关的“自获因素”进行选择，还是基于劳动者的性别、户籍、身份、地域、年龄、外貌、民族、种族、宗教等与“工作内在要求”没有必然联系的“先赋因素”进行选择，后者构成为法律禁止的不合理就业歧视。劳动者的“先赋因素”，是指人们出生伊始所具有的人力难以选择和控制的因素，法律作为一种社会评价和调节机制，不应该基于人力难以选择和控制的因素给劳动者设置不平等；反之，应消除这些因素给劳动者带来的现实上的不平等，将与“工作内在要求”没有必然关联性的“先赋因素”作为就业区别对待的标准从根本上违背了公平正义的一般原则，不具有正当性。在本案中，喜某公司以地域事由要素对闫某的求职请求进行区别对待，而地域事由属于闫某乃至任何人都无法自主选择、控制的与生俱来的“先赋因素”，在喜某公司无法提供客观有效的证据证明，地域要素与闫某申请的工作岗位之间存在必然的内在关联或存在其他的合法目的的情况下，喜某公司的区分标准不具有合理性，构成法定禁止事由。综上，喜某公司在针对闫某的招聘活动中，根据与职业没有必然联系的地域事由对闫某进行区别对待，构成对闫某的就业歧视。喜某公司应当赔偿闫某精神损害抚慰金 9000 元及合理维权支出损失 1000 元，并由喜某公司向闫某进行口头道歉并在《法制日报》（现为《法治日报》）公开登报道歉。

律师点评

法律明确规定的属于就业歧视的四种情形为民族、种族、性别、宗教信仰，对于这四种情形之外的情形是否构成就业歧视，如地域、年龄、户籍、外貌、身高等在实践中存在不同看法。比如，地域和年龄都属于无法自主选择、控制的与生俱来的“先赋因素”，但是在现实生活中，用人单位招聘劳动者时普遍存在年龄限制。有的用人单位的招聘条件中明确要求 35 周岁以下或者 27 周岁以下，这种情况很少有人认为属于就业歧视；但是不招某地人就会构成就业歧视；再如，有些岗位（如模特、空姐等）对身高有要求，不会被认为是就业歧视，可见，即使都属于“先赋因素”，在法律后果上也会出现差异，看来以“先赋因素”判断是否属于就业歧视还存在讨论的空间。

本案给我们的另一个提示就是就业歧视是有法律后果的。其一，支付精神损害抚慰金。在实践中，精神损害抚慰金的支付并无明确标准，通常是由审判人员结合侵权行为、损害后果等予以判断；其二，赔偿权利人为维权所支出的合理费用，如公证费；其三，赔礼道歉。对于企业来说，前两项赔偿金额往往不会过高，一般在2000元至10000元，但是在报纸等媒体上公开道歉，不仅需要支付一笔登报费，可能还会影响企业的商誉。

案例索引

杭州市中级人民法院（2020）浙01民终736号

015 员工登记表中约定试用期条款视为签订了劳动合同

法院认定，员工登记表中约定了试用期条款，双方已实际履行，且用人单位向劳动者发送过合同附属协议，视为双方签订了劳动合同。

案情简介

2017年6月2日，江苏徽某投资集团有限公司（以下简称徽某公司）的马总通过微信与陆某交流，并向陆某发送了《合同附属协议》的电子稿。2017年6月3日，陆某在徽某公司人力资源中心填写了一份《应聘人员登记表》，在登记表的最底部打印有格式条款内容："试用期劳动协议：试用期三个月，自2017年6月6日起至2017年9月6日止；乙方试用期工资为30000元／月……"落款日期为2017年6月3日。徽某公司外派陆某至中某建设集团股份有限公司的项目上工作。2017年9月14日，陆某以身体原因提出辞职。陆某在徽某公司处实际工作至2017年10月6日，交接清单显示双方于2017年10月6日完成交接工作。陆某在职期间，徽某公司共支付其3个月的工资。后陆某向江苏省常州市天宁区劳动人事争议仲裁委员会提出仲裁申请，要求徽某公司支付未签订劳动合同的双倍工资差额等款项。该委支持其部分请求后，陆某不服，诉至江苏省常州市天宁区人民法院。

法院裁判

本案中，陆某主张双方未签订书面劳动合同，要求徽某公司支付双倍工资差额。但徽某公司提供了陆某填写的《应聘人员登记表》，在陆某填写该登记表的前一日，双方已就陆某的入职事宜在微信联系时进行了协商，徽某公司已向陆某发送了《合同附属协议》的电子稿，该《合同附属协议》明确了陆某的工作岗位、薪资构成及明细、试用期、合同期限等劳动合同的主要内容，并明确公司将与陆某签订劳动合同，《合同附属协议》中明确如有异议及时沟通。陆某收到上述《合同附属协议》后同意入职，对《合同附属协议》并未提出任何异议。陆某于次日填写的登记表中明确记载了试用期条款。根据《劳动合同法》的规定，试用期包含在劳动合同期限内，劳动合同仅约定试用期的，试用期不成立，该期限为劳动合同期限。而本案中，试用期条款约定了工作期间、工作报酬等主要内容，登记表也明确了陆某应聘职务为建设集团公司总经理，登记表内容均系陆某填写并进行了签字确认，且双方均履行了该试用期条款，实际建立了劳动关系，故法院认定该试用期间即为劳动合同期间。从合同到期后的 2017 年 9 月 7 日至陆某提出辞职申请的 2017 年 9 月 14 日，期间未超过一个月，故陆某要求徽某公司支付双倍工资差额的请求，法院不予支持。

律师点评

用人单位应当自用工之日起三十日内与劳动者签订书面劳动合同，否则需要支付未签劳动合同的二倍工资。《劳动合同法》自 2008 年实施起，未签劳动合同二倍工资的劳动争议案件持续发生，对该类案件的诉讼，用人单位几乎没有还手之力。如果签了，把劳动合同拿出来即可；如果没签，就要支付二倍工资。然而，现实生活并非如此泾渭分明，实践中出现了许多准劳动合同。说它是劳动合同吧，不具备劳动合同的必备条款，说它不是劳动合同吧，又有一些劳动合同条款的内容。比如，餐饮公司给厨房大师傅的小纸条上写着“厨师岗每月 1 万元”，这个小纸条属于劳动合同吗？为解决此类难题，在审判实践中出现了“瑕疵劳动合同”的概念，但凡够得上“瑕疵劳动合同”的就可以免除二倍工资罚则。“瑕疵劳动合同”的形式各种各样，如前面说的小纸条，再如本案涉及的员工登记表，在具备劳动合同必备条款中的某些核心内容时，这些文件就有可能被认定为“瑕疵劳动合同”。

在本案中，《应聘人员登记表》中有部分试用期的内容，人民法院将其认定为试用期协议，而单纯的试用期协议在法律认定上就是一份没有试用期的劳动合同，基于这个原因，用人单位免除了二倍工资罚则。在实践中，就员工主张未签劳动合同二倍工资的案件，首先要看用人单位能否提供书面劳动合同；如果无法提供书面劳动合同，就需要用人单位提供劳动者签过字的其他文件，如果这些文件中包含了劳动合同中的部分内容，用人单位就可以主张该文件属于瑕疵劳动合同，从而免除未签劳动合同二倍工资的罚则。

案例索引

江苏省常州市中级人民法院（2018）苏04民终1950号

016 用人单位主张面试评估表具有劳动合同效力未获支持

劳动关系双方未签订书面劳动合同，用人单位以其单方出具的面试评估表具有劳动合同的效力为由进行抗辩，未获法院采信。

案情简介

2015年6月18日，黄某到绵阳中某车业有限责任公司（以下简称中某公司）应聘客户关系专员一职。当日，黄某填写了《员工登记表》。2015年6月20日，黄某通过面试考核，进入中某公司工作。中某公司提供的《面试评估表》上载明：黄某的岗位为客户关系专员，工资按照1300元加绩效发放，但该评估表上无黄某的签字确认。2015年10月26日，黄某离职并要求中某公司支付未签劳动合同的二倍工资。

用人单位辩称：黄某入职时办理了《员工登记表》及《面试评估表》，双方对岗位及工资进行了约定，应视为双方签订了书面劳动合同，故对黄某主张双倍工资的请求不应予以支持。

法院裁判

中某公司举证的《员工登记表》上虽有黄某的签字，但该登记表中仅记载了黄某的个人信息、家庭成员与主要经历，不具有劳动合同的一般内容，不应视为双方的书面劳动合同。《面试评估表》虽载明了黄某的工作岗位及工资标准，但该评估表系中某公司单独持有，没有黄某的签字认可，无法认定该《面试评估表》系黄某与中某公司双方认可的书面协议，该《面试评估表》不具有书面劳动合同的相关属性，应视为劳动关系双方未签订书面劳动合同，中某公司应向黄某支付未签书面劳动合同的二倍工资差额。

律师点评

在上一案例中，由于用人单位提交的《应聘人员登记表》中包含有试用期条款的内容而被法院认定为试用期合同，用人单位避免了二倍工资罚则。本案中，用人单位也提交了《员工登记表》和《面试评估表》，为什么这些表没有被认定为劳动合同呢？

不论是《员工登记表》还是《面试评估表》，均属于单方意思表示的体现，没有形成双方意思表示的合意，所以不具有合同的基本属性。《员工登记表》反映的是劳动者个人基本信息的登记，其中并无用人单位的意思表示；《面试评估表》反映的是用人单位对劳动者的单向评估，其中也无法体现劳动者的意思表示，所以该《员工登记表》或者《面试评估表》都没有被认定为劳动合同。

关于未签订劳动合同的二倍工资，《劳动合同法》第八十二条第一款有明确的规定："用人单位自用工之日起超过一个月不满一年未与劳动者订立书面劳动合同的，应当向劳动者每月支付二倍的工资。"虽然《劳动合同法》已经实施十多年了，但是在实践中，未签劳动合同二倍工资的案件从来没有消失过，及时签订书面劳动合同应当引起用人单位的高度关注。当然，不签劳动合同的情况很多，单纯的不签劳动合同已经不是常态了，更多的是劳动合同到期后，用人单位忘了续签或者自以为某种文件就是劳动合同，但无论哪种情况，在诉讼过程中用人单位拿不出书面劳动合同就要承担二倍工资，这一点是毋庸置疑的。

案例索引

绵阳市中级人民法院（2016）川07民终1466号

017 用人单位附选项征询续签意愿，劳动者拒续可不付补偿

续签劳动合同时，用人单位提供了四个选项，劳动者选择终止项，视为不同意续签劳动合同，用人单位无须支付经济补偿。

案情简介

2006年4月1日，刘某入职北京市天某出租汽车有限责任公司（以下简称天某公司），担任双班运营模式的出租车司机，双方先后签订了三份固定期限劳动合同。2018年10月9日，天某公司向刘某出具合同到期告知书并另附回执，内容为："我于2018年10月9日接到劳动合同即将到期的通知，对告知书的内容已全部知晓，现对劳动合同是否续签回复如下：1. 我愿意与天某公司签订单班劳动合同；2. 我愿意与天某公司签订双班劳动合同，由自己调配对班；3. 我愿意与天某公司签订双班劳动合同，由公司调配对班；4. 我愿意与天某公司终止（解除）劳动合同。"刘某在选项4后签字。双方劳动合同于2018年11月12日终止。

后刘某向北京市西城区劳动人事争议仲裁委员会提起仲裁申请，要求天某公司支付违法终止劳动合同赔偿金，该委驳回其请求后，刘某不服，诉至北京市西城区人民法院。

劳动者诉称：在我填写公司给出的四个选项时，公司告知我其余三项均无法签

署无固定期限劳动合同，且单班制无车辆提供，因此我才选择终止劳动合同的，用人单位应当支付经济补偿。

用人单位辩称：我司在询问是否续签劳动合同时，刘某表示不同意续签，双方的劳动合同因此到期终止，不属于法定的我司应支付经济补偿的情形，我司无须支付经济补偿。

法院裁判

一审法院认为：双方均认可合同到期告知书及回执中签字的真实性，刘某虽称自己是迫于无奈选择终止劳动合同，但是其未能提交证据证明在签署过程中用人单位存在欺诈、胁迫、乘人之危等使其违背真实意思表示的情形，故法院认定到期终止劳动合同是双方真实意思的表示。劳动合同到期终止，用人单位需向劳动者支付终止劳动合同经济补偿金。

用人单位不服，提出上诉，二审维持原判，用人单位提起再审。

北京市高级人民法院认为：双方当事人签署的《劳动合同书》和《承包营运合同书》均显示，双方的劳动关系至2018年11月12日期满。2018年10月9日，天某公司向刘某发出了合同到期告知书，刘某在回执中明确表示不续签劳动合同。在“回执”中有四个选项，其中前三个选项均是关于续签劳动合同的具体内容，包括签订单班劳动合同、签订双班劳动合同由自己调配对班、签订双班劳动合同由公司调配对班，而刘某原本属于第三种情况，且单双班也仅是出租汽车公司运营方式的不同。故合同到期告知书系以维持原劳动合同约定条件向劳动者提出续订劳动合同，而刘某在回执的选项 4 即“我愿意与天某公司终止（解除）劳动合同”上签字确认，是明确拒绝续签合同的行为。原一、二审法院认定事实错误，本院再审予以纠正。根据《劳动合同法》第四十六条第五项的规定，由于刘某不同意在原劳动条件下续订劳动合同，天某公司无须向刘某支付经济补偿金。

律师点评

本案看似是个简单的案子，一、二审法院和再审法院却得出了截然相反的结论。

根据《劳动合同法》第四十六条的规定，因劳动合同到期终止履行的，用人单位是否需要支付经济补偿，其判断关键在于是谁在何种条件下提出终止劳动合同，除用人单位维持或者提高劳动合同约定条件续订劳动合同，劳动者不同意续订的情形外，劳动合同到期终止的，用人单位都需要支付经济补偿。而本案的争议焦点也正归结于此。用人单位提出四种选项供劳动者选择，其中包含终止劳动合同选项，仅从用人单位的行为来看，用人单位既未做出续签劳动合同的意思表示，也未做出终止劳动合同的意思表示，用人单位仅据此征询劳动者对合同履行事宜的意见，无法作为判断用人单位是否应支付经济补偿的法律依据。

本案一、二审与再审法院的判决结果截然相反也正是因此产生。一、二审法院均认为用人单位未满足“维持或者提高劳动合同约定条件”，不属于法定的免除支付经济补偿的情形，应支付经济补偿，这也是实践中的普遍观点。而再审法院则认为合同到期告知书内含有维持劳动合同履行的选项，视为维持了劳动合同约定条件，而劳动者选择终止的，用人单位无须支付经济补偿。

本次劳动争议案件产生的主要原因系用人单位对于法律规定把握不到位。仅在用人单位维持或提高劳动合同约定条件的情况下，劳动者拒绝续签进而终止劳动合同时，用人单位不需要支付经济补偿，在其他情况下，劳动合同到期终止的，均应支付经济补偿，因此，用人单位拒绝支付经济补偿的，应对维持或提高劳动合同约定条件的要约行为进行举证。而本案中，用人单位不存在法定的要约要件（仅存在征询行为），虽然最终获得法院支持，但是这种做法并不值得借鉴学习。在实践中，用人单位应当明确告知劳动者是在维持或者提高劳动合同约定的条件下与其续订劳动合同，进而要求劳动者明确表态是否续签，从而最大限度地规避用工风险。

案例索引

北京市高级人民法院（2020）京民再66号

018　续签合同但未明确工资标准的，法院可以酌情确定

劳动关系双方续签劳动合同但未约定工资标准，人民法院依据劳动内容的变化酌情确定为当年度当地职工平均工资。

案情简介

2006年5月8日，李某入职北京珍某饮品有限公司（以下简称珍某公司），岗位是总经理。2010年6月12日，双方签订劳动合同书，约定月工资为30000元。2012年11月，珍某公司停产。2012年12月底，珍某公司通知大部分员工回家待岗，李某属于留守看厂人员。2015年5月12日，双方续签劳动合同至2020年5月11日，但未对工资标准做出约定。后李某向北京市怀柔区劳动人事争议仲裁委员会提起仲裁申请，要求珍某公司支付工资，该委支持其部分请求后，用人单位不服，诉至北京市怀柔区人民法院。

用人单位诉称：2015年5月12日，双方虽续签劳动合同，但未约定工资标准，且当时公司处于停工停产状态，李某的工作内容仅是留守，并未履行总经理一职，因此，我司无须按照30000元/月的标准支付其工资。

劳动者辩称：我与用人单位续签劳动合同，其中未明确工资标准，应参照原劳动合同内容执行，用人单位应当按照原合同约定支付工资。

法院裁判

一审法院认为：珍某公司于2012年11月停产，李某作为公司总经理，带领留守人员负责处理公司相关事宜，期间双方未约定新的工资标准，故珍某公司应该按照双方之前约定的报酬标准向李某支付工资。

用人单位不服，提出上诉，二审维持原判，用人单位申请再审。

北京市高级人民法院审理后认为：李某提交的劳动合同续订书并没有关于工资

的具体约定，在双方对工资标准产生分歧的情况下，珍某公司停产停业的状况、李某工作性质及工作内容的改变，将成为确定李某工资标准的重要因素。法院参考2015年、2016年、2017年北京市职工平均工资标准，酌情确定珍某公司拖欠李某的2015年1月至2017年10月期间的月工资为9000元。珍某公司有关李某作为留守人员并未提供其作为总经理时相应的劳动内容，不应再享受月工资3万元的再审理由具有合理性，法院予以采纳。

律师点评

劳动报酬是劳动合同的必备条款，前一份劳动合同中对劳动报酬有明确约定而续签劳动合同时没有对劳动报酬进行约定的，应当按照前一份劳动合同中约定的劳动报酬标准进行支付。而本案的特殊之处在于续签劳动合同时用人单位已经停工停产且双方没有约定新的工资标准，在这种情况下按照什么标准支付工资就出现了争议，哪一方对新的工资标准的确定应该承担更重的举证责任？

在通常情况下，用人单位作为实施劳动用工管理的一方应当对劳动报酬的标准承担更重的举证责任，特别是双方对劳动报酬有约定的情况下，主张劳动报酬发生变化的用人单位一方应当对该种变化承担举证责任，否则应当按照原工资标准执行，如果允许用人单位续签劳动合同时任意调整劳动者的劳动报酬就有可能损害劳动者的合法权益。本案的特殊之处在于，续签劳动合同时，用人单位已经停工停产，在这种情况下，谁更应该对没有约定劳动报酬承担责任？本案的劳动者是公司的总经理，是不是因为这一身份，劳动法对其保护作用会相对弱化呢？从本案的结果看，存在这样的可能性。

劳动关系双方未对工资标准做出明确约定时，应如何确定工资？《劳动合同法》第十八条规定，劳动合同对劳动报酬和劳动条件等标准约定不明确，引发争议的，用人单位与劳动者可以重新协商；协商不成的，适用集体合同规定；没有集体合同或者集体合同未规定劳动报酬的，实行同工同酬；没有集体合同或者集体合同未规定劳动条件等标准的，适用国家有关规定。也就是说，解决方式一般有四种：首先，是双方协商确定，以双方达成合意的内容确定发生争议期间的工资标准；其次，无法协商的，适用集体合同的规定，但在实践中，很多用人单位不具备集体合同，第二种方式很难真正得到适用；再次，以同工同酬原则确定工资标准，即按照相同工作岗位的劳动者的工资标准确定；最后，以上方式均难以确定的，适用国家有关规定，如《最低工资规定》等。本案中，劳动关系双方虽续签了劳动合同，但未明确工资标准，就此产生争议且无法协商一致，在用人单位无集体合同的情况下，裁审机关一般会适用同工同酬的原则。本案为续签劳动合同，双方曾就相同岗位有过工资标准的约定，一、二审法院均据此确认工资标准为原劳动合同约定的 30000 元 / 月，具有合理性。再审法院为何对此进行了改判呢？再审法院认为，劳动者的工资标准应按照劳动者的工作性质、工作内容等因素综合加以确定，不能仅仅依据劳动者的职位名称判断。本案中，劳动者职位虽名为“总经理”，但实际上其工作内容并不是经营公司，而仅是留守，工作内容与职位不具有对等性，因此，应以其具体的工作内容确定其工资标准，否则有违公平原则，因此才会在再审中予以改判。但是，仅仅以工作内容来确定劳动报酬是否就合理了呢？对于同一个岗位，由于不同劳动者的学历、经历、能力等个体情况的不同，其工资标准、福利待遇往往存在巨大的差异。劳动者的工资，特别是总经理的工资不能仅以其工作内容加以判断，更应该辅以企业战略目标的达成、企业人力资源建设的实现、企业市场地位的变化等众多维度来考察，仅以工作内容确定工资标准，难免有些片面。

案例索引

北京市高级人民法院（2020）京民再 68 号

019 续订合同时要求另行考核三个月，属于提高续订条件

用人单位在续签劳动合同时要求另行考核三个月，劳动者因此拒绝续签合同的，用人单位应当依法支付经济补偿。

案情简介

2008年2月15日，程某入职广州华某机械设备有限公司（以下简称华某公司），工作内容是喷漆及装车，最后一期劳动合同约定的合同期限是2016年6月1日至2017年5月31日。2017年6月8日，程某回到华某公司要求续签劳动合同，华某公司同意续签，但要求另行考察程某三个月，程某未同意续签劳动合同，双方因此产生争议。

法院裁判

法院经审理后认为，华某公司提出另行考察三个月，实际上变相提高了续订劳动合同的条件，在此情况下程某不愿意续签，双方劳动关系终止，华某公司应向程某支付经济补偿金。

律师点评

劳动合同约定条件通常体现在劳动合同中，本案的特殊之处在于用人单位没有对劳动合同的内容进行变更，而是对续签这份没有变化的劳动合同提出了另行考察三个月的要求，也就是说用人单位维持了劳动合同约定条件，但是对续订提出了新的条件。

根据法律规定，劳动合同到期终止的，只有一种情况下用人单位不需要支付经济补偿，即用人单位在维持或提高劳动合同约定条件续订劳动合同而劳动者不同意续订，除此情形外，用人单位都应当支付经济补偿。在用工实践中，用人单位要特别注意续订劳动合同时对劳动者并无额外负担增加，不论是劳动合同中约定的内容，如变更工作地点、调整工作岗位等，还是续签条件，如本案中用人单位要另行增加考察期，这些变化都有可能被视为用人单位降低了劳动合同约定条件，一旦劳动者拒绝续签，用人单位将会面临支付经济补偿的风险。

另外，在续签劳动合同时约定试用期的，属于违法行为，在诉讼中无法获得支持。试用期是用人单位与劳动者相互了解、相互考核的期限，在此期限内，用人单位有权考核劳动者的工作能力，并以录用条件为基础决定是否录用劳动者；同时，劳动者也对用人单位的劳动条件、工作强度进行考察，进而判断是否建立较为稳定的劳动关系。试用期只发生在首次建立劳动关系的前六个月内。在劳动合同续签时，由于双方已对合同相对方有了深度了解，不具备约定试用期的条件，故再次设立试用期的，有违立法本意，难获支持。

本案中，用人单位在续签劳动合同时要求另行考核三个月的操作，无论劳动者是否选择续签，对用人单位而言都是不利的。一方面，用人单位的操作已被法院认定为降低劳动合同约定条件的情形，劳动者因此拒绝续签的，用人单位应依法支付经济补偿；另一方面，即使双方续订了劳动合同，用人单位也无法依照试用期约定处理劳动关系，用人单位强行按照试用期约定解除劳动关系的，属于违法解除，应当依法支付违法解除劳动合同赔偿金或继续履行劳动合同。

案例索引

广州市中级人民法院（2020）粤 01 民终 11016 号

020　劳动合同到期后形成事实劳动关系，用人单位如何处理

因劳动合同到期未续签而形成事实劳动关系，如果劳动者拒绝以原条件续签的，用人单位可以单方终止劳动关系。

案情简介

2016 年 8 月 22 日，佟某入职天津众某有限公司（以下简称众某公司），合同期限自 2016 年 9 月 1 日起至 2019 年 8 月 31 日止。合同期满后，双方未就续订劳动合同达成一致意向。2020 年 6 月 3 日，众某公司向佟某发送《劳动合同续签通知书》。2020 年 6 月 5 日，佟某向众某公司做出《关于佟某续签劳动合同通知书的

复函》。2020 年 6 月 9 日，众某公司向佟某做出《终止劳动合同通知书》。后佟某诉至法院，要求众某公司支付违法终止劳动合同赔偿金。

法院裁判

一审法院认为：劳动者与用人单位的合法权益均受法律保护。佟某主张众某公司支付其违法终止劳动合同赔偿金 216515.36 元的诉讼请求，因双方劳动合同于 2019 年 8 月 31 日届满，双方未续订，但佟某仍在众某公司工作，众某公司亦支付佟某劳动报酬，故双方实际仍按原劳动合同顺延履行，众某公司做出《终止劳动合同通知书》，系违法终止与佟某的劳动合同，故应支付佟某赔偿金。用人单位不服，提出上诉。

二审法院认为：在劳动合同到期后，佟某继续在众某公司工作，众某公司亦未表示异议，视为双方认可以原条件续订劳动合同。佟某在收到众某公司向其送达的《劳动合同续签通知书》后做出《关于佟某续签劳动合同通知书的复函》答复如下："一、在不降低本人原来的工作条件、劳动报酬等情况下，本人愿意续签劳动合同，愿意继续工作；二、本人就劳动合同到期未续签问题，已于 2020 年 5 月 19 日提交天津市滨海新区劳动仲裁委员会，请问未续签劳动合同期间的每月两倍工资问题如何解决？三、续签劳动合同的起算和截止日期应按照实际签订时间计算；四、续签劳动合同的内容应对原劳动合同未明确的内容加以明确，如工作内容、工作职责和劳动报酬。"佟某在复函中虽同意续签劳动合同，但附加了其他条件，表明其不认可以"原条件"继续履行劳动合同。故，众某公司向佟某做出《终止劳动合同通知书》符合法律规定，不属于违法终止劳动合同的情形，不应支付违法终止劳动合同赔偿金。

律师点评

用人单位应当在劳动合同到期前处理劳动合同续签、终止事宜。以北京市为例，《北京市劳动合同规定》第四十条、第四十七条明确规定，劳动合同期限届满前，用人单位应当提前 30 日将终止或者续订劳动合同意向以书面形式通知劳动者，否则，应以劳动者上月日平均工资为标准，每延迟 1 日支付劳动者 1 日工资的赔偿金。也就是说，在北京地区，无论用人单位是否与劳动者续签劳动合同，均应当提前三十日通知劳动者，否则需要承担赔偿金的法律责任。

劳动合同到期未续签，双方形成事实劳动关系后，用人单位应当如何处理呢？用人单位应当征询劳动者的续签意愿，对劳动者同意以原条件续签劳动合同的，双方续签即可。如果双方就劳动合同期限协商不一致，续订的劳动合同期限从签字之日起不得少于 1 年[①]。劳动者拒绝续签或拒绝以原条件续签的，用人单位可以终止劳动关系[②]。

案例索引

天津市第三中级人民法院（2021）津 03 民终 46 号

021 因增加工作地点不续签劳动合同，用人单位应支付补偿

用人单位增加工作地点属于降低劳动合同条件的行为，劳动者因此拒绝续签劳动合同的，用人单位应当支付经济补偿。

案情简介

2017 年 7 月 26 日，徐某入职江苏益某食品有限公司（以下简称益某公司）。劳动合同约定，工作地点至少包括但不限于深圳、北京、杭州、上海、武汉、南京、镇江。后双方续签劳动合同时，益某公司提出增加海南为徐某的工作地点，徐某不同意续订，益某公司与徐某的劳动关系终止。徐某要求益某公司支付经济补偿，双方成讼。

---

① 《北京市劳动合同规定》第四十五条。

② 《劳动合同法实施条例》第六条。

法院裁判

法院认为，续签劳动合同时益某公司提出需要增加海南作为徐某的工作地点，由此可见，益某公司在与徐某续订劳动合同过程中降低了劳动合同约定条件，在徐某不同意续订劳动合同时，益某公司应向徐某支付经济补偿金，故法院判决益某公司应向徐某支付经济补偿金。

律师点评

本案给我们的启示是，续签劳动合同时用人单位不能通过变更劳动合同内容来增加劳动者负担或者降低劳动者待遇，如增加或变更工作地点、工作内容、工资待遇等，否则，劳动者拒绝续签的，用人单位需要支付经济补偿。

根据《劳动合同法》第四十六条的规定，除用人单位维持或者提高劳动合同约定条件续订劳动合同，劳动者不同意续订的情形外，依照本法第四十四条第一项规定终止固定期限劳动合同的，用人单位应当向劳动者支付经济补偿。在用人单位不降低劳动合同约定条件的情况下，劳动者不同意续签劳动合同的，用人单位可以终止劳动合同，同时，由于不续签的结果系劳动者拒绝所致，用人单位可以不支付经济补偿。可见，在劳动合同未续签成功的过程中，用人单位无任何过错是其不支付经济补偿的根本原因。劳动合同约定条件不降低指的又是什么呢？一般情况下，劳动合同约定条件不降低可以概括为两个方面，即权益不减少、义务不增加。在用工实践中，用人单位对前者的把握还是比较到位的，在劳动合同续签过程中，一般不会提出降薪、降低工作环境等问题，而对于义务不增加，往往容易忽视，如增加劳动者工作量、变更工作地点、增加工作强度等，此时，就属于劳动合同约定条件的不利变更，劳动者据此不同意续签劳动合同而导致劳动关系终止的，用人单位应当支付经济补偿。

本案中，劳动关系双方在办理续签事宜时，用人单位提出增加办公地点，从用人单位和劳动者的角度来看，劳动合同的此种变化不一定会影响后续合同的履行，但是从法律层面来看，从保护劳动者权益的角度出发，此类细微的变化已经构成了法律意义上的劳动合同约定条件的变化，劳动者据此拒绝续签的，用人单位应当依法支付经济补偿。

案例索引

镇江市中级人民法院（2020）苏11民终1124号

022　无固定期限劳动合同的强制缔约权需经劳动者行使

劳动关系双方协商一致连续多次签订固定期限劳动合同后，劳动者要求未签无固定期限劳动合同的二倍工资，法院不予支持。

案情简介

吴某原系浙江诸暨八某水泥有限责任公司（以下简称八某公司）职工，其于离职后主张自其进入八某公司，多次被要求签订固定期限劳动合同，自2008年1月1日，八某公司依法应当与其签订无固定期限劳动合同，但仍然签订的是固定期限劳动合同。之后，吴某提出八某公司应支付其未签无固定期限劳动合同的二倍工资。

法院裁判

法院认为，吴某与八某公司在吴某辞职前多次签订固定期限劳动合同，现无证据证明吴某在签订合同时曾提出签订无固定期限劳动合同而八某公司拒绝，亦无证据证明合同内容系吴某签名以后由八某公司填写，应认定为吴某自愿选择续订固定期限劳动合同，且吴某要求八某公司支付未签订无固定期限劳动合同的二倍工资的请求已超过一年诉讼时效，故对其请求不予支持。

律师点评

在劳动者符合签订无固定期限劳动合同条件的情况下，劳动关系双方签订了固定期限劳动合同，除非劳动者向用人单位提出过签订无固定期限劳动合同的主张而用人单位拒绝外，视为劳动者同意签订固定期限劳动合同，劳动者再行主张未签无固定期限劳动合同的二倍工资不会获得支持。

根据《劳动合同法》第十四条的规定，劳动者在用人单位连续工作满十年或连续订立二次固定期限劳动合同，且劳动者没有本法第三十九条和第四十条第一项、第二项规定的情形，续订劳动合同的，劳动者提出或者同意续订、订立劳动合同的，除劳动者提出订立固定期限劳动合同外，应当订立无固定期限劳动合同。该条设定了用人单位的强制缔约义务，通过无固定期限劳动合同的设置避免用工关系的短期化，保障劳动关系的稳定性。在用人单位负有强制缔约义务后，是否订立无固定期限劳动合同仍应考虑劳动者的意愿，双方就订立固定期限劳动合同事宜达成一致的，仍然可以继续签订固定期限劳动合同。

本案中，劳动者与用人单位在连续签订两次固定期限劳动合同后，仍然继续签订固定期限劳动合同，是双方达成合意的表现，并不违反法律的强制性规定，劳动者主张用人单位应承担未签无固定期限劳动合同的二倍工资差额，难以获得支持。但是，在这里提醒用人单位，如果劳动者行使过强制缔约权，即提出要求双方签订无固定期限劳动合同，而用人单位予以拒绝的，双方签订了固定期限劳动合同，劳动者要求用人单位支付未签无固定期限劳动合同二倍工资的主张，就有可能获得裁审机构的认可和支持。

案例索引

绍兴市中级人民法院（2019）浙06民终5262号

023　劳动者就多次发生的劳动争议依法维权，不属于恶意诉讼

劳动者与用人单位多次发生劳动争议并且获得胜诉，说明用人单位用工不规范，该维权行为不属于“碰瓷”，用人单位应承担相应法律责任。

案情简介

2019年2月28日，耿某入职天津明某环保科技有限公司（以下简称明某公司），双方未签订书面劳动合同。耿某向天津市静海区劳动人事争议仲裁委员会提起仲裁申请，要求明某公司支付未签劳动合同二倍工资及其他款项，该委支持耿某的部分请求后，明某公司不服，诉至天津市静海区人民法院。

用人单位诉称：从耿某近几年就企业未签订劳动合同二倍工资差额事项存在多起诉讼的情况分析，耿某虽然是劳动者，但其非常清楚未签订劳动合同的法律后果。耿某故意挑选用工不规范的用人单位入职工作，入职后消极怠工，工作数月后离职并通过诉讼方式索取未签订劳动合同二倍工资，具有主观恶性，违背诚实信用和公序良俗原则，故耿某应对未签订劳动合同的后果自负责任。

法院裁判

法院认为，我国劳动方面的系列法律法规充分考虑并平衡了劳动者与用人单位之间的利益诉求，劳动者多次发生劳动争议并且获得胜诉，说明用人单位在用工方面存在问题，没有严格按照劳动方面的系列法律法规规范用工行为。碰瓷是指行为人通过故意制造或者编造其被害假象，采取诈骗、敲诈勒索等方式非法索取财物的行为。因此，认定当事人是否属于“碰瓷”，首先应当考察当事人是否有故意制造或编造被害的情形，本案中耿某主张的是未签订劳动合同的二倍工资差额，明某公司当庭没有提出也没有提交证据证实明某公司存在要求耿某签订劳动合同但耿某故意不签的事实，因此是明某公司未履行与耿某签订劳动合同的义务，本案中，耿某不存在“碰瓷”现象。劳动者与用人单位建立劳动关系，双方均应按照劳动方面的系列法律法规约束各自的行为，任何一方违背法律规定，另一方均有权利用法律维护自身的合法权益，劳动者知法不能成为用人单位免责的理由，劳动者正常的维权行为并不属于恶意诉讼。综上，明某公司的上述抗辩意见，无事实依据，法院不予采信，明某公司应支付未签劳动合同的二倍工资差额。

律师点评

根据《劳动合同法》第八十二条第一款的规定，用人单位自用工之日起超过一个月不满一年未与劳动者订立书面劳动合同的，应当向劳动者每月支付二倍的工资。仅从法律规定的内容来看，劳动者是否了解法律规定、维权次数，不是裁审机构审查用人单位是否需要支付劳动者未签劳动合同二倍工资的考量因素。用人单位应当首先规范自身行为，避免因违法行为而承担额外的用工成本。

对于具有多次类似维权行为的劳动者，是否应当不予支持其二倍工资的诉讼请求，在实践中，也存在不同的观点。一种观点认为，"劳动碰瓷"者在建立劳动关系时，其目的不是通过劳动获得报酬，而是意欲通过引发劳动争议获取额外利益，这显然违反了民事主体应当遵循的诚实信用原则，不应得到法律的支持。诚实信用是法律的应有之义，也是法律的价值取向。法院的裁判不仅具有评价判断的功能，还有教育指引的功能。因此，裁审机构应遏制此类"碰瓷"行为。在实践中，甚至有法院发起了"劳动者维权异常名录"，以达到对权利滥用的行为予以规制、营造法治化营商环境的目的。另一种观点认为，劳动者之所以能够有效"碰瓷"，说明用人单位的用工不符合法律要求，而劳动者维护自身合法权益属于正当行使法定权利的行为，不存在恶意，应当予以支持。可见，对于"劳动碰瓷"者的诉讼请求能否获得法院支持，尚无定论，两种观点均能够自圆其说。但是，对于用人单位来说，却无第二种选择，仍应以合法合规作为用工原则，不要抱有侥幸心理，徒增用工风险。

案例索引

天津市第二中级人民法院（2021）津 02 民终 1778 号

第三章

劳动合同的履行——看上去很美却蕴藏危机

024 订立创业协议中止劳动合同，用人单位无须支付生活费

劳动关系双方因市场发生变化，签订了自主创业协议，后劳动者要求用人单位支付在此期间的生活费，法院不予支持。

案情简介

1996年12月，明某入职安徽楚某工贸有限公司（以下简称楚某公司）。2015年，因受煤炭市场及相关政策影响，楚某公司的经营状况陷入窘境。同年12月，楚某公司制定了鼓励职工自主创业的分流安置方式，即由创业职工与楚某公司签订为期三年的协议，在协议期内，由楚某公司负担创业职工的社会保险费用，协议期满后，创业职工可以选择返回楚某公司工作或者选择自愿解除劳动合同。2016年1月18日，明某与楚某公司签订了为期三年的自主创业协议。2018年12月20日，楚某公司向明某发出返岗通知书，后以明某旷工为由解除双方劳动合同。2019年7月，明某向凤台县劳动人事争议仲裁委员会提起仲裁申请，要求楚某公司支付违法解除劳动合同赔偿金、分流安置期间的生活费、失业保险金损失，该委驳回其请求后，明某不服，诉至凤台县人民法院。

法院裁判

法院认为，用人单位在生产经营陷入困境已经影响到企业生存的情况下，可以依据《劳动合同法》第四十条、第四十一条的规定解除劳动合同或裁减人员，但楚

某公司与劳动者协商保留劳动关系、代缴社会保险费，让富余职工在一定期限内能够自主创业或重新就业，说明其已经充分考虑了职工的利益，履行了一定的社会责任，楚某公司鼓励职工自主创业的应对措施符合构建和谐劳动关系的根本原则。1993 年 4 月实施的《国有企业富余职工安置规定》规定，安置国有企业中的富余职工，应遵循“企业自行安置为主、社会帮助安置为辅，保障富余职工基本生活”的安置原则，但也并未排除可以采取“鼓励和帮助富余职工组织起来就业和自谋职业”的安置措施。在本案中，富余职工自谋职业或自主创业的出路已较之前大为改善，而企业自行安置的条件则甚为有限，故楚某公司经与劳动者协商一致，在为职工负担了一定期限的社会保险费的前提下，鼓励职工自主创业或重新再就业，不违反法律的强制性规定，该自主创业协议合法、有效。明某认为自主创业协议中有关不支付工资或生活费的条款应属无效的理由，没有法律依据，本院不予采纳。自主创业协议属于劳动合同在一定期限内中止履行的协议，劳动合同经双方协商一致中止履行后，用人单位没有为劳动者安排工作的义务，劳动合同的中止不属于“非劳动者原因用人单位停工、停产”，用人单位应当安排而“没有安排劳动者工作”的情形，故不适用《安徽省工资支付规定》中关于“应当按不低于当地最低工资标准的 70%支付劳动者生活费”的规定，用人单位无须支付生活费。

律师点评

劳动合同在履行过程中会受到各种因素的影响，用人单位和劳动者在法律规定的范围内可以适时调整劳动合同的内容，其中劳动合同中止履行相较于劳动合同解除在法律后果上要和缓一些，更容易让劳动者接受。

对于客观情况发生重大变化导致劳动合同无法继续履行的，用人单位的处理方式一般分为两种：一是与劳动者协商变更劳动合同内容，如调整工作岗位、调整工作地点、调整薪酬待遇等，然后双方按照协商后的内容继续履行劳动合同；二是在协商无法达成一致的情况下，用人单位可以单方解除劳动合同，但应依法支付经济补偿。本案中，用人单位的处理方式比较特别，既没有协商变更劳动合同的内容，也没有解除劳动合同，而是与劳动者协商签订自主创业协议，中止履行劳动合同，在劳动者未提供劳动的情况下，继续为劳动者缴纳三年社会保险，在劳动关系解除前设立三年的缓冲期，避免直接解除可能带来的社会不安定因素，同时也与劳动者建立了一种特殊的联系，为自身的复产复工打下基础，可以说一举两得，值得类似情形的用人单位借鉴学习。当然，这种操作模式亦存在一定风险，因该种模式的执行与用人单位安排劳动者待岗的情形十分类似，很容易给劳动者造成一种权利（获得生活费的权利）被侵害的错觉，进而引发劳动争议案件。因此，在签署类似协议的过程中应当注意与劳动者进行充分协商沟通，避免产生不必要的诉争。

案例索引

淮南市中级人民法院（2020）皖04民终370号

025 由于经营需要，用人单位可以调整劳动者工作地点

用人单位由于经营需要，决定变更办公地点，劳动者拒绝调整工作地点，用人单位以旷工为由解除劳动合同获得支持。

案情简介

2016年5月23日，陈某入职深圳市星某国际旅行社有限公司武汉分公司（以下简称星某公司），担任市场营销文案策划经理一职。2018年6月28日，星某公司因其经营业务范围发生变化及经营发展需要召集员工开会研究，将办公地点搬迁至武昌区中北路×××号××酒店6楼。2018年7月19日，星某公司正式通过电子邮件和微信方式通知全体员工将于7月23日起到新的办公地点上班，陈某对此表示异议。2018年7月23日至26日，陈某仍在原办公地点处理工作事宜。2018年7月26日，星某公司以陈某累计旷工4天，严重违反公司的规章制度、影响正常工作为由，通知陈某于次日正式解除双方的劳动合同关系。双方遂产生纠纷。

法院裁判

一审法院认为：星某公司与陈某的劳动合同中约定的工作地点为武汉市，现星某公司将办公地点从武汉市硚口区长丰街 ×× 天地搬迁至武昌区中北路 ××× 号 ×× 酒店 6 楼。虽然不违反合同约定的工作区域，但星某公司于 2018 年 7 月 19 日正式通知全体员工于 7 月 23 日前搬至新地址，违反了合同中必须提前三十日通知的约定。星某公司新的办公地点距陈某居住地较远，对其正常的工作生活产生影响，陈某对此有异议并与之协商具有一定的合理性。陈某已提交证据证明其于 2018 年 7 月 23 日至 26 日期间仍然在原办公地点处理业务，虽未去新的办公地点打卡，但仍然为星某公司提供了劳动成果，尚不足以构成旷工的事实。星某公司的业务经营范围发生重大变化，与双方所签劳动合同约定岗位及陈某个人职业规划不一致，应视为合同订立时所依据的客观情况发生重大变化，在未能协商一致的前提下星某公司以陈某旷工为由解除劳动合同的行为依据不足，该解除行为违反法律规定，法院对陈某诉请星某公司支付解除劳动合同的经济补偿金予以支持。用人单位不服，提出上诉。

二审法院认为：陈某与星某公司签订的劳动合同约定的工作地点为武汉市，本案所涉办公地点的变更，是工作地点的整体搬迁，其目的不是故意为难员工，而是行使公司自主经营权，是对公司发展和成长的谋划。它不同于公司对员工的岗位调动，无须与员工协商一致，可以由公司单方面做出决策。若员工认为工作地点的搬迁对其工作生活造成不便，有权选择和公司协商解除劳动合同。本案中，陈某不认同公司办公地点的搬迁，不服从公司安排，不到公司指定的办公地点办公，擅自在原工作地点打卡 4 天，从形式上看虽然完成了一定的工作量，但不能认定为完成了公司的全部工作。陈某不到公司指定工作地点办公的行为构成了旷工。即便陈某表示未收到《考勤管理制度》，但公司提交的证据可以证明考勤制度已在公司群聊中予以公布。即使未予公布，依据《劳动法》第三条的规定，陈某亦应遵守劳动纪律和职业道德，不应擅自到公司原址打卡上班。星某公司以旷工为由解除与陈某的劳动合同关系理应得到支持。劳动者不服，申请再审。

再审法院认为：公司根据经营发展的需要及时调整经营范围和工作地点，是市场经济的应有之义，是有效行使经营自主权的体现，不同于对员工岗位的调动即“调岗”，因而无须与员工协商一致，原仲裁裁决书和二审判决对此已经予以详述，本院于此不赘。本案中，陈某在多次接到搬迁通知的情况下，以自己不同意为由，拒不服从星某公司管理，拒绝到新的办公地点上班，未经公司同意擅自到原来的办公地点上班，应认定为没有提供正常的劳动。试想，如果每个员工都像陈某这样，以自己上下班来回不便为由不服从管理，企业的凝聚力、战斗力和生产力从何而来？故二审认定陈某的该行为构成旷工并无不当，陈某的该项再审申请事由不能成立，本院不予支持。

律师点评

本案历经仲裁、一审、二审、再审，由此可见，裁审机构对工作地点变化的认识存在一定差异。在通常情况下，用人单位经营场地变化导致劳动者工作地点变化获得认可的概率要高于单纯调整劳动者的工作地点。引起劳动者工作地点变化的因素很多，应根据个案的不同，具体案件具体分析。通常考虑的因素包括工作地点发生变化的起因、双方的约定、调整工作地点是否属于生产经营的需要、调整是否具有合理性、调整是否引起待遇的变化、调整是否给劳动者的生活带来实质性影响、用人单位是否为消除影响采取过必要合理的措施等。

《劳动合同法》规定，用人单位与劳动者协商达成一致，可以变更劳动合同约定的内容。原则上，用人单位调整劳动者工作地点的，应当与劳动者协商达成一致，对于未能协商达成一致单方调整工作地点的，除非具有合理性，否则难以获得裁审机构的支持。如果在劳动合同中约定，用人单位可以根据生产经营的需要单方调整工作地点，是否可行呢？劳动合同的变更应当具有可预期性。实现可预期性的方法就是在劳动合同中事先与劳动者约定用人单位可以根据生产经营的需要单方调整工作地点，劳动者应当服从。当然也并非有这样的约定，用人单位就可以随意调整劳动者的工作地点。在具备可预期性的前提下，工作地点的调整还应当具备合理性和正当性。当劳动者因该调整所蒙受的不利益程度明显大于企业进行该调整的业务必要性时，则该调整就可能会涉嫌权利滥用，有可能不被认可。

在北京地区，用人单位应当与劳动者明确约定调整工作地点的范围。《北京市高级人民法院、北京市劳动人事争议仲裁委员会关于审理劳动争议案件法律适用问题的解答》第六条明确规定，用人单位与劳动者在劳动合同中宽泛地约定工作地点是“全国”“北京”等，如无对用人单位经营模式、劳动者工作岗位特性等特别提示，属于对工作地点约定不明。劳动者在签订劳动合同后，已经在实际履行地点工作的，视为双方确定具体的工作地点。用人单位不得仅以工作地点约定为“全国”“北京”为由，无正当理由变更劳动者的工作地点。用人单位与劳动者在劳动合同中明确约定用人单位可以单方变更工作地点的，仍应对工作地点的变更进行合理性审查。具体审查时，除考虑对劳动者的生活影响外，还应考虑用人单位是否采取了合理的弥补措施（如提供交通补助、班车）等。这一规定最大限度地降低了用人单位滥用用工自主权的可能性。本案中，用人单位与劳动者明确约定了可以进行变更工作地点的范围，且具备调整工作地点的必要性和正当性，即公司整体迁址而非单独针对劳动者进行地点变更，劳动者此时拒绝变更，仍在原工作地点提供劳动的，有违诚信原则，难以获得支持，用人单位因此认定其构成旷工并解除劳动合同，符合法律规定。

案例索引

湖北省高级人民法院（2019）鄂民申 2964 号

026 用人单位无故安排员工在家办公，构成未提供劳动条件

用人单位无故安排销售人员在家办公，并要求交还办公物品，虽薪资待遇不变，仍被法院认定为未提供劳动条件。

案情简介

2010 年 11 月 12 日，刘某入职太仓市世某实业有限公司（以下简称世某公司），担任销售职位。2012 年 4 月 13 日，世某公司向刘某发出《上岗地点变动通知书》，

载明“刘某同志：因内部临时调整，经公司研究决定您自2012年4月14日起在家办公，直至公司通知回厂上班之日止，在家办公期间待遇不变。请于收到本通知当日交还公司车辆、加油卡、办公手机（含手机卡）和门卡等个人使用的公司财物”。后刘某未再到世某公司处上班，并与世某公司产生纠纷。

法院裁判

世某公司于2012年4月13日向刘某发出《上岗地点变动通知书》，法院经审查后认为，世某公司向刘某发出《上岗地点变动通知书》的行为，已经构成用人单位未按照劳动合同约定提供劳动保护或者劳动条件的情形，理由如下：一是世某公司并未列明具体事由，对所谓“因内部临时调整”未提供充分证据予以证实，世某公司也未提供其他人员因公司内部调整而变动上岗地点的情况证明；二是世某公司要求刘某在家办公，但同时要求刘某立即交还公司车辆、加油卡、办公手机（含手机卡）和门卡等物品，实际上使得刘某作为销售人员已经难以开展正常的销售工作；三是世某公司要求刘某在家办公直至公司通知其回厂上班之日止，未列明终止时间，使得何时能够回公司上班的主动权完全掌握在世某公司手中，而实际上直至刘某于2012年5月29日向世某公司寄送《解除劳动合同通知书》，世某公司亦未通知刘某何时回去上班；四是世某公司虽表明刘某在家办公期间待遇不变，但刘某作为销售人员的主要收入来源为销售提成，刘某在家办公实际上已难以开展销售工作，其待遇亦会受到显著影响。综上，法院认为世某公司的上述行为已经构成未按照劳动合同约定提供劳动保护或者劳动条件的情形，刘某提出解除劳动合同，世某公司应向刘某支付经济补偿。

律师点评

《劳动合同法》第三十八条及第四十六条规定，用人单位未按照劳动合同约定提供劳动条件的，劳动者可以解除劳动合同，用人单位应向劳动者支付经济补偿。但是，对于什么是劳动合同约定的劳动条件，《劳动合同法》并没有明确规定。本案从一个侧面告诉我们劳动条件的基本含义，即，由用人单位提供的、劳动者为完成劳动合同约定的工作任务或者工作量所必备的外部环境、必要工具和组织支持，包括劳动场所和设备、劳动安全卫生设施、劳动防护用品等。如果用人单位未按劳动合同的约定提供劳动条件，致使劳动者难以完成劳动任务，严重影响劳动者工资待遇的，劳动者可以与用人单位解除劳动合同。比如，劳动者的岗位是编写代码的程序员，而用人单位拒绝为其提供电脑设备、软件支持、团队帮助，进而影响其工资水平的，就有可能构成未提供劳动条件。

本案中，劳动者系销售人员，其主要的收入来源就是销售提成，而用人单位收回公司车辆、加油卡、办公手机（含手机卡）和门卡等物品，变更了劳动者的劳动条件，使得劳动者难以正常开展工作，虽然仍正常发放基本工资，但其待遇因劳动条件的缺失大幅降低，故法院据此认定构成未提供劳动条件，具有合理性。

案例索引

苏州市中级人民法院（2013）苏中民终字第 2706 号

027　劳动者因身体原因要求调岗被拒，离职后获补偿

劳动者因病前后两次住院治疗，以身体原因申请调岗被拒，因此提出辞职，法院判用人单位支付解除劳动合同补偿金。

案情简介

2010 年 3 月 25 日，郑某入职威海恒某化工有限公司（以下简称恒某化工），从事产品包装工作。2014 年和 2015 年，郑某因病前后两次住院治疗。2017 年 7 月 3 日，郑某要求恒某化工调换工作岗位被拒绝，郑某向恒某化工提出辞职并提交辞职报告，辞职原因为因身体原因无法工作。恒某化工于 2017 年 7 月 10 日做出关于解除郑某劳动合同的决定，同意解除与郑某的劳动合同。2017 年 8 月，郑

某向山东省乳山市劳动人事争议仲裁委员会提出仲裁申请，要求恒某化工支付一个月工资和经济补偿金等款项。该委驳回其请求后，郑某不服，诉至山东省乳山市人民法院。

用人单位辩称：提出解除劳动合同的主体是劳动者，解除原因系个人辞职。即使郑某辞职原因系“调岗被拒”，也并非《劳动合同法》第四十六条第一款所列项目，其无权要求经济补偿金。

法院裁判

法院认为，郑某于2010年3月25日到恒某化工工作，因病先后于2014年、2015年两次住院治疗。2017年7月3日，郑某以身体原因要求调换岗位，恒某化工以无合适岗位为由拒绝为其调换岗位，郑某在此种情况下提出辞职，恒某化工也同意其辞职并随后做出同意解除劳动合同的决定，应视为双方协议解除了劳动合同，恒某化工应当支付郑某解除劳动合同经济补偿金。郑某要求恒某化工额外支付一个月工资的诉请于法无据，不予支持。

律师点评

在劳动用工管理实践中，用人单位调整劳动者工作岗位是比较常见的，但较少见到劳动者要求调岗的案例，劳动者要求调岗被拒绝后离职获得补偿的案例就更少见了。

劳动者主动离职却能获得经济补偿的情形规定在《劳动合同法》第三十八条中，也就是我们常说的劳动者被迫辞职，也只有用人单位出现《劳动合同法》第三十八条规定的情形时，劳动者提出解除劳动合同才可以获得经济补偿。纵观本案，用人单位似乎并不存在《劳动合同法》第三十八条规定的任一情形，法院判决中也没有论述要求用人单位支付经济补偿依据的是《劳动合同法》的哪一条。从判决书中看，似乎依据的是双方协商一致解除劳动合同，但在本案中，解除劳动合同是由劳动者提出的，又不符合支付经济补偿的法定条件，因此只能从《劳动合同法》第三十八条中寻找答案，而与本案最为贴切的就是第一款第一项——未按劳动合同约定提供劳动条件。

如果从静态的角度去看，劳动者患病两次，用人单位并没有变更劳动者的工作内容，仍然按照原劳动合同的约定提供劳动条件，那么用人单位并不存在未按劳动合同约定提供劳动条件的情形。但是，如果从动态的角度去看，当劳动者的身体状况发生变化，已无法适应之前的工作内容时，用人单位如果还按照原劳动合同的约定履行劳动合同，劳动者势必不能适应，在此种情形下，用人单位是否有变更劳动合同约定条件以适应劳动者身体条件的法定义务呢？从保护劳动者的合法权益以及构建和谐稳定的劳动关系的角度看，用人单位应当根据劳动者的身体状况诚信协商、合理调整劳动者的工作岗位，如果还按照原工作内容要求劳动者提供劳动可能会因为欠缺合理性和正当性而不被支持。

案例索引

山东省威海市中级人民法院（2018）鲁10民终596号

028　因劳动者与上级存在矛盾进而调岗，获得法院支持

劳动者因与上级就工作安排发生争议，后产生冲突，用人单位因此对其调岗，具有一定的合理性，获得裁审机构支持。

案情简介

2004年12月18日，潘某入职北京鑫某商贸有限公司（以下简称鑫某公司），担任售后部信息员，月工资为2200元+绩效工资。2019年4月11日，潘某的配偶与鑫某公司售后部经理发生冲突，售后部经理报警后双方冲突才得以平息。2019年4月12日，鑫某公司经领导讨论决定将潘某调至行政岗位，月工资标准为3500元。潘某不满鑫某公司的调岗行为，未到鑫某公司行政岗工作。2019年5月，潘

某一直未到岗工作，而是待在鑫某公司二楼休息室，鑫某公司按照最低工资标准向其发放工资。后潘某向北京市丰台区劳动人事争议仲裁委员会提起仲裁申请，要求鑫某公司支付2019年5月1日至2019年5月31日的工资差额5500元，该委驳回其请求后，潘某不服，诉至北京市丰台区人民法院。

法院裁判

首先，鑫某公司在潘某配偶与其部门领导发生冲突后，决定将其调岗的行为具有一定的合理性；其次，虽然调岗前后的工资存在明显的差异，但考虑到潘某此前岗位为销售类岗位，对此类岗位调岗后通常会出现一定的工资减少，同时考虑到对企业调整员工岗位自主权的保护，法院难以就此否认鑫某公司调岗行为的合理性；再次，潘某认为鑫某公司对其调岗缺乏合理性，亦应该通过合理途径解决，而非径行不到岗工作；最后，2019年5月在潘某确未到岗工作、未提供实际劳动的情况下，鑫某公司才按照北京市最低工资标准向潘某支付工资。综上，鑫某公司在2019年5月按照北京市最低工资标准向潘某支付工资的行为并无不当，因此潘某要求鑫某公司依据原岗位薪资标准向其补足2019年5月工资的请求，法院难以支持，驳回潘某的诉讼请求。

律师点评

用人单位调整劳动者的工作岗位通常有两种形式：法定调岗或者约定调岗。本案比较特殊，用人单位的调岗既不是基于法定事由，即不能胜任工作，也不是基于双方的约定，而是因为劳动关系双方产生矛盾，难以维系正常工作而调岗，该种调岗原因在实践中并不多见。在类似的特殊情况下，用人单位应如何调岗，才更容易获得裁审机构的支持呢？

首先，调岗的事由应当能够被一般大众所接受。本案中，因长时间的工作矛盾，劳动者家属与劳动者领导产生冲突，最终经警方处理才得以停止。在这种情况下，劳动者与其领导的关系可能影响工作的正常开展，甚至会影响到劳动关系的和谐稳定；为避免产生冲突，用人单位对其予以调岗，具有一定合理性。当然，这也不意味着只要产生矛盾，就可以任意调岗，这种矛盾应达到难以调和的程度且影响到劳动合同的正常履行。

其次，调整后的工作岗位的工作内容、工作强度、工资待遇水平与调岗前不应相差过多。本案中，用人单位考虑到劳动者从事的是销售岗位，对于相关联的行政岗位应当有一定的了解，容易上手并融入工作，虽待遇有所降低，但仍属合理范围，能够得到支持。在企业的用工实践中，因调整后的岗位在工作关联性、工作强度一致性、薪酬福利匹配性上不具有合理性而导致调岗未获支持的情况很多。一些用人单位，在实际操作过程中，直接将财务总监、销售主管降职为装配工，工资待遇由每月 2 万元降低至每月 3000 元，前后职位的工资内容、工资待遇可谓天壤之别，因缺乏正当性、合理性，这种调岗很难获得支持。

案例索引

北京市第二中级人民法院（2020）京 02 民终 5109 号

029　劳动者产假后，用人单位有权合理调整其工作岗位

在劳动者产假期间，用人单位已经安排其他劳动者替补其岗位的，产假后，用人单位有权另行合理安排其他工作岗位。

案情简介

2016 年 3 月 21 日，袁某入职某游轮船务（中国）有限公司（以下简称游轮公司），双方签订《劳动合同》，其中约定：袁某的工作岗位为大客户销售经理，袁某月工资为税前 2.5 万元。2017 年 1 月 22 日，袁某因怀孕开始休假。2017 年 4 月 5 日，袁某生产一女。2017 年 10 月 9 日，袁某返回游轮公司工作。次日，游轮公司安排袁某担任中小客户销售经理，负责接待中小旅行社。袁某拒绝此安排，要求从

事大旅行社的接洽。2017 年 10 月 12 日，游轮公司以邮件方式再次通知袁某“由于你离岗太久，为了保证公司业务不受影响，公司不得不安排人员替补你原来担任的大客户销售经理岗位工作，现在公司在北京唯一空缺的岗位是中小客户销售经理一职，经公司管理层商议，公司同意停止对外招聘，将此岗位提供给你，薪资不变”。2017 年 10 月 16 日，游轮公司再次向袁某发送邮件，询问袁某是否接受中小客户销售经理的工作安排，如果接受，明天至公司报到；如果不接受，也不接受协商解除，则游轮公司将出具解除通知函。

2017 年 10 月 17 日，袁某邮件回复表示，公司对其调岗不合理，新岗位涉及外地市场，经常出差，袁某处于哺乳期，生活上无法接受这样的安排，且公司没有给其选择，只提供唯一的岗位，公司所说协商解除合同，并没有了解袁某意愿，只是单方面出具赔偿金，袁某不接受无协商过程的协商解除，要求按原岗履行合同。同日，游轮公司以邮件方式向袁某发出《解除劳动关系通知书》。双方因此发生争议。

法院裁判

游轮公司作为独立的经营主体，依法拥有经营自主权及用工自主权，为维持正常的经营需要，游轮公司有权根据员工的自身状况，安排其合理的工作岗位。

首先，袁某进入公司后不到一年即怀孕，从袁某孕期病假至产假结束回归游轮公司工作历时 8 个多月，游轮公司安排其他人员接替袁某原工作内容符合经营管理的需要，故袁某返岗后，游轮公司对其工作岗位、内容重新安排符合常理。

其次，袁某原工作岗位为大客户销售经理，袁某返岗后游轮公司安排其从事中小客户销售经理，虽然面向不同的客户群体，但工作内容仍属销售范围，客户群体的不同并未导致工作内容的实质性变更，不会导致袁某无法胜任该岗位工作，且袁某调换岗位后的薪资待遇并未降低，故游轮公司对袁某的岗位安排具有合理性。

最后，根据游轮公司、袁某陈述和多份电子邮件往来内容所示，游轮公司数次口头、邮件通知袁某返岗后从事中小客户销售经理工作，但袁某均未服从公司管理。此时游轮公司提出若袁某不同意对其的工作安排，考虑其处于哺乳期，双方可协商解除合同，给予袁某一定的经济补偿，袁某考虑后又表示拒绝。在此情况下，游轮公司再次向袁某表示若不服从公司管理安排只能与其解除劳动合同，但袁某仍坚持要求游轮公司提供原工作岗位。故袁某的前述行为，对游轮公司的用工自主权造成严重影响，亦有拒绝正常履行双方劳动合同的意思表示。

综上，游轮公司对袁某的调岗具有合理性，袁某拒绝服从游轮公司的合理安排，扰乱了公司的经营自主管理。经游轮公司多次告知提醒，袁某仍拒绝服从工作安排。袁某的行为严重违反劳动纪律，游轮公司在此情况下通知袁某解除劳动合同于法有依。法院判决游轮公司无须撤销解除劳动合同决定，无须继续履行劳动合同，无须支付 2017 年 10 月 18 日至 2018 年 4 月 5 日期间的工资。

律师点评

调岗是劳动用工管理中的难点，除了约定调岗和法定调岗外，用人单位还可以根据企业经营情况的变化、劳动者自身状态的变化等情况合理调整劳动者的岗位。本案涉及如何理解女职工产假结束后返岗，这里的返岗是否包括对原岗位的合理调整，还是仅包括返回原岗位。

由于女职工身体结构、生理机能的特点以及抚育子女的特殊需要，《劳动合同法》在保护劳动者合法权益的前提下，加大了对孕期、产期、哺乳期女职工的保护力度，如不得依照《劳动合同法》第四十条、第四十一条的规定解除双方的劳动合同。在用工实践中，出现了用人单位对孕期、产期、哺乳期女职工用工难、易违法的局面。从本质上说，出现这种局面的原因在于孕期、产期、哺乳期女职工享有的法定权利与用人单位用工自主权发生了冲突。在女职工孕期、产期、哺乳期期间，法律的天平更多倾向于劳动者。当然，在此期间，如果用人单位合法、合理地运用用工自主权，仍然可以得到应有的保护。

根据《女职工劳动保护特别规定》第五条规定，用人单位不得因女职工怀孕、生育、哺乳降低其工资、予以辞退、与其解除劳动或者聘用合同。上述规定通过列举的方式明确了用人单位的禁止性行为，限缩了用人单位的部分用工自主权，除此之外，在合理范围内，用人单位仍有权行使用工自主权。

本案中，劳动者因怀孕生育而长时间休假，造成用人单位的岗位空缺，为了自身的正常经营，用人单位安排其他劳动者予以补足具有合理性。对于休假后复岗的劳动者，由于原岗位已不复存在，用人单位有权合理安排其工作岗位，对于拒不服从安排的劳动者，用人单位有权依据规章制度予以处理。当然，用人单位在安排其他岗位时应充分考虑岗位的性质、工作条件、工作强度、工作待遇是否具备适配性、正当性、合理性，从而避免被认定为侵犯劳动者合法权益。

案例索引

上海市第二中级人民法院（2019）沪02民终8483号

030　用人单位合理调岗，员工拒绝服从时解除合法

用人单位与劳动者就调动工作岗位事宜多次进行协商，并对因调岗给劳动者造成的困难提供解决方案，劳动者仍拒绝调岗的，用人单位有权解除劳动合同。

案情简介

2012年5月23日，王某入职寰某空间设计装饰（上海）有限公司（以下简称寰某公司），担任生产文员一职。2019年4月3日，寰某公司向王某邮寄劳动合同解除通知，解除理由是“2019年4月2日上午，供应链经理安排王某至新康路×××号美某公司进行正常工作，工作内容属于王某正常工作的范围，但王某拒绝提供劳动。经公司及公司工会多次沟通教育后，王某仍拒绝公司的合理工作安排，该行为已经违反《员工手册》附件16第99款，属严重违纪，因此解除双方的劳动

关系”。双方就此发生争议并诉诸法院。

劳动者诉称：公司在我怀孕期间，想要将我的工作岗位调整至关联公司处，其虽称是临时调岗，但我的工作岗位、工作地点、劳动关系均会发生变更，而变更劳动合同内容需双方协商达成一致，用人单位以我不同意调岗事宜解除劳动关系无法律依据，是违法解除。

用人单位辩称：首先，王某调岗后的劳动关系不会发生变动，美某公司与我司是关联公司，共同经营和管理；其次，调岗前后的工作地点距离很近，而且对于劳动者提出的路程问题，我司亦提供了很多解决方案；再次，我司对其多次说服教育，其拒不服从调岗事宜，已经构成严重违纪；最后，我司不清楚王某是否怀孕，即使其存在怀孕事实，我司亦有权对其严重违纪行为进行处理。

法院裁判

用人单位为维护正常生产经营，可根据经济形势和自身发展需要，对劳动者的工作岗位做出安排及调整，但应充分考虑该行为的合理性与合法性。本案中，首先，根据双方谈话录音、岗位描述、企业基本信息，寰某公司已多次与王某协商关于调动工作岗位事宜，两处工作岗位相距较近，寰某公司亦多次向王某示明劳动关系、工作岗位、工作内容、工作待遇均不予变更，就王某提出的困难，寰某公司均已给予解决方案；其次，王某主张新康路 ××× 号地址实际为美某公司的经营地址，寰某公司将王某调岗实际系调至其他用人单位、其他岗位，但根据双方的谈话录音，寰某公司已明确告知王某新康路 ××× 号亦为寰某公司的经营地址，此次岗位协调不涉及用工主体的变更，结合寰某公司与美某公司的关联关系，法院对王某的主张不予采纳。综上，寰某公司对王某的调岗应属合理，王某不服从寰某公司的合理安排，已违反劳动者的基本职业道德和劳动纪律，且王某已签收寰某公司《员工手册》，应知晓公司相关规章制度。因此，寰某公司与王某解除劳动合同并无不妥，王某请求支付违法解除劳动合同赔偿金一事，无事实和法律依据，不予支持。

律师点评

在实践中，用人单位应当注意调整工作岗位和调整工作内容的区别。工作内容是劳动合同的必备条款，劳动关系双方在建立劳动关系时应当就劳动者提供劳动的具体内容进行约定，而工作岗位并不是劳动合同的必备条款。实践中，用人单位往往更注重约定工作岗位而非工作内容，很多劳动合同都只约定了具体的工作岗位而忽略了工作内容，这也是造成现实中调岗困难的一个重要因素。

劳动者与用人单位建立劳动关系后应全面履行劳动义务，按时按量完成用人单位交给的工作任务，而用人单位亦应及时足额支付劳动报酬并给予必要的劳动保护。在生产过程中因生产经营需要，用人单位可以对劳动者的工作进行合理安排、对其岗位进行合理调整，若劳动者拒绝接受用人单位在劳动合同约定的工作内容范围内对劳动者进行的合理工作安排，用人单位有权依据劳动合同的约定或者规章制度的规定予以处理。

用人单位对劳动者的工作安排是否合理，应当充分考虑工作安排是否符合劳动合同约定的工作内容、是否会给劳动者的生活带来实质性变化及是否会给劳动者劳动报酬、职业发展前景、社会评价等带来不利变化等多种因素。如果用人单位的工作安排本来就属于劳动合同约定的工作内容范畴，工作变化也不会给劳动者的生活造成实质性影响或者虽有变化但已经通过合理方案解决的，应认定为用人单位的工作安排合理。

本案中，用人单位对劳动者的调岗行为虽是在两个用人单位之间进行的，但是，两单位关系密切，为关联公司，且用人单位已明确表示不会造成劳动关系的变动，而且在协商过程中，针对劳动者提出的困难，用人单位亦提出不同程度的解决方案供其选择，有效降低了调岗行为给劳动者造成的影响，增强了调岗行为的合理性，这种做法也值得其他用人单位借鉴学习。在用人单位的工作安排具有适配性、正当性、合理性的情况下，劳动者仍不服从工作安排的，用人单位依据规章制度处理，符合法律规定，应当予以支持。

案例索引

上海市第二中级人民法院（2019）沪 02 民终 10941 号

031 用人单位无故安排劳动者待岗培训的，劳动者有权拒绝

用人单位无故安排劳动者自行待岗培训，后劳动者拒绝培训，用人单位因此认定劳动者构成旷工并解除劳动合同，未获支持。

案情简介

1997 年，帅某入职株洲兴某新材料股份有限公司（以下简称兴某公司）。2019 年 6 月 16 日，兴某公司通知帅某到办公室学习员工手册。6 月 17 日、18 日，帅某到办公室学习员工手册，并询问兴某公司要自己学习的原因、学习的时间等具体情况，兴某公司均未给予明确答复。6 月 19 日起，帅某未到办公室学习，兴某公司经工会同意于 6 月 22 日以“帅某连续 3 天以上未办理任何请假手续，没有人脸识别考勤记录，视为自动离职”及相关规定对帅某做出按自动离职处理决定，并出具解除劳动合同证明书。

法院裁判

法院认为，兴某公司要求帅某暂停车间工作，到办公室学习员工手册，既未说明原因，也未告知学习期限及学习期间工资待遇等帅某要了解的情况，帅某多次要求兴某公司说明相关情况并要求到车间上班，兴某公司均未给予明确答复。在此种情况下，兴某公司对帅某按自动离职处理不符合法律规定，法院不予支持，兴某公司应向帅某支付违法解除劳动合同赔偿金。

律师点评

合规管理是企业管控风险最有效的手段。在企业劳动用工管理过程中，合规显

得尤其重要。不论是调岗还是培训，在劳动法上都有特定的含义和条件，用人单位应当遵守法律的要求，不能肆意行使用工自主权。

在实践中，用人单位 HR 经常有这样的困惑：“我们的规章制度经过了律师审核，也是根据制度与劳动者解除劳动合同的，为什么总不能获得支持呢？”从案例来总结，在劳动用工过程中，用人单位应尽可能表达善意，以增加行为的合法性。比如，在劳动者连续旷工的情况下，用人单位首先应当了解劳动者未到岗的原因，在其无正当理由的情况下，向其发送返岗通知书。这个操作流程并不是我们凭空想象出来的，而是它能够表达用人单位希望劳动者返回岗位工作的主观意愿，体现了用人单位提示劳动者修正错误的善意，而劳动者在这种情况下仍拒绝返岗，用人单位再以规章制度予以解除，更易获得支持。

本案中，用人单位仅告知劳动者学习员工手册，而且是一个人学习，且劳动者多次询问后用人单位仍未告知其在此期间的工资待遇。我们能够隐约感受到用人单位存在某种“不可说”的目的。在这种前提下，劳动者即使不到岗也具有一定的合理性，用人单位据此解除劳动合同很难获得裁审机构的支持。

案例索引

株洲市中级人民法院（2020）湘 02 民终 758 号

032　完不成业绩罚深蹲造成劳动者患病，用人单位需担责

用人单位规定，无法完成业绩目标的，需要做 50 个深蹲或 100 个俯卧撑，劳动者因此患病，用人单位应当承担赔偿责任。

案情简介

2018 年 6 月 13 日，张某入职北京玛某文化传媒有限公司（以下简称玛某公司）担任品牌拓展总监。2018 年 7 月 3 日，张某所在的微信工作群中发布要求，

包括张某在内的员工每天邀约1个客户来公司，若完不成目标要做50个深蹲或100个俯卧撑。张某因7月5日、7月6日两天都没有完成邀约任务，故在办公室做了深蹲。2018年7月7日，张某因身体不适至北京市房山区良乡医院就诊，被诊断为肝损伤、横纹肌溶解症。2018年7月8日，张某至北京大学第三医院就诊，被诊断为横纹肌溶解症。2018年7月10日及11日，张某至北京协和医院就诊，被诊断为横纹肌溶解症。张某向北京市朝阳区人民法院提起诉讼，要求玛某公司支付医疗费、交通费、陪护费、误工费、营养费、住院伙食补助费、精神损害赔偿金、鉴定费，该院支持其部分请求后，玛某公司不服，诉至北京市第三中级人民法院。

用人单位诉称：首先，案涉微信群不是用人单位专门设定的群，是员工个人为工作便利自行拉建的群，由员工自行约定激励方式，员工根据自身情况自愿参加，用人单位不强制，不是体罚，不能由用人单位承担侵权责任；其次，员工间为互相激励约定未完成任务的做相应的深蹲或俯卧撑不是强制性的，张某作为部门总监对此类激励方式的认知应是完全清楚的，其对自身身体的适应性也应有足够的判断力；最后，张某于2018年7月5日、6日两天做了50个深蹲，就正常的成年人而论，运动量根本不能算过量。因此，我司无须对其承担侵权责任。

法院裁判

法院认为，玛某公司在微信工作群中发布完成不了工作任务则需完成深蹲或俯卧撑的信息，张某在深蹲后出现身体不适，后被医院诊断为横纹肌溶解症，经鉴定张某的横纹肌溶解症与过量运动存在直接因果关系，故玛某公司应对张某的损害承担大部分责任。张某作为完全民事行为能力人，对运动的危险性也应具有一定的认知，张某自身未尽到安全注意义务，也应对损害的发生承担部分责任。综合案件事实，法院认定张某承担30%的责任，玛某公司承担70%的责任。

律师点评

体罚不是现代企业劳动用工管理的选项，它与现代文明格格不入，展现的是原始、愚昧、专制、封建的特性，法律对此完全是负面评价。根据《劳动合同法》第八十八条的规定，用人单位侮辱、体罚、殴打、非法搜查或者拘禁劳动者的，依法给予行政处罚；构成犯罪的，依法追究刑事责任，给劳动者造成损害的，应当承担赔偿责任。

如果用人单位制定的规章制度中含有俯卧撑、深蹲、跑步等体罚措施的，违反了法律的强制性规定，属于无效规定，劳动者对类似规定可以拒绝执行，不属于违反规章制度的行为。这类规定不但不会对劳动者产生约束力，还会严重腐蚀用人单位的企业文化，甚至让用人单位遭受行政处罚，构成犯罪的，还要承担刑事责任。

对于无法完成业绩目标的劳动者，用人单位应该如何处理呢？其一，以激励替代惩罚。制定合法有效的薪酬制度，通过激励表现优异劳动者的方式提升劳动者的工作积极性。其二，对于不能胜任工作的劳动者，用人单位可以依法培训或调岗，通过提升劳动者工作能力或降低岗位要求的方式，使其达到用人单位的用工需求。本案中，劳动者因用人单位的体罚行为受伤，主张权利获得法院支持。对于用人单位来说，劳动者的胜诉不仅会影响用人单位品牌形象，还会造成规章制度无法正常高效实施，从而陷入用工管理困境。

案例索引

北京市第三中级人民法院（2020）京 03 民终 11152 号

033　仅安排部分劳动者停工停业的应证明措施的合法性

用人单位仅安排部分劳动者停工停业，且无法证明措施合法性的，劳动者以未提供劳动条件为由解除劳动合同，获法院支持。

案情简介

2009年12月23日，黄某入职深圳亿某模具制造有限公司（以下简称亿某公司）。2015年4月28日，亿某公司向黄某发出《放假通知》，安排黄某自即日起放假至同年6月30日。2015年6月30日，亿某公司再次向黄某发出《放假通知》，安排黄某自7月1日起放假至同年9月30日。

2015年8月3日，黄某用邮寄的方式向亿某公司发出了一份《关于补足社会保险差额及安排工作的通知》，以亿某公司无故放长假为由，要求亿某公司于7日内为其恢复工作。亿某公司收到该通知后未对是否安排黄某复工的问题做出处理。

2015年9月11日，黄某向亿某公司发出了一份《被迫解除劳动关系通知书》，以亿某公司“存在未及时足额支付劳动报酬、未按本人实际工资购足社保、无故放假、拒不安排工作、不按合同提供劳动条件”等为由，主张被迫辞职，通知亿某公司于2015年9月12日解除劳动合同。

法院裁判

一审法院认为：亿某公司根据自身经营及经济情况，自主安排公司的生产经营活动，安排黄某暂时性放假并按照规定支付黄某放假期间的工资，不存在不及时足额支付黄某工资的情形，故对黄某以被迫解除劳动合同要求经济补偿金的诉求，不予支持。劳动者不服，上诉至深圳市中级人民法院。

二审法院认为：首先，按亿某公司自认的事实，其雇佣约900名员工，但仅针对包括黄某在内的7名员工以生产订单不足为由放假，亿某公司对放假的客观原因未能提供证据予以证明；其次，亿某公司无客观原因给黄某放假期间累计达5个月之多，在黄某提出复工要求后仍未及时做出安排，应认定为未按劳动合同约定为劳动者提供劳动条件的情况。亿某公司应向黄某支付相应的解除劳动合同经济补偿金。

用人单位不服，向广东省高级人民法院申请再审。广东省高级人民法院审理后驳回了亿某公司的再审申请。

律师点评

如果用人单位整体停工停产，安排劳动者待岗，并按照相关规定依法支付工资或者基本生活费，在实践中争议不大；但是，如果用人单位并非整体停工停产，仅部分部门或业务停工停产，安排部分劳动者待岗，对待岗员工按照规定支付基本生活费，该种情形在司法审判实践中如何认定？本案经过一裁二审及再审，我们可以从中看出一些思路。

停工停产是结果，至于是什么原因导致停工停产，劳动法并未过多涉及，仅规定了非因劳动者原因导致的停工停产，即不论是因为企业经营导致停工停产，还是因为客观外在原因（如疫情）导致停工停产，只要不是劳动者原因导致的，出现了停工停产这个结果，用人单位就可以依据相关法律规定依法安排劳动者待岗并向劳动者支付工资或基本生活费。

如果企业全部停工停产，实践中争议并不大。如果企业部分停工停产，是否可以安排劳动者待岗，情况就变得复杂了，需要根据个案具体判断。在此情形下，用人单位负有较重的举证责任，需要证明部分停工停产系客观原因导致，且员工无岗位安排的可能性等。

本案中，用人单位安排劳动者停工停产的原因系部分岗位生产资料不足，其本质属于用人单位经营风险的范畴，该风险不应由相应岗位的劳动者承担。但是，如果该生产资料不足的情况是由于外在不可克服的原因导致，如受疫情影响，企业无法进口必需的原材料，那么这种情况就可能成为停工停产的客观原因，在这种情况下，用人单位也无其他类似岗位可供安排的，就可以安排该部分劳动者停工停产。停工停产作为一项法律措施，是在极端情况下构建和谐劳动关系的稳定器，希望用人单位能够合法、合理地运用好这一措施。

案例索引

广东省高级人民法院（2017）粤民申 344 号

034 用人单位可以自主决定停工停产，不需要进行报备

法律并未明确规定用人单位停工停产需要履行一定的报备程序，用人单位可以自主决定停工、停产，不需要报备。

案情简介

2016年3月21日，何某入职广州华某科技股份有限公司（以下简称华某公司）。2017年11月16日，华某公司由于经营连续亏损，经与工会就轮流放假和发放生活费的问题进行了充分协商并得到了工会的同意后，做出停工停产决定。2018年2月，华某公司做出停工停产放假通知，并按照法律规定发放何某工资。双方因工资数额产生争议。

法院裁判

法院认为，华某公司停工停产的原因有一定的合理性，且由于法律并未明确规定用人单位停工停产需要履行一定的报备程序，因此本案中华某公司停工停产不存在程序不当的问题。由于华某公司2018年春节放假的时间为2月10日至22日，从2月23日开始延长放假，根据法律规定，从2月23日至3月23日（即停工停产期首月）应按正常工作时间支付何某工资，在此后（即3月24日至5月2日）应按照不低于当地最低工资标准的80%支付何某生活费。

律师点评

企业停工停产是否需要劳动者同意、是否需要向劳动行政部门报备？用人单位在做出重大实体性的决定时，劳动法都有相应的程序性规定。比如，用人单位单方解除劳动合同时，应当通知工会；在进行经济性裁员时，应当向工会或者全体职工说明情况等。这些程序性规定不仅能有效约束用人单位行使用工自主权，减少违法

行为的产生，也能缓解劳动关系双方之间的矛盾，减少双方之间的争议。

用人单位做出停产停业的决定，在现行法律中，并没有要求用人单位履行程序性义务的规定。有权做出停产停业决定的是公司的所有权人，即公司的股东，而非公司的经营者。公司股东有权依据公司法以及公司章程决定公司重大事项，包括停止公司的运营。停产停业并不属于劳动法调整的范畴，因此关于停产停业，劳动法并不会干涉。虽然劳动法对用人单位停产停业不会干涉，但停产停业势必会影响劳动者的合法权益，因此，在用人单位决定停工停产后，应当按照劳动法的规定向劳动者支付工资或者基本生活费。

案例索引

广东省高级人民法院（2019）粤民申 4513 号、4514 号

035　劳动者因过错给用人单位造成损失的，应承担赔偿责任

在履行劳动合同的过程中，劳动者应当勤勉尽责，因其存在重大过失给用人单位造成财产损失的，应当承担赔偿责任。

案情简介

杨某原系安徽梦某餐饮发展有限责任公司（以下简称梦某公司）职工，担任财务主管一职。2019 年 6 月 20 日上午，“汪某”（梦某公司财务总监为汪某，该处“汪某”为假冒——笔者注）在 QQ 上要求杨某转账 76 万元至远某商贸有限公司某农业银行账户，杨某将该信息截图发给梦某公司财务人员要求其按截图账户信息付款，财务人员遂完成付款。当日 11 时左右，财务人员因其他工作与梦某公司财务总监汪某接洽，才发现杨某发送的 QQ 聊天记录并非梦某公司财务总监汪某所发。杨某知晓后，发现系他人盗用汪某头像、资料等进行诈骗，当即报警，公安机关进行了立案侦查，但梦某公司被骗款项 76 万元未追回。2019 年 7 月 12 日，梦某公

司解除与杨某的劳动合同，并要求杨某赔偿经济损失76万余元。

法院裁判

用人单位与劳动者应当按照劳动合同的约定，全面履行各自的义务。劳动者应当勤勉尽责，因劳动者本人故意或重大过失给用人单位造成经济损失的，用人单位可以要求劳动者予以赔偿。杨某作为梦某公司的财务主管，在他人通过QQ向其发送有关任务安排时，仅凭QQ昵称及显示的头像等资料与公司财务总监汪某相同，而未进一步核实QQ号码等可以确认身份的信息，就判断对方为财务总监汪某本人，显然存在过错。特别是杨某将账户余额情况截图发给汪某微信，汪某未做回应，后“汪某”要求汇款76万元时，仍未能引起足够警觉，而是将“汪某”与其聊天的截图直接发给财务人员，导致财务人员将款项汇出。虽然事后杨某报警，公安机关立案侦查，但所汇出的76万元至今未能追回，该76万元属于梦某公司实际损失。杨某辩称其只是转发指令，与款项最后汇出没有直接因果关系，但因杨某系财务主管，其向财务人员发送指令属于其工作权限，也符合日常工作习惯，足以让财务人员产生信赖，且其发送给财务人员的信息系截图，财务人员无法判断截图中的发送人是否是其公司财务总监汪某，最终财务人员从梦某公司账户将76万元汇出，与杨某未做必要审查就转发“汪某”付款指令截图有直接因果关系，杨某对76万元损失的造成具有重大过错，应对梦某公司案涉财产损失承担赔偿责任，但鉴于梦某公司在日常管理和工作习惯上亦存在一定的漏洞，综合考虑杨某的过错程度、收入水平及损害后果，从平衡用人单位与劳动者权益的角度，酌定由杨某赔偿梦某公司财产损失50000元。

律师点评

在劳动合同履行过程中，由于劳动者的过错或者重大过失给用人单位造成损失的，劳动者是否应当赔偿以及如何赔偿？

根据《工资支付暂行规定》第十六条的规定，因劳动者本人原因给用人单位造成经济损失的，用人单位可按照劳动合同的约定要求其赔偿经济损失。也就是说，因劳动者本人原因给用人单位造成经济损失的，是否赔偿，如何赔偿，应由双方在劳动合同中进行约定，并以该约定作为赔偿依据。如果没有相关约定，向劳动者主张赔偿，存在不被支持的法律风险。

在劳动合同中，用人单位通常会和劳动者约定，因劳动者原因给用人单位造成损失的应当全额赔偿。那么裁审机构是否会支持用人单位提出的全额赔偿的请求呢？对于是否支持全额赔偿请求，通常会从损失大小、劳动者过错程度、用人单位是否对劳动者进行过培训、劳动者其他过失、劳动者的收入、当地的经济社会水平等方面综合考虑后做出判断。

案例索引

马鞍山市中级人民法院（2020）皖05民终761号

第四章

一般劳动者劳动合同的解除——用人单位心中永远的痛

036　劳动者骗回并撕毁辞职报告不影响劳动合同已解除

劳动者递交辞职报告后，通过骗回并撕毁辞职报告的方式主张报告无效并认为双方劳动关系仍存续，法院未支持。

案情简介

1993 年，秦某入职徐州美某车桥有限公司（以下简称美某公司）。2015 年 11 月 4 日，秦某向美某公司出具一份辞职报告，内容为：由于个人家庭原因，不能在公司继续工作了。公司收到该辞职报告后由两名管理人员签字同意。之后，秦某到公司人事工作人员邵某处要回上述辞职报告并撕毁。2015 年 11 月 16 日，美某公司向秦某送达解除劳动合同通知，解除理由为秦某违规开具出门证，对公司物品标识为相关公司自带，致使相关方违规进入公司运输了公司废旧钢材数吨，给公司造成财产损失，违反了公司管理规定。双方由此发生争议。

法院裁判

本案中，秦某在 2015 年 11 月 4 日向美某公司出具辞职报告，辞职理由为个人家庭原因，且美某公司的部门负责人在该辞职报告上已经注明同意，因此秦某的辞职行为已经得到公司的认可批准，且根据《劳动合同法》第三十七条的规定，劳动者单方辞职行为并不需要用人单位的同意，该辞职权是形成权的一种，自到达美某公司时即发生法律效力，因此双方的劳动关系已经因秦某的单方辞职行为而解除，其事后撕毁辞职报告的行为及公司再行出具解除劳动合同通知的行为，均不影响秦某单方解除劳动合同的法律效力。因此秦某主张美某公司违法解除劳动合同并要求支付经济赔偿金的请求无事实及法律依据，不予支持。

律师点评

通过本案，我们可以深刻认识到辞职权的基本法律特征，即辞职权系形成权，劳动者一旦行使便发生劳动合同解除的法律效力，不论是劳动者还是用人单位均无法阻却这一结果的发生。本案中，劳动者欲通过撕毁辞职报告的方式阻却劳动合同的解除，以为只要载有其辞职意思表示的物理载体不存在了，就不会发生辞职这件事，殊不知就连辞职信也仅仅是辞职意思表示的载体而已，只要辞职的意思表示到达用人单位，就会发生劳动合同解除的法律后果，至于这个载体是否还存在，并不会影响劳动合同解除的法律后果。本案中，劳动者递交辞职报告、用人单位审批同意的行为，从形式上看与“由劳动者提出，双方协商一致解除劳动合同”的情形特别相似，但是通过分析劳动者辞职报告的内容，该份辞职报告实质上就是一份辞职信，是劳动者单方解除劳动合同的行为，并不属于“由劳动者提出，双方协商一致解除劳动合同”的情形。如果该份辞职报告写明的内容包含有“如果用人单位不批准离职，我将继续提供劳动”的内容，这样的辞职报告有可能被视为辞职申请，劳动者递交辞职申请并不会直接引起劳动合同解除的法律后果，除非用人单位同意。

本案还有另外一个情节，用人单位也行使了一次解除劳动合同的权利，但法院并没有去审查这次解除是否合法，因为在用人单位解除劳动合同之前，劳动者已经行使了辞职权，用人单位无法解除一个已经被解除的劳动合同。

案例索引

徐州市中级人民法院（2020）苏03民终2027号

037　飞行员辞职，用人单位拒绝解除要求继续履行未获支持

用人单位以飞行员岗位具有特殊性、培养成本高为由拒绝劳动者单方解除劳动合同并要求继续履行，未获法院支持。

案情简介

吴某原系某航空公司员工，从事飞行员工作，双方签订了无固定期限劳动合同。2019年12月23日，吴某向航空公司邮寄送达了解除劳动关系告知书，提出与航空公司解除劳动合同。双方发生劳动争议。

用人单位称：虽然吴某享有平等就业和选择职业的权利，但是众所周知，飞行员岗位具有特殊性，培养一名合格的飞行员耗资大，飞行员队伍的稳定性要求更高。吴某的行为不仅违背了双方签订的劳动合同，也将给航空公司造成损失，严重影响航空公司正常航行工作的开展。事实上，航空公司至今仍向吴某发放工资，缴纳社保、公积金，双方劳动关系并未解除，因此，航空公司没有义务为吴某出具解除劳动合同证明、办理人事档案以及社保关系转移手续，吴某应继续履行劳动合同。

法院裁判

根据《劳动合同法》第三十七条的规定，劳动者提前三十日以书面形式通知用人单位，可以解除劳动合同。本案中，吴某于2019年12月23日向航空公司送达了解除劳动关系告知书，故双方的劳动合同应于航空公司收到解除劳动合同通知书三十日后解除。故法院认为双方的劳动关系自2020年1月22日解除。同时，根据《劳动合同法》第五十条第一款的规定，用人单位应当在解除或者终止劳动合同时出具解除或者终止劳动合同的证明，并在十五日内为劳动者办理档案和社会保险关系转移手续。故航空公司应当为吴某出具解除劳动合同证明、办理人事档案以及

社会保险关系的转移手续。

律师点评

我们见到的案例绝大多数都是劳动者要求继续履行劳动合同的，鲜有用人单位要求继续履行劳动合同的，原因很简单，劳动法不会对劳动者的辞职权进行干预，仅规定了提前三十日书面通知的程序义务，即使劳动者没有提前三十日书面通知，承担的也仅仅是损失赔偿的法律责任，而没有继续履行的义务，因此用人单位要求劳动者继续履行劳动合同是没有法律依据的，即使航空公司花费巨资培养了飞行员，也无法阻却劳动者辞职权的行使，劳动者仅需提前三十日书面通知用人单位便可解除劳动合同。劳动者工作岗位的特殊性、用人单位的培养成本、经营的稳定性等因素均不能影响劳动者辞职权的行使。

根据《劳动合同法》第二十二条的规定，用人单位为劳动者提供专项培训费用，对其进行专业技术培训的，可以与该劳动者订立协议，约定服务期。劳动者违反服务期约定的，应当按照约定向用人单位支付违约金。也就是说，即使劳动者违反服务期的约定辞职的，其法律后果也仅是支付违约金，用人单位也无权要求继续履行劳动合同。实践中，有一些企业为了防止劳动者辞职，在劳动合同中约定了高额违约金，其实，这种高额违约金的设置往往缺少法律依据，这样的违约条款属于无效条款，即使劳动者离职，也无须按高额违约金承担违约责任。知晓劳动者辞职权的法律特征后，如何留住人才就成为用人单位面临的重大课题。在实践中，用人单位通常是通过给予劳动者优厚的薪酬福利、建立优质的企业文化、给予劳动者股权或期权等“软”方式留住劳动者。本案中，劳动者的岗位确实比较特殊，是一名飞行员，虽然用人单位为人才的培养付出了巨大的成本，但是也不能影响劳动者行使劳动合同法赋予的辞职的权利，劳动者辞职后，用人单位应当依法办理各项离职手续，仍按原劳动合同约定支付工资、缴纳社保，也只是自欺欺人，徒增经济损失。

案例索引

北京市第三中级人民法院（2020）京03民终11935号

038　劳动者辞职后，用人单位的单方解除行为无效

劳动者的辞职权系形成权，送达用人单位即发生法律效力，用人单位收到辞职信后再发出单方解除通知系无效行为。

案情简介

2017年1月24日，赵某入职广州同某国际酒店有限公司（以下简称同某酒店），工作岗位为客房服务员。2018年4月9日，赵某向同某酒店提交书面离职申请书，以“个人原因”为由提出辞职，同某酒店批准同意。2018年4月10日，赵某反悔，要求撤回离职申请，同某酒店做出解除劳动合同通知书，以赵某严重违纪为由解除双方劳动合同。双方就此发生争议。

法院裁判

首先，赵某主张其填写的离职申请书是被用人单位欺骗而书写，但赵某对此主张未提交充分证据予以证明。赵某在庭审时陈述其当时经用人单位劝退而同意离职，并书写了离职申请书，该陈述与其主张的被用人单位欺骗而书写离职申请书存在矛盾。经用人单位劝退而书写离职申请书并不违反劳动法的规定，此与受用人单位欺骗而书写离职申请书的性质存在根本不同。

其次，赵某主张离职申请书因未约定最后工作日期而无效，没有法律依据，不应采纳。《劳动合同法》第三十七条规定，劳动者提前三十日以书面形式通知用人单位，可以解除劳动合同，双方劳动合同中也约定劳动者解除劳动关系应当提前三十日通知。但上述法律规定及劳动合同约定不具有限制劳动者辞职权的强行性效力。依据民法的相关规定，以非对话方式做出的意思表示，到达相对人时生效。劳动者的辞职权属于形成权，除非劳动者辞职时明确表示是提前三十日通知解除劳动关系或者在离职申请中明确其最后工作日，否则其辞职的意思表示到达用人单位即

可发生解除劳动关系的效力。因此本案中，赵某辞职的意思表示到达用人单位即发生解除劳动关系的法律效力。

最后，根据赵某的离职申请书，其是以个人原因辞职，该辞职原因不属于《劳动合同法》第三十八条规定的劳动者被迫解除劳动关系而应由用人单位支付经济补偿金的法定情形。赵某在 2018 年 4 月 9 日辞职后反悔，于次日要求继续上班，但双方劳动关系已经因赵某此前辞职而在 2018 年 4 月 9 日解除，故同某酒店在次日做出的解除劳动合同通知书不具有法律效力，不构成违法解除劳动关系。

律师点评

用人单位无法解除已被解除的劳动合同，当然也就不会构成违法解除。

根据《劳动合同法》的规定，用人单位与劳动者协商一致，可以解除劳动合同（第三十六条）；劳动者提前三十日以书面形式通知用人单位，可以解除劳动合同（第三十七条）；用人单位存在过错的，劳动者可以解除劳动合同（第三十八条）。也就是说，法定的劳动者解除劳动合同的形式有三种：一是劳动者提出，双方协商一致解除劳动合同；二是劳动者提前三十日书面通知用人单位解除劳动合同；三是用人单位存在法定过错情形的，劳动者解除劳动合同。

劳动者依法解除劳动合同时，在辞职信中未明确解除日期的，解除日期该如何确定呢？如果是双方协商解除劳动合同，劳动合同的解除日期以双方约定为准，双方没有约定的，以解除劳动合同生效日为解除劳动合同的日期。如果是在用人单位存在过错的情况下劳动者解除劳动合同，劳动合同的解除日期为劳动者向用人单位提出解除之日；如果用人单位存在《劳动合同法》第三十八条第二款规定情形的，劳动合同的解除日期为劳动者决定解除之日，该种情形下，劳动者不需要通知用人单位。如果劳动者的解除属于预告性解除，即劳动者提前三十日以书面形式通知用人单位解除劳动合同，但未在辞职信中写明劳动合同的解除日期，劳动合同的解除日期是哪一天？目前有两种观点：其一，劳动者的辞职权系形成权，意思表示到达用人单位处生效，劳动合同解除，本案法官即持此种观点；其二，在劳动者单方解除劳动合同时，应推定劳动者的行为符合法律规定，即自劳动者单方通知后三十日解除劳动合同，这样才符合预告性解除的立法本意。当然，由于个案情况的不同，还要参考劳动者递交辞职信后的行为。若劳动者递交辞职信后就未再提供劳动，显然属于劳动者即时解除劳动合同，当然这种即时解除属于违法解除（未提前三十日通知用人单位）；若劳动者递交辞职信后继续在用人单位工作，则可以推定为劳动者系提前三十日通知用人单位解除劳动合同。

案例索引

广东省高级人民法院（2020）粤民申 271 号

039　员工预告性解除，用人单位可立即同意无须等满三十日

劳动者在发出单方解除劳动合同通知书后，用人单位可以在预告期内随时同意解除劳动合同，而无须等满三十日。

案情简介

1985 年 12 月，陈某入职中国工商银行股份有限公司某分行（以下简称工行某分行），双方签订了无固定期限劳动合同。2015 年 6 月 25 日，陈某到工行某分行书写了《解除劳动合同申请书》，并于同日向工行某分行提交，其内容为“本人陈某，因个人原因，申请解除劳动合同。2015 年 6 月 16 日”。随后工行某分行启动人员离行审批程序，向陈某做出《终止（解除）劳动合同证明》，主要内容是证明陈某与工行某分行于 2008 年 6 月 20 日订立的《劳动合同书》（合同编号：0000127525）已于 2015 年 6 月 26 日解除。同日，工行某分行还做出《解除劳动合同证明书》及《终止（解除）劳动合同通知书》，其中载明“……依据的法律条文是《劳动合同法》第三十六条，解除原因为劳动者提出解除……”2015 年 7 月 6 日，陈某通过 EMS 邮寄一份《关于撤销〈解除劳动合同申请书〉的申请》给工行某分行。2016 年 2

月24日，工行某分行向陈某邮寄《告知函》，其主要内容是“你于2015年6月16日向工行某分行提交《解除劳动合同申请书》，工行某分行已为你办理了劳动合同解除的相关手续”。

法院裁判

一审法院认为：陈某于2015年6月25日到工行某分行书写并提交《解除劳动合同申请书》，其内容明确包含申请解除劳动合同的意思表示，工行某分行提供的落款时间均为2016年6月26日的《终止（解除）劳动合同证明》《解除劳动合同证明书》及《终止（解除）劳动合同通知书》，证明双方于2008年6月20日订立的《劳动合同书》（合同编号：0000127525）已于2015年6月26日解除，上述证明书及通知书的签名处均有“陈某”签名字样，至此，应认定工行某分行对于陈某关于解除双方劳动关系的申请予以确认，可视为双方就劳动关系的解除达成合意，根据《劳动合同法》第三十六条的规定，即用人单位与劳动者协商一致，可以解除劳动合同，双方的劳动合同发生解除的法律效力，因此，驳回陈某的诉讼请求。劳动者不服，提出上诉。

二审法院认为：劳动者享有解除劳动合同的单方预告解除权，单方预告解除劳动合同应在劳动合同解除之前经过预告程序，并经过预告期之后，才发生解除劳动合同的后果。工行某分行在仲裁、一审中均自认系《劳动合同法》第三十七条规定的劳动者提前通知单方预告解除，但其在接到预告的第二日，在预告期未满、劳动者单方解除劳动合同后果未发生的情况下即解除与陈某的劳动合同，综合本案案情，应认定为工行某分行单方解除劳动合同，其解除行为不符合法律规定，双方之间的劳动合同应当继续履行。用人单位不服，申请再审。

广东省高级人民法院认为：《劳动合同法》第三十七条规定劳动者提出解除劳动合同要提前三十日通知用人单位，此法律条款规定的是劳动者的义务，并非用人单位的义务，该条款并没有要求用人单位必须等到劳动者预告期满后才能做出同意解除劳动合同的行为。本案二审判决以工行某分行在劳动者陈某提出解除劳动合同预告期未满就做出解除劳动合同的决定为由，在未查清本案双方当事人是否一致同意解除劳动合同的情况下，认定工行某分行系单方违法解除劳动合同，属于对上述法律条款的错误理解，适用法律错误。因此，撤销原判，发回重审。

律师点评

本案历经仲裁、一审、二审、再审四个阶段，可见在实践中，解除日确定之复杂。

虽然广东省高级人民法院未作出判决，但在法院论述之中，仍能窥见一些裁审观点。对劳动者以《劳动合同法》第三十七条为依据单方解除劳动合同的，用人单位能否放弃预告期利益，提前要求劳动者离职，尚无定论。本案中，二审法院认为，预告期未满，用人单位通知劳动者解除劳动合同，属于用人单位单方解除劳动合同，而非劳动者单方预告性解除。二审法院并不认可在预告期内用人单位有权要求劳动者提前离职，如果在预告期内用人单位要求劳动者离职的，视为用人单位新发起的一个解除，而且劳动合同就是因用人单位的这次发起而解除，而非劳动者单方解除的。而再审法院则认为，提前三十日通知系法律赋予劳动者行使单方解除权的法定义务，并非用人单位的义务，该条款并没有要求用人单位必须等到劳动者预告期满后才能做出同意解除劳动合同的行为，也就是说再审法院认为，提前通知是劳动者的义务，用人单位则可以放弃该预期利益，无须等到三十日后再同意劳动者离职，可随时同意劳动者离职。难点在于若劳动者偏要等到三十日后才离职，不同意提前离职，用人单位能否强制劳动者离职，此时的劳动合同解除是劳动者预告解除权行使的结果，还是用人单位单方解除权的结果呢？笔者认为，在劳动者行使预告解除权时，如果没有明确劳动合同的解除日期，用人单位欲让劳动者立即离职，应充分和劳动者协商确定；如果劳动者不同意立即离职并表明系预告性解除，用人单位应当谨慎采取措施让劳动者立即离职，避免潜在的法律风险。当然，也有观点认为，不允许用人单位放弃预告期利益存在一定的合理性。单纯从《劳动合同法》第三十七条的表述来看，提前三十日通知确实是劳动者的法定义务，但是在预告期内，劳动者仍应按照劳动合同约定向用人单位提供劳动，用人单位也应当在预告期内按照约定支付劳动报酬。在预告期内，用人单位不仅享有权利，还负有继续履行劳动合同的义务，因此，用人单位无权提前解除劳动合同。

案例索引

广东省高级人民法院（2018）粤民再210号

040 劳动者盗窃数额未达规定标准，用人单位辞退未获支持

用人单位规章制度规定，劳动者盗窃财物价值超过500元的，用人单位可予以辞退，后因无法证明劳动者盗窃物品的价值，用人单位辞退该劳动者构成违法解除。

案情简介

2013年7月，史某入职某汽车有限公司（以下简称汽车公司），从事操作工工作。2019年5月18日，史某下班后，准备将8个防盗螺栓及2个防盗螺栓头携带出厂时被汽车公司发现，史某在接受汽车公司保卫部门人员调查时称知道自己拿的是汽车轮胎防盗螺栓，但以为是旧的没用了，想拿回家垫东西用。2019年7月5日，汽车公司劳动纪律管理委员会及工会委员会做出《关于给予史某辞职处分的决定》，记载史某于2019年5月18日盗窃防盗螺丝10个，价值1445.30元，并根据《劳动纪律管理条例》第五十六条之规定，给予其辞退处分。

法院裁判

汽车公司认为史某盗窃的财物价值超过500元，故依据《劳动纪律管理条例》

的规定给予辞退；暂且不论该条例是否经过公示或告知程序，仅就该财物价值而言，防盗螺丝的价格系汽车公司依据公司控制部给出的 144.53 元 / 件计算得来，汽车公司虽然提供了付款业务回单、出口单据等证据佐证该金额的真实性，但案涉物品在事发后并未封存，史某对汽车公司当庭提供的物证不认可，新旧程度亦难区分，是否能够等同于 144.53 元尚不能确定；又因双方对检材不能达成一致，鉴定的前提也不存在；故汽车公司提供的证据尚不能证实史某携带出厂的物品价值超过 500 元。依据汽车公司的《劳动纪律管理条例》记载，史某的行为性质尚未达到辞退的标准，汽车公司的辞退构成违法解除。

律师点评

劳动者盗窃公司财物，用人单位在解除劳动合同时是否应当考虑被盗窃物品的价值，是否只有劳动者盗窃物品的价值达到一定额度时用人单位才可以解除劳动合同呢？审判实践并未形成统一认识，但主流观点仍认为，只要劳动者存在盗窃行为，不论金额多少，用人单位均可以依据合法有效的规章制度解除劳动合同，如上海市闵行区人民法院（2015）闵民一民初字第 8284 号、北京市高级人民法院（2017）京民申 2134 号。当然也有观点认为，应当考虑盗窃行为的情节、物品的价值等，不能仅仅因为盗窃行为就认定劳动者严重违纪解除劳动合同，如北京市第三中级人民法院（2014）三中民字第 04698 号、天津市第二中级人民法院（2011）二中保民终字第 209 号。本案的特殊之处在于，用人单位在规章制度中对盗窃的数额作出了明确规定，达到该数额的，劳动者才构成严重违纪，用人单位才可以解除劳动合同。在用人单位无法证明被盗窃物品的价值达到规定标准时，解除最终被法院认定为违法解除。虽然审判实践中存在不同观点，但笔者仍建议用人单位在制度中规定，偷盗公司财物的，属于严重违纪行为，用人单位有权解除劳动合同，不建议规定具体的盗窃数额。毕竟不得盗窃他人财物属于社会基本道德范畴，不会因盗窃价值较小而改变其性质，盗窃行为本身与社会主义核心价值观格格不入，应该得到负面评价。

案例索引

长春市中级人民法院（2020）吉01民终2998号

041 家人病重请事假未获批，用人单位以旷工为由解除违法

劳动者以家人病重需要照顾为由多次请假未获批，自行休假六天，用人单位以其严重违纪为由解除劳动合同，未获法院支持。

案情简介

2010年12月6日，郑某入职某国际建筑规划设计（北京）有限公司（以下简称设计公司），岗位为效果图设计师。2018年4月12日至4月19日，郑某未打卡。郑某称因父亲重病，需要照顾，通过钉钉系统提交了请假申请，并且写明理由为“家人病重，需要照顾”，管理员和部门主管已同意。2018年4月19日，设计公司做出《旷工解除劳动合同通知书》，以郑某在2018年4月11日、4月15日提出请事假共计8天，在请假未得到总经理批准的情况下擅自于4月12日、4月13日、4月16日、4月17日、4月18日、4月19日未到岗工作，属于旷工，构成严重违纪为由，解除双方劳动关系。

法院裁判

设计公司以郑某请假未批，连续旷工6天，属于严重违纪而于2018年4月19日解除劳动合同，然而郑某向设计公司请假时已经告知请假理由是家人重病，需要照顾，虽然郑某在请假时未告知用人单位生病需照顾之人系其父亲，但是郑某已经告知家人重病需照顾的情况，并不是无理由请假，且郑某父亲病情严重，事后也提交了诊断证明证明其父亲的病情属实，设计公司作为用人单位对于职工负有一定的照顾义务，对于请事假的起因也有义务进行核查，因此

设计公司对郑某以请假未批而直接按旷工解除，未尽到应有的审查义务和对职工的照顾义务，解除事由存在一定的瑕疵。另外设计公司在解除程序上也存在明显的不严谨，因此设计公司的解除行为在解除事由和程序上均有瑕疵，属于违法解除。

律师点评

用人单位的事假审批权是否应当受到限制？

劳动合同关系不同于平等民事主体之间的其他合同关系，劳动合同关系具有较强的人身依附性和从属性的特征。在劳动合同履行期间，双方均负有善意履行劳动合同的义务：对劳动者而言，应善意履行工作职责，自觉遵守用人单位的规章制度；对用人单位而言，其处于管理地位，应以善意、照顾、宽容的态度行使用工管理权。

事假审批权属于用人单位用工自主权的范畴，法律一般不做过多干预。用人单位有权根据企业的生产经营情况、劳动者的岗位状况决定是否批准劳动者的事假申请，但这并不意味着用人单位拥有绝对的审批权。用人单位在行使事假审批权时应当以照顾、宽容的态度对劳动者的事假申请进行审视。用人单位在拒绝劳动者的事假请求时，不仅要考虑自身运营对劳动者的需求程度，亦应当考虑社会公序良俗等问题。如果劳动者请事假确实事出有因，且情况紧急，用人单位当予以批准。本案中，劳动者家人重病，需要看护，多次请假明示后，用人单位仍予以拒绝，即使用人单位的生产任务确实紧急，人手确实不够，但相较于中华民族传统人伦孝道而言，该等情形尚不足以构成拒绝批准事假的理由，更何况用人单位并未给出拒绝批准事假的合理理由。

案例索引

北京市第二中级人民法院（2018）京 02 民终 12203 号

042 劳动者未完成承诺的业绩额，用人单位依约解除属合法

劳动者在试用期内未完成业绩指标，后经主动申请，延期转正仍未完成，用人单位依约解除劳动合同，合法有效。

案情简介

2016年3月1日，林某入职深圳某通信技术有限公司（以下简称通信公司），双方签订了劳动合同，约定试用期为6个月。2016年8月26日，林某向通信公司提交了《延期转正情况说明》，内容为："尊敬的领导，我是深圳办的林某，于2016年3月1日成为公司的员工之一，现试用期即将到期，申请延期转正……缓冲期为1个月，本人承诺9月内完成10万元的指标任务，同时9月薪资调整为5000元整，待任务完成后再补齐发放，如未完成任务则自动提出离职"，通信公司在该情况说明的结尾处签注："同意延期。"2016年10月18日，因林某业绩不达标，通信公司解除双方劳动关系。双方因此产生争议。

法院裁判

通信公司于2016年10月18日以林某业绩不达标为由将其辞退。根据双方确认的《延期转正情况说明》，林某承诺销售指标不达标，通信公司可以与其解除劳动关系。通信公司向林某发送的解除劳动合同邮件经过公证，且与《延期转正情况说明》相印证，予以采信。林某并未达到其在《延期转正情况说明》中承诺的销售指标，通信公司以林某业绩不达标为由将其辞退符合双方的约定，并不构成违法解除。

律师点评

如果在劳动者转正以后双方约定"完不成业绩指标的，用人单位可以解除劳动

合同”，用人单位据此依约解除劳动合同存在一定的法律风险。劳动者没有完成业绩属于不胜任工作的范畴，对于不能胜任工作的劳动者，用人单位不得直接解除劳动合同，而是需要在调岗或者培训后劳动者仍然不能胜任工作的情况下，用人单位才可以解除，直接解除不符合法律规定。

如果劳动者在试用期内没有完成业绩指标，而业绩指标又属于用人单位和劳动者约定的录用条件之一，此时在试用期内以劳动者不符合录用条件为由解除劳动合同就有可能获得支持。试用期是用人单位与劳动者相互考察的期限，在此期限内，用人单位有权考核劳动者的工作能力，并以录用条件为基础决定是否录用劳动者。同时，劳动者也对用人单位的企业文化、劳动条件、工作强度、薪酬待遇等进行考察，进而判断是否建立较为稳定的劳动关系。相较而言，试用期具有一定的不稳定性，期间的劳动关系容易发生重大变化，因此劳动法对试用期期限作出了严格的规定，并禁止延长试用期。本案中，劳动者在试用期内未达成录用条件，用人单位有权依法将其辞退，但劳动者申请延期转正，并承诺 1 个月内完成销售指标，否则自动离职，用人单位予以应允，并在劳动者确未完成销售业绩的情况下依约解除劳动合同。从证据上看，用人单位自始至终保持着主观上的善意，在本应辞退劳动者时，再次给予劳动者工作机会。从意思自治原则出发，用人单位在劳动者再次未履行承诺的情况下依约解除，具有一定合理性，亦符合诚实信用的原则。但是，从劳动法及相关法律法规规定的角度看，首先，劳动关系双方约定的试用期期限最高为 6 个月，本案中，劳动者在履行 6 个月试用期后申请延期转正 1 个月，该 1 个月期间无法构成试用期，无论劳动合同延期与否，劳动者均应已转正；其次，劳动者在转正后，未完成销售指标，符合不能胜任工作的情形，应当依法调岗或培训，而用人单位径行依约定解除双方劳动关系，该解除行为如果发生在试用期则更具有合理性；最后，用人单位单方解除劳动合同应当具备法律依据，用人单位仅以劳动者一次不胜任工作便解除双方劳动关系，显然依据不足。

禁止延长试用期是法律的强制性规定。在司法实践中，裁审机构对此解读不一，有观点认为，只要在法定试用期期限范围内，劳动关系双方协商一致也可以进行延长。为防范法律风险，建议劳动关系双方对试用期进行顶格约定，以充分给予双方相互了解的时间，避免因延长试用期而产生潜在的法律风险。

案例索引

深圳市中级人民法院（2018）粤03民终13506号

043　劳动者以第三者身份介入他人婚姻，用人单位解除合法

劳动者私德不佳，以第三者的身份介入他人婚姻，违背了社会公序良俗，用人单位以此为由解除劳动合同获支持。

案情简介

2007年3月1日，凌某入职某影视文化传播有限公司（以下简称影视公司），从事主持人工作。2018年5月28日，在某火锅店，案外人吴某因其女儿侍某婚姻问题，对凌某进行殴打。周某录下现场视频后发布至网络而广为传播，并被部分媒体报道，在当地论坛上也有讨论度，当地派出所对吴某做出了行政拘留七日并处罚款500元的行政处罚决定。事件发生后，影视公司对凌某停职处理并进行调查。2018年6月8日，影视公司依据《劳动合同法》第三十九条做出解除凌某劳动合同的决定。

法院裁判

首先，凌某担任主持人，虽然在2017年9月停止了出镜工作，但在当地仍有一定的知名度，属于公众人物，其理应注意自身言行，以比普通人更高的标准要求自己，向社会传递正确的价值观；其次，根据有凌某签名的谈话笔录，凌某确认她介入了他人合法存续的婚姻关系，其行为不仅违背了公序良俗，更严重违反了与影视公司签订的劳动合同中约定的劳动纪律；再次，影视公司从2017年8月侍某家属向公司反映凌某与侍某配偶朱某不正当交往开始，前后多次找凌某谈话了解情

况、提出建议，告知凌某作为公众人物应遵守社会伦理道德，2018 年 5 月 28 日发生的“火锅店事件”经网络、电视台传播，在社会上造成了极为不良的影响，损害了影视公司的声誉；最后，影视公司在解除劳动合同前，通知了公司的工会，程序上符合法律规定。综上，影视公司解除凌某的劳动合同符合法律规定，无须支付赔偿金。

律师点评

在通常情况下，用人单位的规章制度只能约束劳动者 8 小时之内的行为，即工作时间内的行为，8 小时之外属于劳动者的私人空间，用人单位的规章制度通常无权干预，只有在极端个案中，用人单位的规章制度才会触及劳动者的私人空间。

根据《劳动合同法》第三十九条的规定，劳动者存在过错的情况下，用人单位可以单方解除劳动合同。这里的过错主要是指劳动者在履行劳动合同的过程中存在过错，而与履行劳动合同无关的过错，即 8 小时之外的过错不是劳动法调整的范畴。比如，夫妻吵架、邻里纠纷、财产分割等问题劳动法不会去调整。因为对于道德层面的行为，别说劳动法不会去调整，即使是法律也不会去调整，而且劳动法不仅不调整道德层面的事儿，即使是一般的违法行为，在 8 小时之外，劳动法通常也不会调整，如劳动者开车上班的路上因接打电话驾照被扣 2 分，用人单位当然不能因为劳动者该违法行为就对其进行处罚。当然这也不是绝对的，如果劳动者的道德问题影响到了劳动合同的履行，侵犯用人单位的合法权益，劳动法也会去调整。本案中，劳动者因为介入他人婚姻招致媒体曝光、舆论炒作，不仅造成了不良社会影响，更是损害了用人单位的声誉，用人单位此时解除劳动合同就会获得裁审机构的支持。

案例索引

无锡市中级人民法院（2019）苏 02 民终 1288 号

044 入职前未报告曾犯罪，用人单位解除未获支持

劳动者曾犯有抢劫罪，但在入职前未主动向用人单位报告，用人单位以此为由单方解除劳动合同，未获法院支持。

案情简介

2016年4月9日，陈某入职福州榕某物业管理有限公司（以下简称榕某物业公司），担任秩序员。2018年6月30日，榕某物业公司以口头形式解除与陈某的劳动合同。双方因此产生纠纷。

用人单位诉称：陈某在入职我司前犯有抢劫罪，但未主动报告，导致我司在不知情的情况下与其建立劳动关系，该行为已构成欺诈，我司因此解除劳动合同，系合法解除，应予支持。

劳动者辩称：我在公司工作已两年有余，一直勤勤恳恳，是否有过刑事犯罪不影响劳动合同的履行，不构成欺诈，公司系违法解除，应承担赔偿责任。

法院裁判

榕某物业公司未提供证据证明陈某入职时公司曾以书面或口头形式询问陈某的简历及前科情况，陈某在未被询问的情况下没有主动说明前科并不构成隐瞒和欺诈，且双方录音记录（榕某物业公司对真实性无异议）中，公司管理人员陈述“当时没有这么严格，所以没提政审的事”，表明有无前科并非榕某物业公司和陈某签订劳动合同时的必要审查条件，劳动合同并非在违背榕某物业公司真实意思的情况下订立，故榕某物业公司提出劳动合同无效不予采纳。榕某物业公司在劳动合同约定期限尚未届满时，以陈某曾受过刑事处罚为由口头解除与陈某的劳动关系，违反《劳动合同法》的规定，应当支付经济赔偿金。

律师点评

结合本案，我们提示以下三点。

第一，关于前科报告制度。根据《刑法》第一百条第一款的规定，依法受过刑事处罚的人，在入伍、就业的时候，应当如实向有关单位报告自己曾受过刑事处罚，不得隐瞒。该条所述的前科报告关键在于如实报告而非主动报告，也就是说，在用人单位未加以询问的情况下，劳动者不负有主动报告的法定义务。因此，用人单位欲对劳动者的前科加以了解进而完成筛选事宜的，应当在入职登记表等法律文书中设置刑事处罚项，并明确虚假告知的法律后果。如果劳动者如实告知了刑事处罚的事实，用人单位不得以劳动者曾经受过刑事处罚而拒绝录用或者录用后予以解除。

第二，本案中，用人单位认为劳动者负有主动告知的法律义务，系对于法律规定的曲解，因此其主张解除合法很难获得支持。当然，本案中用人单位的劳动用工亦暴露出一些问题。其一，用人单位单方解除劳动合同，应采用书面形式，采用口头方式的，即使劳动者存在过错，在仲裁或诉讼过程中也很难获得支持；其二，在诉讼过程中，解除原因主张不一，在仲裁、一审、二审阶段主张解除事由不一，大大降低了主张的可靠性，有违诚信原则，情况严重的，还可能受到相应处罚。

第三，用人单位的背景调查工作应于劳动者入职时完成，最晚不能超过试用期，对于确有问题的，应及时做出处理。用人单位了解劳动者的背景，其目的在于判断劳动者与工作岗位的契合性，即劳动者能否胜任岗位、是否符合企业文化的要求等。而对于已经入职两年，而且工作能够胜任甚至升职的劳动者，再以其入职时欺诈为由解除劳动合同存在一定的法律风险。

案例索引

福州市中级人民法院（2019）闽01民终4020号

045 入职九年后发现学历造假，用人单位据此解除违法

入职时用人单位未对劳动者的学历提出要求，入职九年后却以劳动者学历造假为由解除劳动合同，未获法院支持。

案情简介

2009年7月1日，吕某入职某土木建设有限公司（以下简称建设公司），从事安全员岗位工作。2018年10月22日，建设公司以吕某持有的学历证明无法从学信网予以验证为由，认定吕某的学历系伪造或者国家不予承认，涉及学历造假不良行为，向吕某发出《终止劳动合同通知书》。

法院裁判

建设公司以吕某存在学历造假，对该公司形成欺诈，使该公司在违背真实意思的情况下订立劳动合同为由，认为其解除合法。但建设公司于庭审中提交的证据无法证明其招聘吕某入职时对其学历提出了相应要求，依据现有证据无法认定吕某对建设公司进行欺诈，故建设公司应当承担因举证不能产生的不利后果。因此对于建设公司的诉讼请求，法院不予支持。

律师点评

并非所有的欺诈都是劳动法意义上的欺诈。比如，用人单位在招聘员工的过程中调查劳动者的婚育状况，如果劳动者提供虚假的婚育情况，不会构成劳动法上的欺诈。原因非常简单，用人单位在招聘劳动者时询问劳动者婚育状况本身就涉嫌侵犯劳动者的隐私权，用人单位违法在先，劳动者当然不存在欺骗用人单位一说。通俗地说，本来你就不该了解，了解到虚假内容也不会构成侵权。对于劳动者的婚育状况，用人单位在招聘时无权了解，而学历、工作经历显然不属于用人单位无权了

解的内容。

那在本案中，劳动者学历造假为什么仍然不构成欺诈呢？诚实信用是劳动关系双方建立劳动关系的基础，也是劳动合同履行的前提，应当成为用人单位与劳动者在用工实践中必须遵循的行为准则，而违反这一行为准则的，应当受到法律的负面评价。劳动者的学历、工作经历是用人单位招用的主要条件，也是用人单位确定劳动报酬的参考因素，因此在实践中，就会有某些劳动者为了获取工作机会或者高额的劳动报酬，提供虚假学历、虚假工作经历。对于提供虚假学历、虚假工作经历的劳动者，用人单位能否获得解除劳动合同的权利，需要具体问题具体分析，不能一概而论。也就是说，即使是学历造假、工作经历造假的劳动者，用人单位也不能想当然地解除劳动合同。首先，用人单位应当告知劳动者学历、工作经历是录用的决定性条件，同时，要求劳动者确认学历、工作经历的真实性并明确虚假欺骗行为的后果；其次，用人单位应当在试用期内完成对劳动者的背景调查，对于提供虚假简历的，应当及时进行处理；最后，解除前应当告知工会，履行法定义务，避免因程序瑕疵造成违法解除。本案中，用人单位在劳动者入职九年后发现劳动者提交虚假学历进而解除劳动合同，在司法审判实践中未获支持。其主要原因在于，劳动者的简历是用人单位初步了解劳动者工作能力、判断是否录用的材料，而劳动者已经入职九年，期间多次续签劳动合同，双方劳动关系履行平稳、无差错，说明劳动者的工作能力完全能够胜任用人单位提供的工作岗位，此时，简历、学历已不是劳动者工作能力的表现，双方能够在这种状态下履行劳动合同九年之久，说明学历并不是该职位考核的主要条件。更主要的是，无证据证明用人单位在劳动者入职时对学历提出过明确要求，在这种情况下，再以学历虚假为由解除劳动合同就存在风险。

案例索引

北京市第二中级人民法院（2019）京 02 民终 14332 号

046　以劳动者入职时未明示患有重大疾病为由解除违法

劳动者入职时未填写求职申请表中的“是否有重大疾病史”一项，后用人单位发现其患有重大疾病并解除劳动合同，未获支持。

案情简介

2018年7月10日，柏某向广州伟某五金制品有限公司（以下简称伟某公司）递交了《求职申请表》，其中“*是否有重大疾病史”一栏并未填写。在该表中，柏某签署声明：“本人在本表提供的个人信息、身份证明、工作经历等个人资料均真实，本人同意公司调查核实，如有弄虚作假或隐瞒的情况，视为欺诈，属于严重违反公司规章制度行为。”2018年7月18日，柏某入职伟某公司，担任保安一职。2019年3月19日，柏某因病入院。次日，伟某公司行政主管陈某以柏某身体不佳为由通知其办理离职手续。2019年3月27日，柏某在《个人离职声明及考勤确认》上填写：“本人于2019年3月27日离职，并签名确认。”后双方就劳动合同解除发生争议。

法院裁判

柏某在入职伟某公司时并未在《求职申请表》中“是否有重大疾病史”一栏填写健康状况，伟某公司推定其身体健康，符合录用标准，继而与其签订《劳动合同》。因此，伟某公司属于把关不严，存在工作上的失误，其在掌握用工主动权的情况下，放任了此情况的发生，存在一定的过错；对于柏某而言，保安的岗位对人员的身体条件有一定的要求，其明知自身存在重大疾病却未能按规定填写申报，本身也有过错。由于柏某患有严重疾病，依照《企业职工患病或非因工负伤医疗期规定》第二条、第三条、第四条的规定，其享有6个月的医疗期。由于医疗期是企业职工因患病或非因工负伤停止工作治病休息不得解除劳动合同的时限，柏某在2019年3月19日入院治疗，在2019年3月27日离职，故伟某公司在柏某医疗期内解除劳动合同属于违法解除。

律师点评

用人单位在招用劳动者时有权了解与劳动合同直接相关的基本情况，劳动者应当如实告知，其中身体是否健康属于与劳动合同直接相关的内容，如果劳动者故意隐瞒病史，导致用人单位在被欺骗的情况下与劳动者签订劳动合同，用人单位有权依据相关约定解除劳动合同。

关于欺诈的认定问题。《劳动合同法》规定，以欺诈、胁迫的手段或者乘人之危，使对方在违背真实意思的情况下订立或者变更劳动合同的，劳动合同无效或者部分无效。也就是说，当欺诈行为被法院认定后，该劳动合同即存在被认定为无效的可能，用人单位的解除行为可能会获得裁审机构的支持。那么，什么是欺诈呢？欺诈分为明示欺诈和默示欺诈两种。明示欺诈，是指以使人发生错误认识为目的的故意行为。默示欺诈是相对于积极欺诈而言，行为人一方故意向对方隐瞒有关的真实情况，或者故意引导、放任对方在错误认识的基础上做出错误判断，从而促成双方合同的签订，导致对方利益受损的行为。

本案中，劳动者未在《求职申请表》的“是否有重大疾病史”一项主动填写，其行为难以构成明示欺诈，而对于默示欺诈，劳动者虽然无主动填写的行为，但是因用人单位未能履行告知义务，再次要求劳动者进行填写或要求提供入职体检报告，亦未能明示劳动者的身体状况构成了是否录用的决定性条件，所以，法院认定劳动者不具备欺诈的主观故意，其行为不足以使用人单位陷入错误认识，具有一定的合理性。

用人单位如何处理才能避免此种情况的发生呢？首先，在办理劳动者入职手续时，应当严格审核劳动者填写的书面材料。入职登记表中的各项内容都具有特定的含义，是用人单位了解劳动者最直接有效的材料，因此用人单位务必仔细核实验证其中的内容，确保各项内容真实可信。其次，劳动合同中应明确约定试用期及录用条件，经过核验发现劳动者信息不全或者信息虚假时，用人单位应当要求劳动者进行澄清，对于不符合录用条件的劳动者依法进行处理。最后，合规评估对于劳动合同解除是否合法意义重大，用人单位应当建立起一套劳动用工管理合规评估体系，确保解除合规、合法、合理，最终获得裁审机构的认可。

由于认定合同无效的法律后果为自始无效，即将双方原本协商一致、达成合意的事项全盘否定，所以在司法实践中，基于诚信原则，裁审机构对于认定合同无效的证据要求较高，需要形成较为严密的证据链，而在劳动关系中，从保护劳动者的立法本意出发，用人单位要求确认劳动合同无效并非易事，因此，用人单位以欺诈为由直接解除劳动合同并不是一个明智的选择，除非证据十分完备。

案例索引

广州市中级人民法院（2020）粤01民终2805、2806号

047　用人单位因租赁合同到期搬家，劳动者应服从工作安排

用人单位因租赁合同到期而变更工作地点，劳动者拒绝，后以用人单位未足额支付劳动报酬、未提供劳动条件而被迫离职为由要求经济补偿金，未获支持。

案情简介

2006年6月19日，韩某入职北京宏某物业管理有限公司崇文分公司（以下简称宏某分公司），岗位为招商经理。2020年5月31日，宏某分公司房屋租赁合同到期终止。同年6月12日，宏某分公司将该房屋租赁合同到期事宜通知全体员工，要求员工搬迁至总公司注册地石景山区。7月1日，宏某分公司向韩某发出书面通知，告知韩某的工作地点调整到石景山区。7月2日，韩某表示不同意并做出回函。自7月2日至7月28日期间韩某仍在原工作地点上下班打卡，并将打卡记录通过微信方式传给宏某分公司。7月29日，韩某以“宏某分公司存在未提供劳动条件、拖欠劳动报酬等违法情形”为由，向宏某分公司提出解除劳动合同，并将通知书发送给宏某分公司。

韩某向北京市东城区劳动人事争议仲裁委员会提起仲裁申请，要求宏某分公司

支付经济补偿、工资差额，该委支持其部分请求后，韩某不服，诉至北京市东城区人民法院。

劳动者诉称：公司未足额支付工资，单方变更工作地点构成未提供劳动条件，我因此离职，公司应支付经济补偿。

用人单位辩称：因房屋租赁合同到期，我司把工作地点变更至石景山区，韩某应当服从。韩某未提供劳动，我司无须支付工资。工作地点变更后的劳动条件未发生变化，工资待遇与变更前保持一致，韩某据此离职，我司无须支付经济补偿。

法院裁判

法院认为，由于宏某分公司的租赁合同到期，宏某分公司在原工作地点已无经营权，客观上韩某仍在原工作地点继续工作是无法实现的。调整韩某的工作地点非宏某分公司故意而为之，故宏某分公司在维持劳动合同约定的工作岗位、工资标准等条件下为韩某调整工作地点，不存在违法行为。

宏某分公司将包括韩某在内的所有员工迁移到石景山区工作后，虽韩某提出要求一直与宏某分公司沟通，宏某分公司一直通知韩某到新的工作岗位报到，承诺韩某的岗位、薪资均不发生变化，但韩某未服从用人单位的工作安排，自 2020 年 7 月 2 日至 28 日未到新工作岗位报到。虽然韩某提交了该期间其每天到原工作地点签到的照片，但韩某自知其所在的原工作地点已客观不存在，更无工作内容，还每天到不存在的工作地点继续签到，不能视为其每天进行了工作，故韩某主张该期间的工资缺乏法律依据，法院不予支持。

对于韩某主张的经济补偿金问题，由于韩某提出离职的理由系“宏某分公司存在未提供劳动条件、拖欠劳动报酬等违法情形”，根据本案查明的事实，宏某分公司为韩某提供了劳动的机会和条件，并多次通知其到新工作地点报到，而韩某未服从安排，未到新工作地点报到工作，且宏某分公司亦不存在拖欠工资的情形，故韩某的该项主张缺乏事实和法律依据，法院不予支持。

律师点评

在实践中，如何合法有效地变更工作地点，一直是用人单位合法用工的一大难题，现结合本案，我们提示以下几点。

首先，用人单位单方变更工作地点的，应当以劳动合同的约定为基础。在劳动合同中，用人单位应当对工作地点的范围，用人单位是否享有在此范围内单方变更工作地点的权限做出约定。需要注意的是，并非用人单位与劳动者做出约定后，用人单位单方变更工作地点就一定能够获得裁审机关的支持，法院在审查变更行为时还会考量合理性等多种因素，但是，如果用人单位未与劳动者就工作地址的变更做出约定，其单方变更工作地点就有可能无法获得法院支持，原因在于用人单位无单方变更工作地点的权利来源。

其次，用人单位依据约定变更工作地点的，还应尽可能通过安排班车、给付补贴、将增加的在途时间视为工作时间等方式降低由此给劳动者造成的不便，增强变更行为的合理性。当然，如果变更行为未给劳动者的生活造成实质性影响（如新的工作地点较原工作地点距离劳动者居住地更近），用人单位则无须采取补偿措施。

本案中，用人单位因房屋租赁合同到期而变更工作地点，变更事由合理，能够获得法院认可。此外，用人单位承诺在维持原岗位、原薪酬的情况下调整劳动者的工作地点，未违反法律规定。最重要的是，在北京，通勤距离普遍较远、通勤时间普遍较长，基于这一客观情况，最终，劳动者提出的因通勤时间增加而受到利益损害导致变更行为不合理的主张，未获法院支持。

案例索引

北京市第二中级人民法院（2021）京 02 民终 2491 号

048　用人单位迁址未达到重大变化的程度，劳动者应当服从

用人单位迁址是否属于客观情况发生重大变化，应综合距离、工作时间调整、交通补助、给员工带来的影响等因素综合考量。

案情简介

1998 年 3 月 18 日，魏某入职富某电子零件（常州）有限公司（以下简称富某公司），双方约定劳动合同履行地为常州市新北区泰山路 ××× 号。富某公司于 2017 年 5 月 17 日、24 日，两次向魏某出具通知书，内容大致为：富某公司坐落于泰山路 ××× 号的土地及厂房已被政府列入收储范围，魏某应于 2017 年 6 月 2 日起至新工厂（常州市新北区浏阳河路 ×× 号）上班，如魏某未按要求到新工厂工作，将按照规章制度进行处罚。2017 年 6 月 5 日至 13 日，富某公司基于魏某未按通知要求去新工厂上班的事实，先后 5 次向魏某发出《员工书面警告单》。

2017 年 6 月 14 日，富某公司做出《解除劳动合同通知书》，以魏某违反公司规章制度的有关规定为由，与魏某解除了劳动合同。

法院裁判

本案中，根据查明的事实可知，富某公司的工作地点由常州市新北区泰山路 ××× 号变更为常州市新北区浏阳河路 ×× 号，确属客观情况发生变化，但这一变化并非富某公司主观所致，而是积极配合区域用地统筹规划的结果，该变化具有充分的合理性。且富某公司的新址与旧址同属于新北区行政区域内，客观上有限地增加了魏某上下班的时间和经济成本，但富某公司基于劳动者的利益考虑，已经通过发放交通补贴、设置电动车充电房等一系列措施，以达到魏某的付出与报酬的获得之间的利益平衡。故该合同履行地的变更并不符合“重大变化”之情形，亦未从根本上阻碍双方劳动合同的继续履行。魏某作为劳动者，应尊重富某公司的自主管理权，

并按照劳动合同的约定及富某公司的要求，继续履行劳动合同。根据查明的事实，在富某公司已明确告知魏某自 2017 年 6 月 2 日开始至新工厂上班后，魏某无任何正当理由不服从富某公司的管理，怠于履行工作职责，其行为有悖于劳动法律、法规所规定的劳动者应履行的义务，也不符合劳动者应遵守的职业道德。在富某公司已向魏某发出书面警告的情况下，魏某仍然拒绝到新地址上班，由此可见，魏某存在明显的过错，而富某公司基于魏某的过错，依照公司规章制度的有关规定对其做出解除劳动合同的处理决定，于法并无不当。故对魏某要求富某公司支付违法解除劳动合同赔偿金的诉讼请求，法院不予支持，判令驳回魏某的全部诉讼请求。

律师点评

用人单位搬迁新址若没有构成“重大”变化，并不会导致劳动合同内容（工作地点）的变化，既然劳动合同内容没有发生变化，劳动者就应当按照劳动合同的约定继续全面履行，不得以地址变化为由拒绝。

实践中，很多用人单位都会遇到搬迁办公地址的情况，一些员工拒绝到新的办公地址工作，因此与用人单位产生纠纷。通过此案，我们可以看到法院审理此类案件的思路、所要考量的因素，进而提示用人单位在实操中需要注意的问题。首先，要考察用人单位搬迁新址的理由是否正当，也就是说要看用人单位是出于何种原因迁址，是因租赁合同到期、办公环境因素、业务拓展、成本控制，还是如同本案，因为政府整体规划等。如果搬迁新址的原因具有正当性（客观的、外在的、不得不的），裁审机构一般会尊重用人单位的自主权，员工应服从用人单位的安排。其次，考察用人单位搬迁新址给劳动者带来的影响是否“重大”。何谓“重大”？要看地址变化是否给劳动者的生活带来了实质性的影响，如果带来了实质性的影响，就可能构成“重大”；如果只是一般性的影响，则不构成“重大”。考虑的因素包括搬迁前后的距离，用人单位对员工上下班时间有无做出相应调整，是否发放交通补贴，提供班车、宿舍等。如果用人单位因搬迁办公地址，确实给员工的工作和生活带来了重大影响，但用人单位已采取相应的补救措施消除了部分或者全部影响，劳动者应当服从、容忍该地址的变化。最后，用人单位还需处置得当，才能在纠纷解决过程中处于有利地位，一旦涉诉，才可能赢得诉讼。如同本案，用人单位先后两次通知员工搬迁新址，员工仍拒绝到新办公地点上班，用人单位保持足够的容忍，先后五次给员工发出警告，最后才做出解除劳动关系的决定。得到法院的胜诉判决，就是对用人单位处置得当的最好奖励，本案中用人单位的操作方法希望能给读者带来启发。

案例索引

江苏省常州市中级人民法院（2018）苏04民终834号

049　用人单位以架构调整、撤销岗位为名解除，被认定解除违法

用人单位以架构调整、岗位撤销无法继续履行劳动合同为由辞退劳动者，法院认为除表象外更应看重是否为客观经营所需。

案情简介

2012年6月1日，浦某入职班某企业管理（上海）有限公司（以下简称班某管理公司），实际担任财务及行政经理一职，职责涉及财务、人事、物流、办公行政。2017年1月25日，班某管理公司向浦某发出劳动关系解除通知，载明："鉴于经营和业务需要，班某管理公司对经营策略进行调整，经丹麦总部决定更改中国管理团队架构，浦某目前任职的财务及行政经理岗位将被撤销，因此原劳动合同依据的客观情况已发生重大变化，无法继续履行……据此通知2017年1月26日解除与浦某的劳动合同。"双方就此发生劳动争议。

法院裁判

虽然从形式上看，班某管理公司调整公司管理架构，浦某所任财务及行政经理岗位被撤销，双方经过协商但协商未成，遂解除劳动关系，这一过程似与条文要求相符，但这仅是表象，班某管理公司仍须举证证明其调整架构、撤销

岗位系客观，为经营所需。班某管理公司虽提供了电子邮件及公证书，但仅凭一纸通知尚不足以证明架构调整、撤销岗位系客观或必要，并无证据证明该调整与撤销决定经集体讨论，也没有证据证明财务和行政职责集一身在数年来的现实经营中实际造成不便或使公司利益受损，相反，事实上，将一岗拆分成多岗，班某管理公司需另行招聘人员上岗，在一定程度上系增加人力成本。故应认定，关于原劳动合同无法履行系因客观情况发生重大变化所致之主张，班某管理公司的举证不充分。退一步讲，即便出于经营自主权的考虑，认为班某管理公司架构调整、撤销岗位原则上不应受到过多干预，尚属合理，那么，岗位被撤销对浦某而言是劳动合同内容的重大变化，且浦某对此并无过失，故在此情形下班某管理公司作为用人单位应当尽到与浦某诚信协商、妥善安排浦某工作的义务，且此处的协商或安排，应以维持或基本维持原岗水平及待遇、没有不利变更为原则。然而据查明的事实可见，双方第一次协商没有涉及调换其他适合岗位之事，而是直接商谈解除劳动合同，第二次协商仍旧如此，大多谈及交接事宜，虽为浦某提供行政主管一职，但未谈及薪酬待遇，并且，按班某管理公司提供的公司新架构，其所述的行政主管就是原岗被拆分成的四个岗位之一，按其目前新聘人员的薪酬待遇判断将低于浦某原有水平。故应认定，关于诚信磋商变更合同，班某管理公司未尽其责。综上，班某管理公司所称的解除理由，不符合法律关于情势变更致用人单位以无过失为由辞退劳动者的要求，故班某管理公司以此为由解除浦某的劳动合同系违法解除，判令班某管理公司恢复与浦某的劳动关系，补付工资。

律师点评

一些用人单位会通过架构调整、岗位撤销变更劳动者的工作岗位甚至解除劳动合同。本案给用人单位提了个醒。在审判实践中，裁审机构通常会对用人单位的解除行为进行实质性审查，而用人单位通常经受不住这种实质性审查。这种实质性审查是从 0 到 1 的审查，可以理解为裁判人员会重新走一遍解除流程，其中会涉及解除的全部细节，如解除的起因、解除的依据、事实的认定、逻辑运作、用人单位的惯例、行为人的动机、程序是否存在瑕疵等。本案中，用人单位自认为架构调整、撤销岗位属于客观情况发生重大变化，但经过法官的深入推理分析，架构调整、岗位撤销只是表象，本质上还是用人单位为实现经营目标主动进行的管理上的调整，与劳动合同法认可的客观情况发生重大变化相去甚远，用人单位的主张当然就不会获得支持。本案还给我们另外一个提示，在客观情况发生重大变化的前提下，用人单位与劳动者协商变更劳动合同，该协商应是诚信协商，不能以劳动者牺牲自身利益为前提，否则该协商将不被认可，用人单位可能会因为协商不符合法定形式而被认定为解除违法。

案例索引

上海市第二中级人民法院（2018）沪 02 民终 4568 号

050　因疫情导致经营恶化，属于客观情况发生重大变化

用人单位受到新冠肺炎疫情影响，经营状况严重恶化，属于客观情况发生重大变化，经法定程序，用人单位有权单方解除劳动合同。

案情简介

2003 年 3 月 3 日，吴某入职北京中某时代能源技术有限公司（以下简称中某能源公司），任采办助理、采办执行。2020 年 3 月 23 日至 30 日期间，中某能源公司人力资源部袁某多次向吴某发送电子邮件，告知吴某因国际项目三部经营状况不好，公司给出了两个调岗方案并征求吴某意见。3 月 31 日，吴某给袁某回复电子邮件称，经考虑，本人可以接受公司的调岗安排，但是不接受公司单方面下调薪酬。经多次沟通，双方无法达成一致。5 月 20 日上午，中某能源公司向吴某发出解除劳动合同通知书。

法院裁判

《劳动合同法》规定，劳动合同订立时所依据的客观情况发生重大变化，致使劳动合同无法履行，经用人单位与劳动者协商，未能就变更劳动合同内容达成协议的，用人单位可以解除劳动合同，依据上述情形解除的，用人单位应当向劳动者支付经济补偿金。本案中，中某能源公司根据企业经营状况，决定对吴某所在的国际项目三部的岗位进行调整，是公司根据整体运营管理的需要而实施的企业经营自主权，法院对此不持异议。公司根据吴某调整后工作岗位的内容及工作量对其降低 7% 的薪酬，亦属在合理范围内调整其工资水平，亦非针对吴某个人，但双方未能就调岗降薪达成一致意见，属于因客观情况发生重大变化导致合同无法继续履行，中某能源公司在此情形下，有权解除与吴某的劳动合同，中某能源公司就此并不具有主观恶意，不属于违法解除劳动合同的情形，无须向吴某支付违法解除劳动合同赔偿金，但应依法向吴某支付解除劳动关系的经济补偿金，具体金额由法院依法核算。

律师点评

用人单位以客观情况发生重大变化为由解除劳动合同的，解除的事由应当具备客观性，解除原因是基于客观因素产生的，而不是由于用人单位的主观意志导致的。仅就经营困难而言，如果系因用人单位领导层决策错误等人为因素导致经营困难，则很难认定为客观情况发生重大变化，而受疫情等不可抗力因素影响导致经营困难，用人单位据此解除的，就容易获得解除合法认定。

用人单位以客观情况发生重大变化为由解除劳动合同的，应当履行协商变更劳动合同内容的程序性义务。在实践中，由于未履行协商程序而被认定为违法解除的案例数不胜数。通常情况下，协商变更劳动合同内容的表现形式为调整工作岗位、调整工作部门、调整薪酬待遇等。

用人单位以客观情况发生重大变化为由解除劳动合同的，应当提前三十日书面通知劳动者或支付代通知金。很多用人单位有这样的错误认识，即如果劳动者不提出，就不给代通知金了，等劳动者主张权利时再支付也不迟。殊不知，用人单位的这种操作已经违反法律规定，如果进入司法程序，用人单位需要支付的可能就不是代通知金了，而是违法解除劳动合同赔偿金。

用人单位以客观情况发生重大变化为由解除劳动合同的，应当启动解除合规的评估程序。用人单位因客观情况发生重大变化解除劳动合同，往往涉及大规模劳动关系的处理问题，在用人单位本就经营不畅的情况下，如果出现大量违法解除行为，那么，压倒企业的很可能就是巨额的违法用工成本，而不是既存的客观情况了。

案例索引

北京市第二中级人民法院（2021）京02民终3363号

051　用人单位未支付代通知金，构成违法解除劳动合同

用人单位以客观情况发生重大变化为由与劳动者解除劳动合同，因未提前通知，亦未支付代通知金而构成违法解除。

案情简介

2014年10月10日，马某入职重庆万某机电有限责任公司（以下简称万某公司），担任保安一职。2018年6月25日，因经营需要，万某公司撤销内设机构保安队。同年7月6日，万某公司向马某发出《关于岗位调整的通知》，双方协商未果。同年7月11日，万某公司工会委员会同意万某公司解除与马某之间的劳动关系。次日，万某公司向马某发出解除劳动合同通知书。双方就此发生劳动争议。

法院裁判

本案中，因万某公司撤销保安内设机构，存在客观情况发生重大变化，万某

公司就劳动合同内容的变更与马某协商未果，故万某公司可以解除与马某的劳动合同。但是，万某公司未按法律规定提前三十日通知，也未额外支付一个月工资。虽然万某公司当庭辩称愿意额外支付一个月工资，但万某公司在解除劳动合同的书面通知中没有做出说明，而且万某公司至今未向马某支付额外的一个月工资。根据《劳动合同法》的规定，在用人单位额外支付劳动者一个月工资后，才可以解除劳动合同，万某公司的上述行为不符合提前支付这一条件，故万某公司属于违法解除。

律师点评

违法解除的情形很多，但是因为未支付代通知金而被认定为违法解除的案例并不多见。对于用人单位而言，仅仅是因为未支付代通知金而被认定为违法解除着实让人感到遗憾。客观情况发生重大变化已被法院认可，用人单位也履行了协商变更劳动合同内容的程序，仅仅因为没有支付代通知金，整个解除最终成为违法解除，此类现象应该引起用人单位的警觉！

根据《劳动合同法》第四十条的规定，劳动合同订立时所依据的客观情况发生重大变化，致使劳动合同无法履行，经用人单位与劳动者协商，未能就变更劳动合同内容达成协议的，用人单位提前三十日以书面形式通知劳动者本人或者额外支付劳动者一个月工资后，可以解除劳动合同。也就是说，根据客观情况发生重大变化解除劳动合同，合法解除的操作模式有且仅有一种：首先，应确有客观情况发生重大变化的情形，如企业迁移、资产转移等；其次，该等变化已经导致劳动合同无法继续履行；最后，双方应就劳动合同内容的变更事宜进行协商，在协商无法达成一致时，用人单位提前三十日通知或额外支付一个月工资的代通知金后，解除劳动合同并依法支付经济补偿。

本案中，用人单位撤销内设保安部，裁审机构认定确系客观情况发生重大变化，可以依法解除劳动合同，用人单位通过提举证据，在解除事由方面获得裁审机构的肯定，实属不易，而且在操作过程中，用人单位也注意到了最容易被忽略的协商程序，以书面通知的方式履行了法定协商变更程序，使后续的解除行为趋近合法。但是，最重要的补偿事宜出现了纰漏，最终因未支付一个月代通知金而支付了违法解除劳动合同赔偿金，令人惋惜。用人单位在做出重大决定前，应当严格依照法定程序执行。在实践中，一个程序的疏忽往往会导致整个案件满盘皆输，使用人单位之前的一切操作均付诸东流。这种情况经常出现在劳动法领域，用人单位的一个疏忽，往往会导致较大的代价，而且，这种疏忽往往无法弥补，一旦劳动者提起司法程序，很容易获得裁审机构的支持。

案例索引

重庆市第五中级人民法院（2020）渝05民终246号

052　用人单位将员工移出群聊，构成违法解除劳动合同

在履行劳动合同的过程中，劳动者与用人单位因工作量、劳动强度发生争执，用人单位将劳动者移出微信群，构成违法解除。

案情简介

2019年5月10日，王某受聘到浙江方某眼镜制造有限公司（以下简称方某眼镜公司）从事眼镜配件工作。同年7月26日，王某与方某眼镜公司的管理人员罗某因工作量、劳动强度等发生争执。7月27日上午，王某未到岗参加工作，方某眼镜公司的管理人员罗某于当日9时50分许将王某移出工作交流微信群。7月29日，方某眼镜公司的管理人员罗某在《解除劳动合同协议书》打印件上签名后要求王某签名时遭拒。8月5日，双方结清工资。王某与方某眼镜公司就此发生劳动争议。

法院裁判

法院认为，在用工过程中，方某眼镜公司管理人员与王某于2019年7月26日因工作量、劳动强度等发生争执，在次日王某未按时到岗的情况下即将王某移出工作交

流微信群；方某眼镜公司于 2019 年 7 月 28 日即当月工资发放结算日未给王某按时计发工资，并于 2019 年 7 月 29 日要求王某签订《解除劳动合同协议书》；同时，结合王某提供的录音材料，可以证实系方某眼镜公司违法解除与王某的劳动关系。王某诉请要求方某眼镜公司支付违法解除劳动关系的经济赔偿金符合法律规定，予以支持。

律师点评

解除劳动合同的形式五花八门，将劳动者移出工作交流微信群已成为解除劳动合同的一种新形式，用人单位应当谨慎为之。

用人单位作为劳动用工的主导者，应当积极、正当、善意、合理地行使企业用工自主权。本案中，劳动者与管理人员就工作安排事宜产生争议，次日未到岗提供劳动，此时用人单位应当查清劳动者未到岗原因，向其发送返岗通知书，同时明确不到岗的法律后果，而不是将其从工作群中移出泄愤，否则将构成滥用用工自主权，进而激化劳动关系双方矛盾，给用人单位带来用工风险。

纵观本案全过程，劳动者数日未到岗构成旷工，用人单位亦未发出解除通知，原本系劳动者存在违纪行为，为何最后用人单位构成违法解除呢？主要原因在于用人单位的不作为（未要求劳动者返岗）或者乱作为（将劳动者移出工作群）。反观法院的裁判思路，即劳动者不到岗，用人单位不要求其返岗而是将其移出群聊，明显不符合用工管理之常理，加上用人单位确实曾要求劳动者签订解除协议，再结合部分录音材料及2019年8月5日（非工资发放日）结清工资事宜，可以推定是用人单位解除劳动合同，用人单位在没有任何事实依据和法律依据的情况下解除劳动合同，构成违法解除在所难免。虽然用人单位主张其曾通过电话要求劳动者返岗，但未能举证，未获法院采信。

读者可能会感到困惑，用人单位并没有做出单方解除劳动合同的书面决定，用人单位的意向也是协商解除，为什么就认定为用人单位单方解除劳动合同了呢？从劳动法的立法宗旨以及本案已查明的事实可知，劳动者不论在主观上或者行为上均没有要解除劳动合同的意思表示，单纯以劳动者未到岗得不出劳动者要解除劳动合同的结论；反观用人单位，不仅将劳动者移出微信工作群并结清工资，期间还主动提出与劳动者协商解除劳动合同，用人单位的行为确实有解除劳动合同的某些特征，虽然没有发出明确的单方解除劳动合同的通知，但是，通过以上行为认定为用人单位解除劳动合同具有合理性。

案例索引

温州市中级人民法院（2020）浙03民终1339号

053　解除通知书中措辞不严谨，法院认定解除行为违法

用人单位采用“将”“涉嫌”等词语撰写解除劳动合同通知书，被法院认定为事实不清，程序错误，构成违法解除。

案情简介

2010年12月8日，刘某入职德州嘉某房地产开发有限公司（以下简称嘉某公司），担任预算经理岗位。2019年4月1日，嘉某公司向刘某出具《解除、终止劳动合同通知书》，刘某不服，双方因此产生纠纷。

法院裁判

嘉某公司于2019年4月1日向刘某出具的《解除、终止劳动合同通知书》中的内容为：“刘某您好：因您涉嫌严重失职，营私舞弊，给公司造成重大损失，根据《劳动合同法》第39条的规定，公司将依法与您解除您于2015年7月1日与公司签订的劳动合同（合同期限：2015年7月1日至工作任务完成时），解除终止劳动合同的时间为2019年4月1日，此种情况下，公司不需要支付给您经济补偿金，请您按照公司要求办理公司事项及文件、资料交接，以上事宜完成后公司将与您结算你的薪资。”首先，嘉某公司没有认定刘某存在严重失职，营私舞弊，给用人单位造成重大损害的事实。《解除、终止劳动合同通知书》中的“涉嫌”，即“涉及嫌疑”，涉嫌不等于认定事实清楚。其次，嘉某公司解除或者终止与刘某的劳动合同在程序上

互相矛盾:《解除、终止劳动合同通知书》中“根据《劳动合同法》第39条的规定，公司将依法与您解除您于2015年7月1日与公司签订的劳动合同”，其中“将”字的意思为“将来”，内容属于告知程序，而《解除、终止劳动合同通知书》中“请您按照公司要求办理公司事项及文件、资料交接，以上事宜完成后公司将与您结算你的薪资”，又属于直接实施告知程序的内容，形成事实上解除或者终止与刘某的劳动合同的决定。嘉某公司在认定事实不清，程序错误的情况下，做出与刘某解除或者终止劳动合同的通知，违背《劳动合同法》第三十九条的规定，属于违法解除或者终止劳动合同，应当依据《劳动合同法》第四十八条的规定，向刘某支付赔偿金。

律师点评

姑且不论劳动者是否存在严重违纪行为，用人单位居然因为措辞不严谨而被认定为违法解除并向劳动者支付赔偿金着实让人感到遗憾！解除无小事、解除看细节，用人单位切不可掉以轻心，应当谨慎为之！

用人单位向劳动者送达的法律文书应当表意明确，要件齐备。其中，表意明确是指在法律文书中措辞应当明确，不能含混不清使人产生歧义，更不能前后矛盾、顾此失彼。要件齐备则是指通知书中应载明的构成要件齐全，符合法律规定。以解除劳动合同通知书为例，其中应当载明解除的事实依据、法律依据以及解除的时间。解除劳动合同通知书应当简洁明了，用词准确，避免因词不达意给用人单位带来潜在的用工风险。本案中，用人单位的《解除、终止劳动合同通知书》中用词含混不清，其中载明的“涉嫌”可以直接证明用人单位连基本的事实情况都未掌握便做出解除决定，很容易被认定为违法解除；同时，“公司将依法与您解除您于2015年7月1日与公司签订的劳动合同”与后续明确的解除时间又存在矛盾点，逻辑思维混乱，最终被法院认定为违法解除。在司法审判实践中，用人单位单方解除劳动合同，对劳动者而言是最严厉的处罚措施。因此，在保护劳动者合法权益的立法宗旨下，人民法院对用人单位解除行为合法性的审核极为严格。用人单位解除劳动合同时，若解除通知中出现几处表意不清、逻辑混乱之处，再结合解除时的其他程序瑕疵、实体证据缺失等问题，劳动者主张违法解除的，很容易获得法院支持。

案例索引

德州市中级人民法院（2020）鲁14民终784号

054　用人单位未建立工会的，应以变通方式履行通知义务

如认为未建立工会的用人单位单方解除时不需要通知工会，将鼓励企业不建立工会，这与建立工会以保护职工合法权益的立法初衷相悖。

案情简介

2017年4月20日，尹某入职邵阳仁某医院（以下简称仁某医院），从事中药调剂工作。2019年6月28日，仁某医院相关人员口头通知尹某在7月1日以后不要再到仁某医院上班。尹某认为仁某医院未通知工会、未听取工会意见，单方解除与其的劳动合同，属于违法解除劳动合同。仁某医院则认为其未建立工会，单方面解除劳动合同时不需要通知工会。双方发生劳动争议。

法院裁判

根据《劳动合同法》第四十三条关于“用人单位单方解除劳动合同，应当事先将理由通知工会。用人单位违反法律、行政法规规定或者劳动合同约定的，工会有权要求用人单位纠正。用人单位应当研究工会的意见，并将处理结果书面通知工会”的规定，仁某医院未通知工会、未听取工会意见，单方解除与尹某的劳动合同，违反了单方解除劳动合同的程序性规定，应属违法解除劳动合同。如按照仁某医院的理解，不建立工会的用人单位单方面解除劳动合同时不需要通知工会，将鼓励企业不建立工会，显然与建立工会以保护职工合法权益的立法初衷相悖。仁某医院虽然没有建立基层工会，但其营业场所所在地建立有总工会，其可依照法律规定将单方面解除尹某劳动合同的理由通知总工会。因此仁某医院单方面解除与尹某的劳动合同，未将理由通知工会，程序违法，应当支付经济赔偿金。

律师点评

用人单位没有建立工会，单方解除劳动合同时是否还需要通知工会呢？本案给出了答案。

对于用人单位单方解除劳动合同应当通知工会有明确的法律规定，但是在实践中，有些用人单位没有组建工会，人民法院在审理案件中通常也不会因为仅仅是没有通知工会而否定用人单位的解除行为。但是，随着法治的进步、保护劳动者权益力度的加大，审判实践中逐渐出现了不通知工会就会被认定为违法解除的案例，现在还无法判断这些案例仅作为个案出现，还是成为一种裁判趋势。但是，用人单位从防控风险的角度出发，应当对此有所警觉，尽可能通知属地工会或行业工会，特别是在仲裁阶段，仲裁委已经以未通知工会为由认定为违法解除劳动合同的，用人单位务必立即履行通知工会的补正程序。

根据《最高人民法院关于审理劳动争议案件适用法律问题的解释（一）》第四十七条的规定，建立了工会组织的用人单位解除劳动合同符合《劳动合同法》第三十九条、第四十条规定，但未按照《劳动合同法》第四十三条规定事先通知工会，劳动者以用人单位违法解除劳动合同为由请求用人单位支付赔偿金的，人民法院应予支持，但起诉前用人单位已经补正有关程序的除外。该条针对建立了工会组织的用人单位解除前应当通知工会作出了规定，起诉前补正的不构成违法解除。对于未建立工会组织的，该司法解释并未涉及。

案例索引

邵阳市中级人民法院（2020）湘05民终734号

055 用人单位先解除劳动合同后收集证据，构成违法解除

用人单位在解除劳动合同后收集证据材料以证明解除行为合法性的，即使情况属实，亦难以获得裁审机构支持。

案情简介

2011 年 11 月 10 日，龚某入职上海耀某工程造价咨询有限公司（以下简称耀某工程造价公司），担任工程造价咨询一职。2018 年 7 月 25 日，耀某工程造价公司向龚某出具了辞退通知书，双方发生劳动争议。

法院裁判

双方均确认耀某工程造价公司于 2018 年 7 月 25 日向龚某出具了辞退通知书，但对辞退理由说法不一。龚某称耀某工程造价公司向其出具的辞退通知书中载明的理由是龚某不能胜任工作，而耀某工程造价公司则称辞退理由是龚某提供虚假简历、职称证书、学历证书，并称龚某利用虚假的学历、履历使耀某工程造价公司产生错误认识，双方签订的劳动合同自始无效。法院认为，双方签订的劳动合同已实际履行近七年，本案中，耀某工程造价公司未能提供充分证据来证明其是以龚某提供虚假简历、职称证书、学历证书为由辞退龚某的，且从耀某工程造价公司提供的有关证明龚某虚假简历、学历证书、职称证书的证据来看，耀某工程造价公司收集到这些证据的时间是在其辞退龚某之后，因此，龚某认为耀某工程造价公司是违法解除，要求耀某工程造价公司支付违法解除劳动合同的赔偿金，法院予以支持。

律师点评

劳动者的行为违反用人单位的制度规定或者法律规定，用人单位可依法或者依规解除劳动合同。从时间的先后顺序上看，通常是先有劳动者的行为，该行为触及制度依据，用人单位依据制度解除劳动合同。但如果用人单位反向操作，即先解除后找依据，通常会构成违法解除。

解除劳动合同通知书应当载明哪些内容？虽然法律并没有明确规定，但至少应当写明解除的事实依据和法律依据。实践中，用人单位对解除通知的撰写出现了两种截然不同的风格。一种是用人单位在解除通知书中长篇大论，内容无外乎用人单位用心良苦，劳动者未能勤勉劳动之类的。俗话讲，言多必失，在司法实践中，这种解除通知极易出现问题，最终构成违法解除；另外一种则是本案的情况，解除通知仅是告知解除，对解除理由、法律依据统统未予明确，造成劳动者对于解除事由不清楚，激化劳动关系双方矛盾，引起劳动争议案件的发生，同时在仲裁诉讼过程中也大大增加了用人单位对解除行为合法性的证明难度，造成劳动关系双方各自主张对自身有利的解除理由，其结果就是因用人单位无法证明解除原因而败诉。

规范的解除通知应当包含哪里内容呢？首先，解除通知应明确解除的事实依据；其次，应具备与事实依据相匹配的制度依据或者法律依据；最后，应当明确解除时间、代通知金及经济补偿金的发放情况。对于薪资结算时间、交接时间等，用人单位可以有选择地予以明确。

用人单位以劳动者存在过错为由解除劳动合同，通常是用人单位先发现劳动者存在严重违纪等应当解除的行为，后经评估等程序后发放解除通知。因此，解除的事实依据一定是在解除行为之前产生的。例如，因劳动者提交虚假学历证明解除劳动合同的，一定是用人单位先经过背景调查，发现劳动者学历存在问题，无法在学信网找到相关信息，再向发放学历证明的学校核实，确认无误后，最终向劳动者发出解除通知，而不是用人单位先解除劳动关系，再找解除理由、搜寻证据，这样的解除存在明显的恶意，实践中很难获得支持。

本案中，用人单位败诉就是上述原因导致的。用人单位在未明确解除原因的情况下解除劳动合同，甚至在一审、二审过程中，其主张的解除事由不一致，而且，相关证明材料的形成时间均是在发出解除通知之后，无法证明解除行为的合法性。这种举证方式不但不能获得裁审机构的采信，反而会使用人单位陷入被动，且显示出解除时用人单位的主观恶意，因此不可能获得裁审机构的支持。

案例索引

上海市第二中级人民法院（2020）沪02民终2580号

056　对延期发放工资事宜未发表意见，不构成同意延期

用人单位在微信群中发出延期发放工资通知，劳动者未回复，用人单位认为劳动者已通过默示的方式同意延期，法院不认可。

案情简介

2016年12月27日，廉某入职北京国某科技有限公司（以下简称国某公司），任职机械工程师。2019年8月15日，廉某以邮寄方式向国某公司送达了《解除劳动合同通知书》，内容为“……工作期间贵公司未依法为我缴纳社会保险，同时未支付2018年9月至2019年1月拖欠工资、13薪合计88880元……本人申请与贵公司解除劳动合同关系……”

廉某向北京市海淀区劳动人事争议仲裁委员会提起仲裁申请，要求国某公司支付经济补偿金、工资差额，该委支持其部分请求后，国某公司不服，诉至北京市海淀区人民法院。

用人单位诉称：我司确实存在拖欠廉某工资的情况，但是，在缓发工资时，我司在微信群“同舟共济，共克难关”中进行了通知，董事长赵某还提出“如有还房贷等具体困难，与我联系”。此微信通知发出后，廉某没有提出异议，也没有主动与公司相关负责人联系要求发放本人工资，故我司认为即形成廉某同意缓发工资一事。

劳动者辩称：我从未同意延期发工资，公司未及时足额支付工资，我因此离职，公司应当支付经济补偿金。

法院裁判

法院认为，国某公司确未及时足额向廉某支付劳动报酬，依据法律规定，廉某以此为由提出解除劳动合同，国某公司应向廉某支付解除劳动合同经济补偿金。国某公司虽抗辩称廉某同意延迟发放工资，廉某系主动离职，非因公司拖欠工资，但

就此主张并未提供充分证据予以证明，法院对国某公司的抗辩理由不予采纳。综上，国某公司应向廉某支付解除劳动关系经济补偿金。

律师点评

实践中，很多用人单位分不清默示与沉默的区别，误认为劳动者没有表示反对就意味着同意。《民法典》第一百四十条第二款规定，沉默只有在有法律规定、当事人约定或者符合当事人之间的交易习惯时，才可以视为意思表示。也就是说，沉默只有在特定的条件下才会被视为默示，否则沉默不是意思表示。比如《民法典》第一百六十七条规定，代理人知道或者应当知道代理事项违法仍然实施代理行为，或者被代理人知道或者应当知道代理人的代理行为违法未作反对表示的，被代理人和代理人应当承担连带责任。代理人或者被代理人此时的沉默符合法律的规定，沉默将视为默示。再如，用人单位和劳动者在劳动合同中约定，用人单位调整劳动者薪资标准，劳动者在三十日内未提出异议的，视为同意。在劳动关系双方有约定的情况下，劳动者没有提出异议（沉默），视为劳动者对薪资调整的认可。而本案中，双方关于沉默并没有约定，用人单位迟延支付薪酬也不符合法律的规定，在这种情况下，用人单位认为劳动者沉默即为同意没有法律依据。劳动者对迟延支付未持异议，实际上是对迟延支付保持消极沉默，不能视为默示。

对于用人单位因生产经营困难暂时无法按时支付工资的，可根据当地相关规定操作，如在北京地区，应当向劳动者说明情况，并经与工会或者职工代表协商一致后，可以延期支付工资，但最长不得超过三十日，协商无法达成一致的，用人单位应当依约发放工资。

案例索引

北京市第一中级人民法院（2020）京01民终7022号

057 经济补偿的约定条件未成就，用人单位可拒付补偿

用人单位与劳动者协商一致解除劳动合同并约定了经济补偿的支付条件，在支付条件未成就时，用人单位可以拒付经济补偿。

案情简介

2013年3月1日，高某入职中某技术有限公司（以下简称中某公司），担任中心总经理兼事业二部经理。2017年10月31日，因公司组织架构调整，中某公司（甲方）与高某（乙方）签订《解除劳动合同协议书》，约定："1.甲乙双方确认于2017年10月31日解除劳动关系，乙方应按公司《离职管理制度》等相关制度要求妥善办理所有离职工作交接手续，否则甲方有权拒绝支付离职补偿金……3.经双方协商一致，甲方支付乙方补偿金税前30万元整；4.该补偿金支付条件为乙方在职期间负责的下述两个项目工作进度达到以下条件：（1）沈阳联通宽带接入网项目，该项目由法院终审结案；（2）长春及周边地区室内外通信网络覆盖项目，该项目合同约定的第一笔款项收回；5.甲方承诺上述条件达成后的十个工作日内支付离职补偿金……"该《解除劳动合同协议书》末尾处有中某公司加盖的公章及高某的签字确认。当日，高某离职工作交接手续办理完毕。

法院裁判

法院认为，高某与中某公司自愿达成《解除劳动合同协议书》，双方对经济补偿金的支付条件进行了明确约定，该约定并未违反法律法规的强制性规定，故《解除劳动合同协议书》第四条应属有效，双方均应遵照执行，现经济补偿的约定条件未成就，对高某要求中某公司支付经济补偿的主张，不予支持。

律师点评

解除劳动合同经济补偿的支付时间分为法定和约定两种。

《劳动合同法》第五十条第二款规定，用人单位依照本法有关规定应当向劳动者支付经济补偿的，在办结工作交接时支付。用人单位依照《劳动合同法》的规定应当向劳动者支付经济补偿的，经济补偿的支付时间是法定的，即在办结工作交接时支付。劳动关系双方通过协商的方式解除劳动合同，同时约定用人单位向劳动者支付经济补偿，如果此时的经济补偿并非《劳动合同法》规定的用人单位应当向劳动者支付的经济补偿，即属于任意性经济补偿而非法定经济补偿时，该经济补偿的支付时间以双方的约定为准。本案中，用人单位支付的经济补偿即为任意性经济补偿而非法定经济补偿。因此，在劳动关系双方约定经济补偿的支付条件时，当条件成就，用人单位有义务支付经济补偿；条件不成就，劳动者要求用人单位支付经济补偿不会获得支持。

案例索引

北京市高级人民法院（2020）京民申898号

058　解除通知中未载明的制度条款不能作为解除的依据

用人单位以解除通知中未载明的制度条款主张解除合法，法院认为该主张违反程序正义，认定用人单位构成违法解除。

案情简介

2016年1月1日，马某入职无锡爱某连锁超市有限公司解放南路店（以下简称爱某超市解放南路店），从事收银工作。2019年3月9日21时35分许，马某在收银工作中将某品牌床垫按照220元收取费用。3月10日，爱某超市解放南路店对马某进行了询问，马某陈述“因遇见几个熟人，我私自把原价229元的商品改成

220 元结账”。2019 年 3 月 24 日，爱某超市解放南路店经工会同意后，做出解除劳动关系决定，解除通知中载明：“马某在 2019 年 3 月 9 日晚收银时擅自将标价 229 元的商品仅收银 220 元，少收取 9 元，此行为严重侵害公司利益，根据公司《纪律管理政策》第 2.2.3.12 条、第 2.2.3.13 条、第 2.2.3.16 条的规定，公司决定于 2019 年 3 月 26 日解除与马某的劳动关系。”

法院裁判

爱某超市解放南路店在解除决定中认为马某存在《纪律管理政策》第 2.2.3.12 条规定的“营私舞弊，牟取私利”、第 2.2.3.13 条规定的“弄虚作假、骗取公司钱财”及第 2.2.3.16 条规定的“偷窃或蓄意损害公司或者其他员工财产”行为。对此法院认为，该品牌床垫作为促销商品在爱某超市解放南路店销售，其收银系统并未设定固定价格（死码），收银员需要按照促销员指示的价格结账，而在马某按照 220 元结账时，爱某超市解放南路店并未与促销公司先行就促销商品结算价款，不存在实际上已经侵害了爱某超市解放南路店利益的情况，况且该实际获利者并非马某，故不能认定其弄虚作假或者蓄意损害爱某超市解放南路店的利益。结合当时的情形，事发当日 21 时 35 分许，从考勤记录来看，马某已经在下午收银班次中连续工作 5 个小时，即便存在其少收取 9 元的行为，也宜认定为工作疏漏，爱某超市解放南路店发现该情况时可以要求马某补足款项或者给予马某其他与该行为相对应的纪律处分，而不是在马某又连续工作几天后，于 2019 年 3 月 24 日做出解除劳动合同的决定。需要说明的是，爱某超市解放南路店认为马某也存在违反《纪律管理政策》第 2.2.3.17 条规定的“侵害公司或者其他员工财产、索贿、受贿（含收取回扣）”的行为，但是爱某超市解放南路店引用的制度条文并未在解除通知中载明，若法院依据该事由审查爱某超市解放南路店做出解除劳动合同决定的合法性，则剥夺了马某相应的辩论权利，在程序上是不正义的。用人单位作为享有优势地位的一方，在行使解除权时应当明确适用法律的具体依据及规章制度的具体条文，以便劳动者进行申辩和诉讼，爱某超市解放南路店在诉讼阶段再增加适用的规章制度依据，则违反了程序正义，故法院在审核爱某超市解放南路店做出解除劳动合同决定时依据的规章制度条文时，仍然按照解除通知上所记载的第 2.2.3.12 条、第 2.2.3.13 条及第 2.2.3.16 条进行审查。综上，爱某超市解放南路店单方解除劳动合同的行为违反法律规定，应支付违法解除劳动合同赔偿金。

律师点评

解除劳动合同对劳动者而言是最严厉的处分措施，裁审机构在审查用人单位解除行为是否合法时是以最高标准、最严要求来进行的。

用人单位因劳动者严重违纪解除劳动合同的，应当向劳动者出具解除劳动合同通知书，通知书中应载明解除的事实依据和制度依据，其中，解除劳动合同通知书所阐明的违纪事实均应有证据支持，载明的制度依据应当全面、详尽，不应有所遗漏。本案中，用人单位具备一定的证据意识，在劳动者出现违纪行为时，未直接加以处理，而是通过谈话的方式固定了劳动者的违纪行为，值得其他用人单位学习借鉴，但可惜的是，在援引制度依据时，用人单位将与案件情况最贴切的制度条款遗漏，未在解除通知中明确，导致法院不会以该条款来审视劳动者的行为是否违纪。本案中，用人单位具备了一定合法解除的条件，但因操作不当，最终败诉。从表面上看，好像是一次疏忽、大意，但仔细研究就会发现，用人单位援引的条款如“营私舞弊，牟取私利”“弄虚作假、骗取公司钱财”等，与本案确定的事实情形无法形成对应关系，其背后是用人单位未对裁审机构严要求、高标准的审判原则引起足够的重视。

案例索引

徐州市中级人民法院（2020）苏 03 民终 2726 号

059　用人单位违法解除被判继续履行，员工获赔上百万元

用人单位违法解除劳动合同被判继续履行后，劳动者要求赔偿仲裁诉讼期间上百万元的工资损失，获得法院支持。

案情简介

2013 年 6 月 1 日，刘某与锡某科技服务（上海）有限公司北京分公司（以下简称锡某北京分公司）签订五年期劳动合同，建立劳动关系。2015 年 9 月 11 日，锡某北京分公司以刘某严重违纪为由向刘某发出解除劳动合同通知书，双方因此产生劳动争议。经北京市第三中级人民法院最终审理，判决锡某北京分公司继续履行劳动合同，双方因仲裁、诉讼期间的工资支付问题再次产生纠纷。刘某要求锡某北京分公司支付因违法解除劳动合同产生的自 2015 年 10 月 11 日至 2017 年 6 月 26 日的工资损失、2015 年 9 月 11 日至 2017 年 6 月 26 日期间未休年假工资。

法院裁判

根据已生效的（2016）京 0105 民初第 5694 号民事判决书，锡某北京分公司应当与刘某继续履行劳动合同，因此其应支付刘某 2015 年 10 月 11 日至 2017 年 5 月 31 日双方收到终审判决前的工资损失。现双方对于工资损失的赔偿标准存在争议。刘某在锡某北京分公司违法与其解除劳动关系前的工资由基本工资及交通补贴、销售提成等项目构成，其基本工资损失锡某北京分公司应予赔偿，销售提成为用人单位针对职工工作业绩情况给予的奖励，刘某在上述期间未给锡某北京分公司提供劳动、创造价值，虽责任不在刘某，但其要求锡某北京分公司支付销售提成不合理，同时其并未发生上下班的交通费，要求锡某北京分公司支付交通补贴亦缺乏依据，因此法院认为锡某北京分公司应当按照刘某的基本工资 54595.25 元的标准赔偿刘某 2015 年 10 月 11 日至 2017 年 5 月 31 日期间的工资损失，即 $54595.25\times19+54595.25\div21.75\times15=1074962$ 元。

律师点评

违法解除劳动合同的后果已经是个老生常谈的话题了。实践中，总是有用人单位对违法解除的后果认识不足，从而导致巨额的经济损失，又把这一切归结于劳动法偏袒劳动者上来，不去检讨自己对法律的误读，企业的劳动用工管理始终在风险中运行而不自知。

根据《劳动合同法》第四十八条的规定，用人单位违法解除劳动合同，劳动者要求继续履行劳动合同的，用人单位应当继续履行；劳动者不要求继续履行劳动合同或者劳动合同已经不能继续履行的，用人单位应当依照第八十七条规定支付赔偿金。用人单位违法解除劳动合同的后果有两个，一是继续履行；二是支付赔偿金。是继续履行还是支付违法解除劳动合同的赔偿金，选择权在劳动者而不在用人单位，用人单位对此应该有深刻清醒的认识，不是只要给钱就可以解除劳动合同。从理论上讲，如果劳动者要求继续履行劳动合同，用人单位给多少钱也没用。

在劳动者选择支付赔偿金的情况下，用人单位违法解除的法律后果是支付劳动者双倍的经济补偿即赔偿金，此种情况下，看似用人单位支付了一大笔赔偿金作为代价，但最终能达到用人单位解除劳动合同的目的。在劳动者选择继续履行的情况下，用人单位的解除行为被依法撤销，双方继续履行劳动合同。从表面上看，用人单位没有任何的经济支出，法律后果仅为恢复劳动关系，但由于劳动争议案件的审理需要经过一裁二审方能结案，诉争周期长，在此期间，因用人单位的解除行为导致劳动者无法正常提供劳动，无工资性收入，该部分工资损失应由过错方承担，即由用人单位承担。也就是说，在劳动者未提供劳动，未给用人单位创造任何实质性的价值，甚至在给用人单位带来负面影响的情况下，用人单位仍需正常支付工资，违法解除给用人单位带来的不仅仅是经济损失，对用人单位企业文化的冲击是不可估量的，一些用人单位对此往往认识不足。

案例索引

北京市第三中级人民法院（2019）京 03 民终 133 号

060　以劳动者一年前的违纪行为解除劳动关系未获支持

劳动者发生违纪行为后，用人单位未能及时处理，一年后用人单位以此为由解除劳动合同，未获人民法院的支持。

案情简介

2014年3月，胡某到重庆川某物流（集团）有限公司（以下简称川某公司）从事车辆驾驶员岗位工作。2017年8月7日，胡某与川某公司的调度员发生纠纷，并持剪刀追赶该调度员。2018年11月19日，川某公司以胡某违反了《劳动合同书》的约定为由解除了与胡某的劳动关系，双方发生劳动争议。

法院裁判

法院认为，胡某与川某公司员工发生纠纷的时间是2017年8月7日，但《重庆市职工权益保障条例》第二十六条第二款规定："用人单位应当从知道或者应当知道职工违反规章制度行为之日起一年内作出处理决定。逾期未处理的，不再追究该违章责任。"故川某公司以发生在2017年8月7日的纠纷作为2018年11月19日解除劳动合同的理由不能成立。

律师点评

劳动者发生严重违纪行为后，用人单位应当及时处置，超过合理期限再行处置的，存在不被裁审机构认可的风险。

《劳动合同法》规定，劳动者严重违纪的，用人单位可以解除劳动合同，但并未规定用人单位行使解除权的时限。这是否意味着用人单位可以无期限地对劳动者的行为做出处理呢？当然不是。用人单位应当对劳动者的违纪行为及时处置，未能及时处置或者经过较长时间才处置的，说明该行为对用人单位来说并不严重、不紧急，随着时间的延长，处置的合理性将逐渐降低。本案中，劳动者曾持剪刀追赶用人单位的其他工作人员，在事实情况得到证实的情况下，确系违反了用人单位制度中的禁止打架斗殴规定，用人单位可以依据合法有效的规章制度做出辞退处理，但是，用人单位在该行为发生一年后才做出反应，下达开除决定，明显不具有合理性。实践中，对于劳动者的严重违纪行为，用人单位的处罚期限设置为多久才合理呢？在现行的法律中，对此并没有明文规定。有些地区对此有明确的规定，大多在六个月至一年之间。比如，本案发生地重庆就规定用人单位应当在一年之内做出处理。

案例索引

重庆市第五中级人民法院（2019）渝 05 民终 7344 号

第五章

特殊劳动者劳动合同的解除——有些雷区绝对不能碰

061　怀孕女职工试用期迟到四次，不符合录用条件解除合法

怀孕女职工在试用期内迟到四次，用人单位以其不符合录用条件为由解除劳动合同合法，该种情形下不需要考虑女职工是否怀孕。

案情简介

方某于2016年7月11日入职广州集某快时尚服饰有限公司（以下简称集某公司），任商品主管，双方签订有书面劳动合同及《试用期录用条件说明书》。《试用期录用条件说明书》载明："方某同意如果其在试用期存在如下情形之一的，视为不符合集某公司的录用条件，集某公司有权解除与方某的劳动合同：……（10）试用期内非法定事由累计请事假超过2天或迟到超过3次，或者有旷工现象的……"2016年12月6日，集某公司向方某发出《终止试用期证明》，并告知方某，经试用期内综合考勤与资料真实性调查后，方某不符合转正条件，通知方某于2016年12月6日正式终止试用。方某认为自己系怀孕女职工，集某公司的解除违法，双方发生劳动争议。

法院裁判

法院认为，本案的争议焦点为集某公司以方某不符合录用条件为由解除劳动合同是否合法，该公司在解除劳动合同时是否知晓方某怀孕并非本案的争议焦点。方某主张其于2016年9月10日提前转正，其提交的聊天记录证明力不充分，难以证实该主张，退一步而言，即使方某主张提前转正一事成立，根据其考勤记录，其

在2016年9月10日前有四次迟到，亦不符合集某公司的试用期录用条件。方某要求继续履行劳动合同并按原待遇发放工资，缺乏事实和法律依据，法院不予支持，判令驳回方某的诉讼请求。

律师点评

对于孕期、产期、哺乳期女职工，《劳动合同法》给予解雇保护，即用人单位不得依据《劳动合同法》第四十条、第四十一条解除与其的劳动合同。但是，这并不意味着孕期、产期、哺乳期女职工会受到《劳动合同法》无限制地保护或者说用人单位无法解除孕期、产期、哺乳期女职工。当孕期、产期、哺乳期女职工出现《劳动合同法》第三十九条规定的情形时，用人单位仍然可以依法与其解除劳动合同。

本案中，用人单位关于试用期劳动者的管理制度非常完善。用人单位解除试用期不符合录用条件的劳动者，在实践中并非易事。录用条件是用人单位试用期解除能否合法的关键。本案中，用人单位与劳动者签有《试用期录用条件说明书》，确保劳动者已知悉录用条件的标准，为试用期考核打下良好的基础。另外，本案中，用人单位还将劳动纪律列为录用条件，如果劳动者在试用期内违纪，用人单位以不符合录用条件为由解除劳动合同就容易获得裁审机构的认可。本案还有一个关键点，用人单位没有以劳动者怀孕或其他理由解除劳动合同，而是完全依照用人单位的录用条件执行，在发现劳动者存在不符合录用条件的情形时，果断与其解除劳动合同，值得其他用人单位借鉴。

孕期、产期、哺乳期女职工需要特殊保护，但与其的劳动合同绝非不可解除。孕期、产期、哺乳期女职工受到劳动法的特殊保护，同时孕期、产期、哺乳期女职工也必须依法服从用人单位的合法管理并遵守用人单位的劳动纪律，如果违反劳动纪律，且已经达到解除劳动合同的严重程度，用人单位完全可以依据制度规定合法解除与其的劳动合同。需要注意的是，在对孕期、产期、哺乳期女职工的劳动关系做出处置时，须格外谨慎，确保处置合法得当。

案例索引

北京市第一中级人民法院（2018）京 01 民终 6401 号

062　入职时提供虚假简历，即使怀孕也可以合法解除

劳动者提供虚假入职资料的，即使处于孕期、产期、哺乳期，亦不能免责，用人单位有权在试用期内依约解除双方的劳动合同关系。

案情简介

2016 年 8 月 9 日，周某入职上海闽某实业有限公司（以下简称闽某公司），双方签订了劳动合同，其中约定，试用期自 2016 年 8 月 9 日至 2016 年 10 月 8 日止，周某在试用期间被证明不符合录用条件的、提供虚假个人信息的，闽某公司可以随时以书面形式通知周某解除本合同。2016 年 9 月 30 日，闽某公司向周某做出试用期解除劳动合同告知书，载明的解除理由为：试用期不符合录用条件。闽某公司确认解除劳动合同时周某已怀孕。双方发生劳动争议。

法院裁判

诚实信用原则不仅仅是公民道德准则，也是作为员工的一项基本职业道德。本案中，周某填写了员工基本资料登记表，承诺所填各项资料内容真实，并允许公司查证，如有虚假愿意承担由此产生的一切责任。经查，周某的三段入职前经历中，除了最后一段属实外，其他二段经历均有不实。周某称其于 2009 年 2 月至 2013 年 5 月在上海同某生物制品有限公司任总账会计。事实上，周某于 2011 年 10 月 27 日与泽某公司签订了一份为期 2 年的劳动合同，并于 2013 年向上海市闵行区人民法院起诉泽某公司，要求泽某公司赔偿其工资损失及生育津贴等。基于周某与泽某公司的诉讼事实，法院有理由相信周某故意隐瞒了该段时间内的入职经历，以免对其入职闽某公司造成

不良影响。实际上，直至2013年9月，周某才入职上海同某生物制品有限公司工作。周某对此解释称系记忆偏差，实难令人信服，法院不予采信。至于周某提出的闽某公司解除劳动合同期间周某已经怀孕，故闽某公司不能解除合同，对此，法院认为，法律对怀孕女职工确有特殊保护，《劳动合同法》第四十二条规定，劳动者有下列情形之一的，用人单位不得以本法第四十条、第四十一条的规定解除劳动合同：……（四）女职工在孕期、产期、哺乳期的……但怀孕并非女职工的免责金牌，《劳动合同法》第三十九条规定，劳动者有下列情形之一的，用人单位可以解除劳动合同：（一）在试用期间被证明不符合录用条件的；（二）严重违反用人单位规章制度的……周某隐瞒入职经历并在个人履历表上记载不实用工信息，有违双方合同之约定，更有悖于劳动者最基本的职业道德，其应承担相应的法律后果。同时，周某在劳动合同试用期间，工作中存有差错。闽某公司根据上述情况解除双方劳动合同，体现了企业自主经营之权利。法律保护劳动者的合法权益，但对于劳动者欲利用法律以达其不法目的的，依法予以驳回。综上，闽某公司解除双方的劳动合同合法有据，法院予以支持。

律师点评

劳动者入职时提供虚假简历，用人单位查证属实后能否解除劳动合同？

劳动合同的订立、履行、终止，应当遵循诚实信用原则。在订立劳动合同的过程中，任意一方存在欺诈行为的，均有违诚信原则，都有可能构成《劳动合同法》第二十六条规定的劳动合同无效的情形。但是，在司法实践中，在保护劳动者权益的背景下，用人单位意欲在解除中降低违法风险，使解除合规合法，还应注意以下几点：首先，解除要有依据。在劳动合同法及相关法规中，并没有劳动者提供虚假简历，用人单位有权解除双方劳动关系的条款，因此，用人单位以此为由解除双方劳动关系的，应当依规或依约而为；其次，注意把握解除时间。劳动者的简历是证明其工作能力的外在表现，而用人单位考核劳动者工作能力并决定是否录用，应当在双方约定的试用期内完成，一旦经过试用期，劳动者成功转正，就证明劳动者的工作能力符合用人单位的要求，此时用人单位解除劳动合同就存在风险。对于未约定试用期的，用人单位应尽快启动背调程序，核实简历、学历证明等材料的真实性，一旦查证简历、学历造假，在经过企业合规评估后，应立即处置，避免贻误时机，徒增违法风险。

关于能否单方解除孕期、产期、哺乳期女职工劳动合同的问题。由于孕期、产期、哺乳期女职工身体结构、生理结构的特点，以及负担着生育、养育子女的社会责任，劳动合同法在保护劳动者权益的背景下，加大了对孕期、产期、哺乳期女职工的保护力度，明确用人单位不能依据《劳动合同法》第四十条、第四十一条解除双方的劳动合同。但对于符合《劳动合同法》第三十九条情形的孕期、产期、哺乳期女职工，并不能因其处于孕期、产期、哺乳期而予以免责。

案例索引

上海市高级人民法院（2019）沪民再9号

063 孕期女职工擅自休假构成旷工的，可以依法解除

孕期、产期、哺乳期女职工未依规履行病假手续，擅自休假且不具备休假的合法性与紧迫性，用人单位解除劳动合同，获得法院支持。

案情简介

2017年4月13日，赵某入职广州臣某网络科技有限公司（以下简称臣某公司），担任客服主管一职。2018年3月27日，处于孕期的赵某通过钉钉请假获批，请假期间为4月1日至5月31日。期满后，赵某未返岗，于7月1日发起申请办理2018年6月的请假手续。后臣某公司以赵某严重违纪为由解除双方劳动关系，双方发生劳动争议。

法院裁判

按时出勤上班，是劳动者的基本义务，也是基本的劳动纪律。臣某公司在《员工入职须知》中明确规定，因私事、生病不能上班的，实行书面请假制度；请假

时间超过三天的要总经理签字后生效，赵某确认其在《员工入职须知》上的签名。而且，赵某于2018年3月27日通过钉钉系统履行了2018年4月1日至5月31日的事假申请手续并获得批准。由此可见，赵某知晓臣某公司的请假制度且实际执行过。但2018年5月31日事假期满后，赵某既未返岗上班，也没有继续办理请假手续，一直持续到2018年7月1日才发起申请办理2018年6月的请假手续。再者，根据赵某提交的医疗诊断证明和病历资料，并没有医疗建议其在2018年6月全休。因此，赵某在事先未得到批准、事后也未证明其休假的合法性和紧迫性的情况下，从2018年6月1日至6月30日不到岗上班，严重违反了基本的劳动纪律和用人单位规章制度，臣某公司据此解除双方劳动合同，并无不当。

律师点评

孕期、产期、哺乳期女职工应当履行作为劳动者按时出勤上班的基本义务，未按时出勤的，应当履行请假手续，获得用人单位批准后方可休假。

由于女职工身体结构、生理机能的特点以及抚育子女的特殊需要，劳动合同法在保护劳动者合法权益的前提下，加大了对孕期、产期、哺乳期女职工的保护力度，如不得因医疗期满、不能胜任工作等情况依据《劳动合同法》第四十条解除劳动合同。因此，在劳动用工实践中，用人单位对孕期、产期、哺乳期女职工出现了用工难、易违法的局面。从本质上，出现这种局面的原因在于孕期、产期、哺乳期女职工享有的法定权利与用人单位的用工自主权之间的冲突，在女职工孕期、产期、哺乳期期间，法律的天平更多倾向于劳动者，但是在此期间，用人单位合法、合理地使用用工自主权仍然可以得到应有的保护。

通过本案可以看出，女职工处于孕期、产期、哺乳期状态并不能成为其旷工的免责事由，因此，孕期、产期、哺乳期女职工构成旷工达到严重违纪的程度，用人单位可以依法予以处理。但是，需要注意的是，旷工系指劳动者无故不出勤，而女职工在孕期、产期、哺乳期期间，身体状况较差，很容易生病就医，而生病就医难以被认定为“无故”的情形。本案中，法院明确劳动者不具有6月病休全月的医疗建议，即在对旷工的构成要件“无故”进行审查。因此，在劳动者连续多日未出勤的情况下，建议用人单位首先查明旷工原因，并要求提供相应证明，对于逾期不提供的，用人单位再以违纪为由进行处理获得支持的可能性就会更大一些。

案例索引

广州市中级人民法院（2020）粤 01 民终 7924 号

064　女职工提交虚假婚育材料申请产假，解除合法

用人单位有权要求劳动者在合理范围内提供个人信息，劳动者提供虚假信息的，用人单位有权依据规章制度处理。

案情简介

2008 年 6 月 2 日，姜某入职上海怡某食品科技服务有限公司（以下简称怡某公司）。2018 年 9 月 13 日，姜某通过怡某公司人事系统申请产假时，上传与实际情况不符的结婚证、出生医学证明影印件。2019 年 11 月 5 日，怡某公司做出《解除劳动合同通知书》，以姜某在任职期间提供虚假的休假证明等严重违纪行为为由解除与姜某的劳动合同。

姜某向上海市浦东新区劳动人事争议仲裁委员会提起仲裁申请，要求怡某公司支付违法解除劳动合同赔偿金，该委驳回其请求后，姜某不服，诉至上海市浦东新区人民法院。

劳动者诉称：我出于保护隐私的考虑，在申请产假时上传与实际情况不符的结婚证和出生医学证明影印件，但在之后撤销了该上传文件，怡某公司以已经撤销的文件主张我提供虚假证明并解除劳动合同属于违法解除。

法院裁判

用人单位为了规范用工管理，可以要求劳动者在合理范围内提供个人信息，劳动者应用人单位要求披露个人信息的，应当遵守诚实信用原则，确保真实性。姜某

主张其提供与实际情况不符的结婚证和出生医学证明影印件系为保护隐私。然法院认为，姜某的行为难谓具有合理性。理由如下：其一，怡某公司要求姜某在申请产假时提供出生医学证明系为确认生育事实，未超过公司用工管理的合理范畴，亦属合理使用，该行为未侵害姜某的隐私权。其二，姜某亦可通过同怡某公司协商等方式消除其对隐私权可能遭受侵害的顾虑，然其递交虚假个人信息的行为明显有悖诚实信用原则。其三，已签收的规章制度规定，员工提供虚假证明的，公司可予以辞退。该规定未违反法律、法规的规定，姜某作为公司员工理应遵守。因此，法院对姜某的该项主张不予采信。姜某在公司人事系统上传与实际情况不符的结婚证和出生医学证明影印件，该行为不仅严重违反怡某公司的规章制度，亦与诚实信用原则相悖，故怡某公司以姜某在任职期间提供虚假证明严重违纪为由解除劳动合同并无不当，姜某要求怡某公司支付违法解除劳动合同赔偿金的主张缺乏依据，法院不予支持。

律师点评

诚实信用原则作为民事法律关系中的“帝王准则”，要求一切市场参加者在不损害他人利益和社会公共利益的前提下，追求自己的利益，目的是在当事人之间的利益关系和当事人与社会之间的利益关系中实现平衡，并维持正常的市场秩序。

在劳动关系中，劳动者与用人单位不仅存在财产关系，也具有一般民事关系所没有的人身依附性，劳动关系双方之间的信任往往决定着劳动合同能否正常履行，如果劳动者与用人单位相互猜忌，势必会造成生产经营效率下降，甚至影响社会经济的发展，因此，诚实信用原则在劳动关系中显得特别重要。本案中，劳动者无正当理由提供虚假信息，用人单位在具备合法有效的规章制度的情况下当然有权进行处理。特别提示用人单位，在核实基本事实后、做出处理决定前，应当先与劳动者就失信事宜进行沟通，排除劳动者确实存在难言之隐的情况，降低用工风险。

案例索引

上海市第一中级人民法院（2020）沪01民终10935号

065　以怀孕女职工不胜任三级体力劳动为由解除，未获支持

怀孕女职工不胜任三级体力劳动，用人单位应当根据医生的证明减轻工作量或工作强度，而不是以不胜任为由与其解除劳动合同。

案情简介

2017年9月16日，韩某入职北京义某生物技术有限公司（以下简称义某公司），担任导购营业员。2017年10月25日，义某公司通知正处在孕期的韩某解除劳动合同。韩某向北京市通州区劳动人事争议仲裁委员会提出仲裁申请，要求义某公司继续与其履行劳动合同等，该委支持其部分请求后，义某公司不服，诉至北京市大兴区人民法院。

用人单位诉称：我公司招聘韩某时告知其工作内容为推销化妆品，化妆品中含有重金属，且该岗位为三级体力劳动强度，不适合怀孕女性或备孕女性。韩某声称自己不准备怀孕。韩某在2017年10月9日至2017年10月20日期间连续旷工多日，违背了我公司的管理制度，我公司于2017年10月25日以达不到录用标准为由，向韩某送达辞退通知书与其解除劳动合同，但韩某以自己已经怀孕为由予以拒绝。韩某在入职前隐瞒怀孕事实，从事怀孕女性禁止的化妆品推销工作，双方之间的劳动合同无效，我公司与韩某解除劳动合同的行为合法。

劳动者辩称：义某公司没有告知过我入职条件，我是入职后怀孕的，并且向义某公司说明了情况。我在2017年10月9日至2017年10月20日期间休病假，写了请假条交给义某公司的员工马某，不存在旷工。2017年10月25日，义某公司以我“身体不适”为由，口头通知我解除劳动合同，义某公司没有向我送达过公司管理制度和辞退通知书。

法院裁判

义某公司于 2017 年 10 月 25 日以“身体不适”为由通知韩某解除劳动合同，该行为违反法律规定，韩某有权要求义某公司继续履行劳动合同。女职工在怀孕期间，所在单位不得安排其从事国家规定的第三级体力劳动强度的劳动和孕期禁忌从事的劳动，不得在正常劳动日以外延长劳动时间；对不能胜任原劳动的，应当根据医务部门的证明，予以减轻劳动量或者安排其他劳动。虽然义某公司主张韩某的工作内容为销售化妆品，化妆品中含有重金属，且该岗位为三级体力劳动强度，不适合怀孕女性或备孕女性，但即便义某公司上述主张属实，其对韩某所做的安排也应是根据医务部门的证明予以减轻劳动量或者安排其他劳动。由此可见，义某公司的上述主张不构成其公司与韩某之间的劳动合同不能继续履行的理由，故法院认定义某公司应继续履行与韩某签订的起止期限为 2017 年 10 月 1 日至 2018 年 9 月 30 日的劳动合同，判令义某公司继续履行与韩某的劳动合同，支付工资和加班工资。

律师点评

“身体不适”从来不是用人单位与劳动者解除劳动合同的理由，以此为由解除劳动合同均为违法解除。本案涉及用人单位解除怀孕员工、试用期内辞退、继续履行劳动合同等棘手问题，但用人单位在处理这些问题的时候显得十分随意。

孕期、产期、哺乳期女职工不能胜任三级体力劳动的，用人单位应当减轻工作量或者工作强度，而不是以不胜任三级体力劳动解除。本案中，用人单位的解除理由非常牵强和荒唐，以怀孕员工身体不适为由口头通知单方解除劳动合同属于违法解除。首先，口头解除劳动合同的形式就不合法，且不能证明解除的依据和理由，因此在实践中很难获得支持；其次，在庭审中，用人单位主张化妆品中含有重金属，属于三级体力劳动强度，不适合怀孕女工，且员工存在旷工、不符合录用标准以及劳动合同无效等解除理由，但是，没有一个理由是经得起推敲的。不是解除理由越多就越有可能获得支持，恰恰相反，解除的理由越多，用人单位的举证责任就越重。提醒用人单位，应理性对待孕期、产期、哺乳期女职工，在给予特殊保护和特殊待遇的同时，应当与其他员工一视同仁，规范管理，谨慎处置与孕期、产期、哺乳期女职工的劳动关系。

案例索引

北京市第二中级人民法院（2018）京 02 民终 5928 号

066　劳动者生育三胎，用人单位依约定解除未获支持

劳动者生育三胎，属于双方劳动合同约定的用人单位可以单方解除劳动合同的情形，用人单位据此解除，未获法院支持。

案情简介

2003 年 1 月，谢某入职中山大学某附属医院，担任护士一职，双方签订的《劳动合同书》第八条约定："乙方（指谢某）有下列情形之一的，甲方（指中山大学某附属医院）可以按照劳动合同法规定解除劳动合同，无须支付经济补偿：……8. 违反国家、省及地方计划生育规定的……" 2019 年 6 月 20 日，中山大学某附属医院向谢某做出解除劳动合同通知书。2019 年 10 月，谢某生产第三胎。

法院裁判

《广东省高级人民法院、广东省劳动人事争议仲裁委员会关于劳动人事争议仲裁与诉讼衔接若干意见》第十三条规定，用人单位以劳动者违反计划生育政策为由解除劳动合同的，应承担违法解除劳动合同的法律责任。因此，尽管谢某、中山大学某附属医院签订的《劳动合同书》、中山大学某附属医院的规章制度中有关于劳动者违反国家、省及地方计划生育规定，医院可以解除劳动合同，无须支付经济补偿的约定，但该约定已经缺乏相应的法律依据。法院认定，中山大学某附属医院解除与谢某的劳动合同，没有法律依据，属违法解除。

律师点评

根据《人口与计划生育法》的规定，公民有生育的权利，也有依法实行计划生育的义务。国家提倡一对夫妻生育三个子女。符合法律、法规规定条件的，可以要求安排再生育子女。随着我国计划生育政策的调整、三孩政策的放开，用人单位应当谨慎处理超生劳动者的劳动关系，避免构成违法解除。

本案发生在广东省，用人单位应当结合当地裁审观点适时修订规章制度。在裁审机构明确用人单位以劳动者违反计划生育政策为由解除劳动合同的，应承担违法解除劳动合同法律责任的情况下，用人单位应当审慎以劳动者超生为由解除劳动合同，避免承担违法解除的法律责任。

案例索引

广东省高级人民法院（2020）粤民申 10818 号

067　用人单位有权按照约定或规定对孕期女职工进行考核

孕期女职工以用人单位采用非怀孕员工的考核标准对其进行考核，未放低考核标准，构成歧视为由要求赔偿，未获法院支持。

案情简介

2018 年 12 月 3 日，杜某入职广东粤某房地产发展有限公司（以下简称粤某公司）处，岗位为执行主编。2019 年 3 月 14 日，杜某于检查时发现已怀孕 11 周 +5 天。2019 年 3 月，杜某所在行政部主管叶某对杜某的 2019 年 4 月工作绩效、能力、价值观进行考核，杜某考核得分为 71.74 分，考核档级为不称职。2019 年 5 月 20 日，粤某公司做出试用期辞退通知书，以杜某未通过试用期考核、不符合所在职位的录用条件为由将杜某辞退。2019 年 9 月 10 日，杜某生育一子。后杜某向广东省广州市越秀区劳动人事争议仲裁委员会提起仲裁申请，要求粤某公司向其赔礼道歉，并在《南方日报》刊登道歉声明、支付精神损害抚慰金，该委驳回其请求后，杜某不服，诉至广东省广州市越秀区人民法院。

劳动者诉称：我在试用期期间怀孕，用人单位仍然按照对非怀孕员工的考核标准对我进行考核，没有放低考核标准，存在歧视，其进而以不符合录用标准为由与我解除劳动关系的行为，已经侵犯了我的平等就业权，应当承担赔偿责任。

用人单位辩称：我司依照双方约定进行考核，杜某不符合录用条件，我司依法解除劳动合同，系合法解除，未侵犯其权益。

法院裁判

杜某以粤某公司侵犯其平等就业权起诉要求粤某公司赔礼道歉并赔偿损失等，根据举证规则，需要由杜某在诉讼中提供证据证明粤某公司在招聘、工作过程中有差别待遇、歧视待遇的情形，如用人单位没有为怀孕女员工提供适合其身体状况的劳动条件和劳动保护，在晋职、晋级、考核评定、报酬、社会保险、生活福利等方面存在歧视性差别。本案中，杜某应聘的是执行主编岗位，粤某公司基于杜某具备丰富的传统媒体经验、一定的新媒体经验、一定的管理能力等考虑录用杜某，缔约过程中不存在性别歧视。杜某在试用期间怀孕，享有在就业过程中平等而不受歧视的权利。粤某公司根据公司《绩效考核管理办法》中设定的绩效考核指标对员工进行统一考核并无不妥，杜某应服从公司制度、接受岗位工作考核。杜某主张粤某公司沿用对非怀孕员工的考核标准对其进行考核，没有放低考核标准，存在歧视，缺乏依据。现有证据显示，杜某在申诉中没有强调分管领导不顾及其已经怀孕的事实而安排其额外加班或无故刁难，仅是针对业绩评价中反映的自身工作问题进行逐条申诉和说明。无论是分管领导的考核意见，还是人力资源部的调查结果，均认为杜某的工作能力没有达到本职岗位工作要求，并未以杜某怀孕等歧视性理由将其辞退。因此，杜某主张粤某公司实施了侵害其平等就业权的违法性行为缺乏事实基础，对其要求粤某公司承担赔礼道歉和赔偿精神损失的诉讼请求，法院不予支持。

律师点评

根据《劳动合同法》第四十二条的规定，用人单位不得因不能胜任工作、医疗期满、客观情况发生重大变化或经济性裁员与孕期、产期、哺乳期女职工解除劳动合同。也就是说，我国法律仅针对用人单位对孕期、产期、哺乳期女职工的劳动合同解除权有所限制，对于孕期、产期、哺乳期女职工的考核权，法律并未进行过多干涉，用人单位有权依照约定或规定对女职工进行考核。

《劳动合同法》第三十九条规定，劳动者在试用期间被证明不符合录用条件的，用人单位有权解除劳动合同。在这里，并未对劳动者的身体状况、身份情况进行区分，劳动者处于孕期、产期、哺乳期并不属于适用该条的例外情形，因此，用人单位可以以不符合录用条件为由在试用期内与孕期、产期、哺乳期女职工解除劳动合同。本案中，劳动者主张自身情况特殊，属于孕期女职工，用人单位应当降低考核标准，用人单位未降低标准进行考核并解除，侵犯了其平等就业权，这属于对法律的误读，难以获得裁审机构的支持。

案例索引

广州市中级人民法院（2020）粤01民终219号

068　总监变前台，劳动者被迫离职并获赔经济补偿

用人单位将劳动者的岗位由总监调至前台，因该行为具有侮辱性和惩罚性，劳动者被迫离职并要求补偿，获得支持。

案情简介

2006年12月14日，陶某入职华某国际工业原料城（深圳）有限公司（以下简称华某公司），担任信息管理中心总监。劳动合同中约定，陶某的工作岗位为行政管理中心管理类职务。2018年12月，华某公司将陶某调往前台工作。2019年6

月 17 日，陶某向公司邮寄《关于要求支付赔偿金的律师函》后再未到岗上班。

法院裁判

华某公司将陶某的职位由信息管理中心总监降级为普通员工，将陶某的办公地点从办公室调整到 8 楼楼梯大厅的前台位置，虽陶某调岗后的待遇保持不变，但该调岗行为明显具有侮辱性和惩罚性。因此，华某公司对陶某进行的岗位调整违反了法律规定。陶某向华某公司邮寄《关于要求支付赔偿金的律师函》，并告知华某公司其将于 2019 年 6 月 17 日交还门禁卡和其他资料后，不再回华某公司处上班，该行为应视为陶某向华某公司解除劳动合同的意思表示。双方的劳动关系系因陶某于 2019 年 6 月 17 日以上述理由向华某公司提出解除劳动合同而解除，陶某正常上班至 2019 年 6 月 17 日。依据前述认定，华某公司对陶某存在违法调岗的事实，陶某向华某公司提出解除劳动合同，理由成立，华某公司应当依法支付经济补偿 262665 元。

律师点评

用人单位在处理与高管的劳动关系时应当保持审慎的态度，该类人员薪酬待遇高于普通劳动者，给用人单位带来的劳动用工风险也高于普通劳动者，在对高管进行岗位调整前更应权衡利弊、全面评估，避免陷入被动局面。

本案中，用人单位将劳动者的岗位从总监调整为前台，在一个普通人的眼里，这样的调整尚不具有合理性，更别说在深谙法律的法官眼里了。

对劳动者的岗位进行调整应当符合约定条件或者法定条件。要么双方对岗位的调整有约定，条件成就，用人单位依约进行调岗；要么调岗符合法律规定的条件或确属用人单位行使用工自主权，该种情形的调岗应当考虑用人单位经营必要性、目的正当性、调整后的岗位为劳动者所能胜任、工资待遇等劳动条件无不利变更、不具有侮辱性或者惩罚性等因素。本案中，劳动者原系部门总监，从事部门的管理工作，用人单位直接将其调岗至部门前台，虽然工资待遇不变，但工作内容发生大幅变化，无论是何种原因，由于其调岗行为具备了惩罚性与侮辱性，很难获得裁审机构的认可，劳动者以此为由被迫离职就容易获得支持。

案例索引

广东省深圳市中级人民法院（2020）粤 03 民终 10313 号

069　高管抢公司秒杀券构成严重违纪，解除获支持

用人单位高管违反利益冲突规定，抢得公司推出的高额秒杀券，用人单位以其严重违纪为由解除劳动合同，获得支持。

案情简介

2011 年 12 月 12 日，唐某入职上海某旅行社分公司，担任总经理一职。2017 年 3 月，唐某签署了《集团干部任职承诺书》，承诺作为“集团员工还应遵守公司、所在单位或所从事领域的其他规则”。2018 年 10 月 24 日，旅行社推出“5.5 元秒杀 5500 元无门槛优惠券（限指定 ×× 产品适用）”活动，仅此 1 张，唐某于当日通过账号抢得该券，后经核实，该优惠券的实际使用人为刘某。

2019 年 1 月 18 日，旅行社分公司与唐某进行谈话，唐某陈述其抢到优惠券后因女儿要考试，遂将优惠券送给朋友，让朋友去了，至于朋友如何处理，其不知情；公司询问唐某转送优惠券时是否收钱，唐某表示没有，公司想查看唐某与朋友联系或确认的信息，唐某表示是个人隐私未予提供。

2019 年 1 月 21 日，旅行社分公司向唐某出具解约函，载明：“唐某在履职期间存在营私舞弊、弄虚作假等严重违规违纪行为，给公司造成损失及经营风险；根据公司相关制度规定，经研究决定，现做出立即解除劳动合同及依法追究相关法律责任的处理。”

法院裁判

首先，唐某未遵守应当避免利益冲突的规定。《集团干部任职承诺书》规定员工应当避免利益冲突情形的发生，但唐某未遵守。在旅行社推出仅有1张的5.5元秒杀5500元无门槛优惠券时，唐某不顾自己内部员工的身份，抢得该券，但最终显示该券实际使用人并非其本人。唐某虽称将优惠券转送他人，但无法证明他人是否向唐某支付对价。唐某的该行为易导致个人利益与用人单位之间的利益冲突，应予以杜绝。

其次，唐某的违纪行为达到了严重的程度。唐某在职期间担任旅行社分公司出境游事业部总经理，具有管理职权，在享受高薪待遇的同时，在遵守规章制度、职业道德及劳动纪律方面应负有更高的义务，但其违反利益冲突规定的行为，损害了公司利益，故唐某的违纪行为情节严重。

最后，旅行社分公司解除与唐某的劳动关系已事先告知工会，解除程序合乎规定。

综上，旅行社分公司考虑唐某行为性质及影响后果，根据员工手册、规章制度的规定解除与唐某的劳动关系，属于合法解除。

律师点评

公司高管不同于普通劳动者，由于岗位职责的重要性以及领取的高额劳动报酬，高管负有更多的注意义务。

《公司法》第一百四十七条第一款规定，董事、监事、高级管理人员应当遵守法律、行政法规和公司章程，对公司负有忠实义务和勤勉义务。这里的忠实义务是指董事、监事、高级管理人员基于自身特殊的管理身份，应当负有高于普通劳动者的义务，即应当将用人单位的利益放在个人利益之上，承认用人单位利益的排他性，避免双方的利益冲突，并以不伤害用人单位利益的方式行事。

本案中，用人单位为促进生产经营活动，采取出售秒杀券的方式刺激市场消费。此时，作为总经理，本应积极推进销售活动的有序进行，但唐某参与抢购秒杀券，显然是从个人利益出发，而且公司总经理抢获高额秒杀券的消息一经公布，势必会对用人单位造成不良影响，不仅未达到促进消费、回馈消费者的初衷，还损害了公司形象，唐某的行为有违忠实义务。

此外，用人单位应谨慎援引母公司规章制度来处理本单位的劳动关系。《劳动合同法》第四条第二款规定，用人单位在制定、修改或者决定有关劳动报酬、工作时间、休息休假、劳动安全卫生、保险福利、职工培训、劳动纪律以及劳动定额管理等直接涉及劳动者切身利益的规章制度或者重大事项时，应当经职工代表大会或者全体职工讨论，提出方案和意见，与工会或者职工代表平等协商确定。这里的全体职工，系指一个法人单位内的全体劳动者，这里的规章制度也仅适用于该法人单位内的劳动者，该法人单位之外的劳动者无法直接适用，如母公司涉及劳动者切身利益的规章制度不能当然适用于子公司。在司法实践中，经常会出现子公司直接援引母公司规章制度的情况，一旦劳动者以未经民主程序为由进行抗辩，该制度一般不会作为用人单位对劳动者实施劳动用工管理的依据。

案例索引

上海市中级人民法院（2020）沪02民终805号

070 劳动者医疗期满，用人单位以旷工为由解除劳动合同违法

劳动者医疗期满后未到岗且未履行请假手续，用人单位未与其沟通返岗复工事宜而是径行以其旷工为由解除劳动合同属违法。

案情简介

2006年3月1日，李某入职农某股份有限公司北京办事处（以下简称农某公司），担任北京大区办事处企划。李某自2016年6月13日起休病假，医疗期为

2016年6月13日至2017年6月12日。李某最后一次向农某公司提交的病假条日期为2017年6月5日，全休两周。2017年7月6日，农某公司向李某出具《解除劳动关系通知书》，内容为“李某女士，自2017年6月19日起，未收到您提供的病假证明或其他请假手续单据。依据公司制度，自2017年6月19日起视为旷工，至今累计旷工15个工作日。依据《员工奖惩条例》规定，公司将于2017年7月11日起与您解除劳动关系”。

法院裁判

双方当事人均认可李某医疗期于2017年6月12日届满，但农某公司在李某医疗期满后并未与李某沟通返岗复工问题，未对李某能否从事原工作及能否从事用人单位另行安排的工作等情况进行确认，而是径行以李某旷工为由解除劳动合同，缺乏法律依据，系违法解除劳动合同。法院判决撤销农某公司于2017年7月6日做出的《解除劳动关系通知书》。用人单位违法解除劳动合同的，劳动者有权要求继续履行劳动合同。农某公司虽主张其企业负担重、李某脱岗3年、身体状况不佳、跟不上公司发展节奏等不宜继续履行劳动合同的条件，但农某公司并未提供证据证明李某目前的健康状况或个人能力不能胜任工作，亦未举证证明客观上双方已经无法继续履行劳动合同，故对农某公司的该项主张，法院难以采信。法院认定农某公司应继续履行与李某的劳动合同，并确认双方自2006年3月1日至2019年1月21日期间存在劳动关系。

律师点评

劳动者医疗期满后未到岗的，用人单位有责任通知劳动者返岗，劳动者无法从事原工作的，用人单位有义务为其调整工作岗位，劳动者无法从事用人单位另行安排的工作的，才启动医疗期解除的相关程序。

在劳动用工管理过程中，由于用人单位肩负管理职责，HR万不可偷懒，在医疗期满后不能以劳动者未履行病假手续而直接计为旷工。用人单位有责任了解劳动者为什么没有继续履行请假手续，是病情原因导致无法履行请假手续还是劳动者的身体情况已经允许返岗工作，并根据劳动者的不同情形制定不同的应对策略。如果是因为病情原因导致无法履行病假手续，应当允许劳动者事后补假；如果是身体条件已经允许返岗工作，用人单位应当通知劳动者返岗。

本案中，劳动者医疗期满，用人单位既没有要求劳动者返岗，也没有为劳动者安排调岗，而是以劳动者没有履行请假手续构成旷工为由解除劳动合同，着实让人唏嘘，用人单位也要承担继续履行劳动合同的责任。用人单位应该以此为戒，谨慎处理与特殊劳动者的劳动关系，如患病劳动者，孕期、产期、哺乳期女职工，工伤职工等，避免重蹈一场又一场违法解除的覆辙，徒增企业的用工成本。

案例索引

北京市第二中级人民法院（2020）京02民终3836号

071　用人单位可以在劳动者医疗期满后终止劳动合同

医疗期满后，用人单位并没有选择解除劳动合同，而是等到劳动合同到期终止劳动合同，劳动者要求撤销终止劳动合同的决定，未获支持。

案情简介

2014年7月11日，北京肯某公司与肖某签订《劳动合同书》，期限至2017年7月10日。2017年6月6日，肯某公司做出书面《劳动合同到期不续签通知书》，内容为：“肖某先生，感谢您进入公司以来所做的一切工作，您的劳动合同将于2017年7月10日自然终止，公司不再与您续签。”肖某认为自己尚处医疗期内，肯某公司终止劳动关系系违法终止，双方因此成讼。

法院裁判

肖某在与肯某公司劳动关系存续期间，存在两次受伤的事实。第一次为 2015 年 1 月 29 日肖某在工作中受伤，伤情为：右上肢烫伤感染继发皮炎、色素沉着，烫伤后继发特应性皮炎。该次受伤被认定为工伤，但未达到职工工伤与职业病致残等级标准。因此，肖某不符合丧失或部分丧失劳动能力的情形。第二次为 2015 年 8 月 31 日在下班途中发生交通事故，该次事故造成肖某受伤，但未被认定为工伤。肖某自 2015 年 8 月 31 日起连续休病假，直至 2017 年 7 月 10 日劳动合同到期，一直未工作，其医疗期 3 个月已经届满，劳动合同也已到期，因此肯某公司系合法终止劳动合同。

律师点评

医疗期满，劳动者不能从事原工作也不能从事用人单位另行安排的工作的，用人单位可以解除劳动合同。本案的特别之处在于，在劳动者医疗期满后，用人单位并没有启动医疗期解除程序，而是一直等到劳动合同到期后终止劳动合同。用人单位的做法相对保守但是稳妥，终止劳动合同最终获得了裁审机构的认可。单纯从终止劳动合同角度看，本案与医疗期无关。在劳动合同到期前，劳动者的医疗期早已届满，在劳动者持续未正常提供劳动的情况下，用人单位可以依法启动医疗期解除程序，当然也可以不启动。实践中，要具体案件具体分析。如果劳动者签订的是无固定期限劳动合同，采用劳动合同到期终止劳动合同的方案就不可行了，用人单位如果要解除医疗期满的劳动者，还要依据医疗期的有关规定执行。

案例索引

北京市第二中级人民法院（2019）京 02 民终 2815 号

072 医疗期满终止合同前应通知返岗及未返岗的法律后果

在劳动者医疗期满即将终止的情况下，用人单位应尽到告知义务，询问员工是否可以恢复工作以及不能恢复的可能法律后果。

案情简介

2011年8月7日，赵某入职北京麦某食品有限公司（以下简称麦某公司），岗位为餐厅员工，负责餐厅的设备设施清洁保养工作。双方签订三年期劳动合同，到期后续签三年。2016年2月27日，赵某因被诊断为抑郁状态、妄想状态开始享受医疗期，麦某公司支付赵某病假工资。赵某先后于2016年12月6日、2017年5月4日两次延长医疗期达二年至2018年2月26日。2017年4月14日，赵某办理了精神三级的残疾人证。2017年9月4日，麦某公司向赵某送达《延长劳动合同期限协议书》，写明合同将延长至医疗期结束，即2018年2月26日合同自然终止。2018年2月21日，赵某继续提交病休一个月的病假证明书。麦某公司认为根据赵某的病情诊断足以证明其无法返岗工作，故于2018年3月10日做出了书面终止决定，并当面送达赵某，告知赵某双方劳动合同于2018年2月26日终止。2018年4月17日赵某经过劳动能力鉴定，结论为“已达到部分丧失劳动能力鉴定标准”。赵某向北京市劳动人事争议仲裁委员会提出仲裁申请，要求确认麦某公司终止劳动合同违法，应支付其工资等款项，该委支持其部分请求后，麦某公司不服，诉至北京市东城区人民法院。

用人单位诉称：赵某先后于2016年12月6日、2017年5月4日两次延长医疗期达二年至2018年2月26日。2017年9月4日，我公司向赵某送达《延长劳动合同期限协议书》，赵某于2017年9月5日签收，《延长劳动合同期限协议书》写明合同将延长至医疗期结束，即2018年2月26日合同自然终止。2018年2月21日，赵某继续提交了病休一个月的病假证明书，我公司认为根据赵某的病情诊断足以证明其无法返岗工作，故于2018年3月10日做出了书面终止决定，并当面送达赵某，告知赵某双方劳动合同于2018年2月26日终止，属于合法终止。

劳动者辩称：我医疗期满后是麦某公司让我继续开具假条，不开假条就没有工资；且医疗期满后麦某公司未通知我返岗工作，也未通知我进行劳动能力鉴定，故麦某公司属于违法终止劳动合同。

法院裁判

根据已查明的事实，赵某因被诊断为抑郁状态、妄想状态开始病休，麦某公司同意安排赵某二年医疗期至2018年2月26日。麦某公司主张因赵某一直在休病假状态，所以在医疗期满时足以认定赵某不能正常工作，故并未通知其返岗或另行安排工作，可以径行终止劳动合同。劳动合同的终止、解除事关双方重大权益的变更，故用人单位应尽到告知义务，即在劳动者医疗期满时用人单位应当询问其是否可以恢复工作，并告知其不能恢复工作的可能法律后果，而不能只要劳动者在医疗期满后继续请病假就当然推定其不能返岗工作或无须另行安排工作，借以免除用人单位的通知义务，否则对劳动者有失公允。现麦某公司诉请确认终止劳动合同合法，理由不足，法院不予支持，认定麦某公司终止与赵某的劳动合同违法。

律师点评

《劳动合同法》第四十条第一项规定，劳动者患病或者非因工负伤，在规定的医疗期满后不能从事原工作，也不能从事由用人单位另行安排的工作的，用人单位可以解除劳动合同。劳动者在医疗期满后，用人单位可以解除劳动合同的前提条件是劳动者不能从事原工作，也不能从事另行安排的工作，因此，需要用人单位通知劳动者复岗，劳动者不能复岗的，需要给劳动者调岗，在满足这两个条件后，用人单位方可获得解除劳动合同的权利。如果用人单位没有进行上述安排劳动者复岗和调换工作岗位的措施，直接解除劳动合同被认定为合法的可能性非常小。

在劳动合同到期，用人单位顺延劳动合同期限至医疗期满之日，此时终止劳动合同是否还需要履行通知劳动者复岗以及不能复岗的法律后果呢？医疗期满后劳动合同能否自动终止呢？本案似乎给出了答案。在这种情形下，用人单位仍需要履行告知义务，即在劳动者医疗期满时用人单位应当询问其是否可以恢复工作，并告知其不能恢复工作的可能法律后果。但是，笔者对此有一个疑问，劳动合同系到期终止，在用人单位已无继续履行劳动合同意愿的情况下，为何还要询问劳动者是否可以恢复工作呢？这种询问本身毫无意义，不管劳动者如何回答，并不会改变用人单位终止劳动合同的行为。还是说，这里的告知义务仅仅是一个程序性义务，仅仅是要求用人单位履行告知义务，劳动者如果回复可以复岗，用人单位再行终止劳动合同也不迟呢？

《企业职工患病或非因工负伤医疗期规定》第七条规定，企业职工非因工致残和经医生或医疗机构认定患有难以治疗的疾病，医疗期满，应当由劳动鉴定委员会参照工伤与职业病致残程度鉴定标准进行劳动能力的鉴定。被鉴定为一至四级的，应当退出劳动岗位，解除劳动关系，并办理退休、退职手续，享受退休、退职待遇。劳动者医疗期满后，对于患有难以治疗的疾病的劳动者，用人单位还要为劳动者进行劳动能力鉴定，对于被鉴定为一至四级的，应当为劳动者办理退休、退职手续，如果医疗期满直接终止劳动合同，就间接剥夺了该类劳动者享受退休、退职待遇的权利。

案例索引

北京市第二中级人民法院（2019）京02民终291号

第六章

离职协议与违约金——如何好聚好散

073　要求劳动者按服务期协议承担违约金应先提供培训

服务期协议中约定的违约金包括档案管理费、入职培训费、考察费等，因用人单位未对劳动者进行专项技术培训，要求赔偿违约金未获支持。

案情简介

张某于2014年11月1日入职中国航某电子有限公司（以下简称航某公司），在航某公司下属机构某微系统研究所从事气动岗位工作。2014年11月1日，张某与某微系统研究所签订了服务期协议，协议约定服务期五年。2016年4月15日，张某提出辞职，双方解除劳动关系。航某公司以要求张某支付服务期违约金、经济损失等为由向北京市海淀区劳动人事争议仲裁委员会提出仲裁申请，该委裁决驳回航某公司的全部请求。航某公司不服，诉至北京市海淀区人民法院。

用人单位诉称：公司出资为张某进行专项培训，张某在服务期内因个人原因主动离职，依法应当返还培训费。张某作为航某公司重点国防项目的直接参与者，突然离职但拒绝办理工作交接的行为，直接导致该项目未能如期完成，造成重大经济损失，应当予以赔偿。

法院裁判

关于服务期违约金，法律有明确规定，包括用人单位为了对劳动者进行专业技术培训而支付的有凭证的培训费用、培训期间的差旅费用以及因培训产生的用于该劳动者的其他直接费用。而依据航某公司提交的证据无法体现该公司曾对张某进行专项培训，2015 年 8 月张某曾参加新员工入职培训，亦并非针对张某的专项培训，鉴于此，对航某公司要求张某支付服务期违约金的诉讼请求，法院不予支持。

关于擅自离职造成的经济损失，航某公司虽主张张某的擅自离职行为给公司造成了直接经济损失，但该公司提交的证据显示公司重点项目参与人员并非张某一人，且该公司提交的截图显示相关项目对接答疑会的时间为 2016 年 8 月，晚于张某离职时间。航某公司未能提交充分有效证据证明张某的离职行为与该公司所述之研发费用即经济损失存在因果关系。鉴于此，对于航某公司要求张某支付因擅自离职给公司造成的经济损失 169 万元的诉讼请求，法院不予支持。

律师点评

劳动关系双方签订服务期协议后，用人单位支付了专项培训费用、提供了符合劳动法规定的专业技术培训后，劳动者未遵守服务期约定的，用人单位才可以向劳动者主张违约金。用人单位要求劳动者承担违约责任有两个前提条件，即，用人单位支付了专项培训费用且对劳动者进行了专业技术培训。用人单位没有支付专项培训费用、没有对劳动者进行专业技术培训，约定的服务期条款无效，当然也不能要求劳动者支付违约金。需要注意的是，这里的培训仅限于专业技术培训，不包括上岗前的安全生产、操作流程等职业培训。

关于服务期违约金，法律也有明确规定，包括用人单位为了对劳动者进行专业技术培训而支付的有凭证的培训费用、培训期间的差旅费用以及因培训产生的用于该劳动者的其他直接费用。除此之外的其他费用，即使在服务期协议中进行了约定也是无效的。本案中，用人单位与劳动者约定的违约金包括日常管理工作支出费用、招聘费、入职培训费、代培费、助研费、学杂费、资助攻读学历学位费用、出国境学习、培训、考察费用、人才引进代交的违约金、入职安家费等十几个名目，但实际上，这些内容可能因违反法律规定而无效。法律同时明确规定，要求劳动者支付的违约金不得超过服务期尚未履行部分所应分摊的培训费用，也就是说，对于违约金的数额，法律是有明确限制性条件的，即不得高于服务期尚未履行部分所应分摊的培训费用，超过部分无效。

案例索引

北京市第一中级人民法院（2018）京01民终4574号

074　劳动者因违反合同中服务期的约定而承担巨额违约金

飞行员在约定的服务期内辞职的，应当按照服务期约定承担违约责任，但航空公司要求继续履行合同没有法律依据。

案情简介

罗某与某航空公司签有无固定期限劳动合同，担任飞机驾驶员。在劳动合同中，双方明确约定了有关服务期的事项。2017年4月17日，罗某向航空公司递交《辞职信》并做公证。航空公司要求罗某继续履行劳动合同，同时主张，若法院判决解除劳动合同，因罗某辞职的行为违反了劳动合同中有关服务期的约定，罗某应承担违约金450万元。

法院裁判

首先，劳动合同解除权是法律赋予劳动者的权利，罗某于2017年4月17日向航空公司书面提出解除劳动合同，系行使其法定权利，受法律保护。故罗某与航空公司的劳动关系依法于2017年5月17日解除，航空公司诉请罗某继续履行劳动合同于法无据。

其次，用人单位与劳动者已经在劳动合同中约定了服务期，因此罗某违反服务期约定，应承担违约责任，违约金的数额不得超过用人单位培训的费用，法院最终判决罗某承担违约金418.71万元。

最后，法院认定双方已经解除劳动关系，故用人单位应为罗某办理转移档案和社保等手续，罗某在离职后获得的工资和社保收益于法无据，应予以退回。

律师点评

劳动者单方解除与用人单位的劳动合同系法定解除权，属于形成权范畴，即劳动者向用人单位发出解除劳动合同的通知后，劳动合同就一定会被解除。服务期是指用人单位为劳动者提供专项技术培训后，要求劳动者为用人单位提供一定年限的服务。但是，服务期的约定无法对抗劳动者享有的法定权利——劳动合同解除权，即使双方约定了服务期，劳动者仍可以在服务期内提出解除劳动合同，劳动者仅需承担服务期协议中约定的违约责任，劳动者的单方解除权并不会受到影响。

本案中，劳动者系飞行员，属于特殊行业，其从业具有较强的专业技术性，用人单位需要为劳动者提供专业技术培训，同时产生高额的专业技术培训费用。劳动者违反服务期协议离职的，应当按照约定承担违约责任。劳动合同解除后，用人单位应当履行为劳动者办理档案转移手续的后合同义务，否则，给劳动者造成损失的，还要承担赔偿责任。

案例索引

昆明市中级人民法院（2018）云01民终6433号

075　员工入职培训非专业技术培训，约定违约金条款无效

用人单位对劳动者进行的入职培训并非专业技术培训，约定的服务期和违约金条款无效，劳动者无须支付违约金。

案情简介

胡某系恒某银行股份有限公司（以下简称恒某银行）于2015年招聘的新入职员工之一。2015年8月1日，恒某银行（甲方）与胡某（乙方）签订《劳动合同》，

合同期限为三年。恒某银行对新入职员工的集体培训期间，恒某银行（甲方）与胡某（乙方）签署《恒某银行管理培训生专项培训协议书》，其中约定："本次专项培训由甲方为乙方提供培训费用预计 10 万元，培训费用总额包括但不限于专题培训费、书本费、讲义费、培训期间的差旅费、交通费、住宿费、餐费、脱产培训期间的工资、培训合作单位提供的培训服务费；乙方确认自培训结束之次日（工作日）起为甲方服务 8 年（或 96 个月）；乙方若违反协议，在服务期内提出辞职或因乙方原因、过错导致甲方解除劳动关系的，乙方须向甲方支付违约金，该违约金的计算公式为：违约金数额 =（专项培训费用总额 / 服务期总月数）× 未履行服务期月数。"

2017 年 6 月 27 日，胡某因个人原因向恒某银行提出离职申请。2017 年 9 月 13 日，胡某应恒某银行的要求向其转账支付违约金 72917 元，恒某银行于 2017 年 9 月 22 日向胡某出具了《解除（终止）劳动合同证明书》。之后，胡某要求恒某银行返还违约金未果，双方成讼。

法院裁判

一审法院认为：胡某入职恒某银行时，双方签订有《恒某银行管理培训生专项培训协议书》，其中对专项培训的名称、培训所需费用、服务期及违约金数额均作了明确约定。该协议为双方自愿签订，合法有效。胡某提交的《管理培训生入职培训学员手册》《分行轮岗阶段管培生个人手册》等证据也能体现专项培训的相关内容，胡某主张恒某银行所提供的培训不属于专项培训的意见不能成立。恒某银行要求胡某支付的违约金费用未超过协议约定数额，故对于胡某要求恒某银行返还违约金的诉讼请求不予支持，胡某提出的恒某银行支付误工费、交通费的诉讼请求，于法无据，不予支持。故判令驳回胡某全部诉讼请求。劳动者不服，提出上诉。

二审法院认为：恒某银行作为用人单位有责任为新入职员工提供必要的职业培训，以使新入职员工具备从事劳动岗位的基本素质和基础技能，使之胜任即将上任的本职工作。恒某银行招聘新员工入职，并在与新员工签订固定期限劳动合同的同时，对新入职员工进行了入职培训及岗位培训。培训所使用的学习手册载明该培训分军训、入职培训、轮岗实习培训三个阶段，其中入职培训是使新入职员工全面了解企业、认同企业文化、了解企业管理制度和相关业务、掌握基本工作技能的教育和训练；轮岗实习培训是使新入职员工熟悉本企业各个工作岗位的基本工作流程、工作环节和要点等，故上述培训内容均系对一般劳动者的岗前培训，以及业务岗位的常规性、一般性业务知识和实际操作能力的基础培训，且恒某银行组织该专项培训是针对包括胡某在内的一批新入职员工的集体培训，并非针对胡某等特定人员所进行的专业技术培训。恒某银行所提供的培训费用亦非是针对胡某个人的特定培训而产生的费用支出，故恒某银行针对上述培训事项要求胡某承担整体培训费用之部分，缺乏事实依据。恒某银行虽以上述培训内容与胡某签订了《恒某银行管理培训生专项培训协议书》并约定服务期及违约责任，但该协议书中所指的专项培训是恒某银行针对所有新入职员工进行的基本职业培训，并非属于旨在提高和改善特定劳动者知识、技能、工作方法等进行的专业技术培训，故恒某银行基于基本职业培训与员工在劳动合同之外约定服务期及违约责任，违反《劳动合同法》关于用人单位与劳动者约定违约金的限制性规定，恒某银行与胡某所签《恒某银行管理培训生专项培训协议书》中约定服务期及违约责任之部分内容无效，恒某银行主张依据该培训协议的约定而要求胡某承担违约责任及不同意向胡某返还所收违约金钱款的抗辩，理由不成立，二审法院不予支持。故改判恒某银行向胡某返还已收取的72917元款项。

律师点评

服务期协议有效的前提是用人单位为劳动者提供了专业技术培训并支付了专项培训费用。不是所有的培训都是专业技术培训，新员工入职进行的基本职业培训就不属于专业技术培训。所谓的专业技术培训，是为了提高和改善特定劳动者知识、技能、工作方法等进行的专门特定的技术类培训，目的是使受训劳动者具备某种特定技能。针对全体新入职员工而进行的岗前培训显然不属于专业技术培训。

劳动者接受用人单位专业技术培训后，违反服务期约定的应支付违约金，该违约金的标准受到法律严格的限制，即违约金不得超过服务期尚未履行部分所应分摊的培训费用，而这里所应分摊的培训费用是指用于该特定劳动者身上的培训费用，不能像本案中的用人单位，把全部参加培训人员的培训费用都算在该劳动者身上，这么算显然不会获得支持。

案例索引

北京市第二中级人民法院（2018）京02民终4682号

076 签字确定双方再无劳动争议，单位仍应支付经济补偿

虽然劳动者签字确认双方再无劳动争议，但法院认为解除是用人单位提出双方协商一致解除，用人单位仍应支付经济补偿。

案情简介

王某在陕西黄某物流配送股份有限公司（以下简称黄某公司）礼泉站乾县分投点从事投递工作。2017年1月22日，黄某公司向王某出具离职证明，称“因公司方提出与该员工协商一致，解除劳动合同”。后王某申请劳动仲裁，要求黄某公司支付解除劳动合同经济补偿金等。2018年3月27日，西安市未央区劳动人事争议仲裁委员会作出未劳人仲裁字（2018）216号裁决书，裁决黄某公司支付王某解除劳动合同经济补偿金等。黄某公司不服，起诉至西安市未央区人民法院。

黄某公司诉称：2016年12月16日，王某因个人原因离职，并于2016年12月16日提交书面辞职手续并获得批准，离职原因为“因个人原因离职”。2017年1月22日，经王某本人签字确认“双方再无劳动争议”，王某不符合《劳动法》及《劳动合同法》规定的支付经济补偿金的法定条件。

法院裁判

法院认为，用人单位与劳动者协商一致，可以解除劳动合同，并应向劳动者支付经济补偿金。2017 年 1 月 22 日，黄某公司向王某出具的离职证明载明双方解除劳动合同的原因是由黄某公司提出双方协商一致。黄某公司称王某系因个人原因离职，但其提交的证据不足以证明。现黄某公司主张不向王某支付经济补偿金，无事实及法律依据，法院不予支持。

律师点评

用人单位虽然主张劳动者签字确认“双方再无劳动争议”，但是，法院在审理劳动争议案件时还是会依据《劳动合同法》的有关规定再次对解除的全过程进行实质性审查。如果属于用人单位提出，双方协商解除劳动合同的，用人单位还是要向劳动者支付经济补偿，除非劳动者明确放弃该经济补偿。

“双方再无劳动争议”的约定在一般情况下会被法院认可，劳动者在签署相关协议后再次向用人单位主张权益时一般很难获得支持。但是，现实情况非常复杂，在一些个案中，即使约定了“双方再无劳动争议”，人民法院还是会对双方的争议进行实质性审查，主要考察劳动者的权益是否受到损害。本案中，根据查明的事实，确系用人单位提出双方协商一致解除劳动合同，依据法律的规定用人单位应当支付经济补偿，在劳动者没有明确表示放弃的情况下，法院对于“双方再无劳动争议”的约定并不认可，最终法院还是认定用人单位应当向劳动者支付经济补偿。“双方再无劳动争议”本身就是一个概括性条款，在保护劳动者合法权益的语境下，除非劳动者明确放弃权利，否则援引这一约定主张劳动者已经放弃实体权利存在法律风险。

案例索引

陕西省西安市中级人民法院（2018）陕 01 民终 7410 号

077 离职申请中声明无纠纷，劳动者主张补偿仍获支持

劳动者虽填写了员工离职申请指南，声明无任何纠纷，但用人单位确实存在拖欠劳动者工资的情形，法院对无纠纷的约定不认可。

案情简介

2016年11月17日，李某入职北京星某网络科技有限公司（以下简称星某公司），担任策划总监一职。双方于2017年1月24日解除劳动合同。李某以要求星某公司支付解除劳动合同经济补偿金、工资并办理档案转移手续为由向北京市海淀区劳动人事争议仲裁委员会提起仲裁申请，该委支持其部分请求后，星某公司不服，诉至北京市海淀区人民法院。

用人单位诉称：李某在试用期内不能胜任工作，未能完成公司交代的任务，且存在违反公司管理制度的行为，我公司与其解除劳动合同，约定在公司办理完交接手续，李某与公司无任何劳动纠纷。

法院裁判

本案中，双方就解除劳动合同的原因，各执一词。就此法院认为，首先，用人单位应在劳动者入职时明确岗位职责、录用条件及考评标准，以便劳动者在试用期内按照相关标准规范自己的行为。在试用期内，星某公司未向李某送达书面的岗位职责、录用条件及考评标准，存在明显不当。其次，星某公司主张李某在试用期内不符合录用条件，虽提交了员工互评调查表、PPT截图、电子邮件、证人证言予以佐证，但员工互评调查表的内容具有较强的主观性，缺乏客观评价依据；PPT截图、电子邮件虽反映了李某的日常工作情况，但未明显体现出李某不能胜任工作；证人证言的提供者均系星某公司在职员工，与星某公司存在利害关系，在李某不认可上述证人证言的真实性，星某公司未提供客观依据予以佐证的

情况下，对上述证人证言的真实性均不予采信。据此，认定星某公司提供的现有证据不足以证明李某在试用期内不符合录用条件，根据举证分配原则，应由星某公司承担不利后果。最后，星某公司虽主张其公司以试用期不符合录用条件为由提出解除劳动合同，李某表示认同，并填写了员工离职申请指南、离职证明，约定双方无任何劳动纠纷，但李某对此不认可，并就填写离职申请指南、离职证明的原因做出了合理解释，故仅凭员工离职申请指南、离职证明不足以证明李某认同星某公司提出的解除劳动合同的事由。此外，离职证明系星某公司提供的格式模板，李某虽填写了相关内容，但未经其签字确认，星某公司亦未将离职证明送达给李某本人，同时双方亦认可在李某填写离职证明时尚有工资未结清，故上述离职证明不能证明双方已无任何劳动纠纷。综上所述，法院认定李某主张解除劳动合同经济补偿金，并无不当，应予支持。

律师点评

劳动争议案件与普通民事案件相比具有一定的特殊性。普通民事案件允许当事人在法律的框架内任意处分自己的权利；而在劳动法领域，在涉及劳动者切身利益时，公权力会介入其中，对劳动者处分自己的权益予以特殊看护，最大限度保护劳动者的合法权益。比如，在实践中，劳动关系双方往往通过签订协议的方式处分各自的权利和义务，在签订解除劳动合同协议书的时候会约定“双方再无任何劳动纠纷”。如果从民法的视角去看，既然双方已经确认没有任何纠纷，法律对于双方处分各自权利不持异议，之后，任何一方再提起诉讼主张权利，很难获得法院的支持；但是，如果从劳动法的视角去看，虽然双方约定了再无任何劳动纠纷，法官仍然会审查双方是否真的就再无任何纠纷。如果经过审查双方确有其他未结纠纷，即使双方确认了再无任何纠纷，该约定也不会获得法院的认可。因此，从外观上看，公权力对劳动者权益的保护力度有时会超过劳动者对自身权利的保护力度。换句话说，即使劳动者“放弃”了部分权利，公权力也不会认可，仍然会予以保护，直至通过实质性审查，确认劳动者系“真实”地放弃了该实体权利。

本案中，劳动者虽然确认了双方再无劳动纠纷，但是经过审理，双方尚有未结工资，因此，对于“再无劳动纠纷”法院就不会认可，即使劳动者已经“认可”，法院还是会实质性地审查劳动者是否“真实”地放弃了该实体权利。只有在明确告知劳动者具体权利且劳动者也明确表示放弃的情况下，放弃该部分确切的实体权利（而不是笼统的、概括性的权利）才有可能被法院认可。

案例索引

北京市第一中级人民法院（2018）京01民终570号

078　不再主张任何权益的约定因排除劳动者权利而无效

解除协议中约定劳动者不再主张任何权益，因该条款明显属于免除自己责任、排除对方主要权利的格式条款，应属无效。

案情简介

2015年8月24日，杨某进入满某（上海）房地产咨询有限公司（以下简称满某公司）工作。2016年12月1日，满某公司作为甲方、杨某作为乙方、案外人李某作为丙方签订《协商解除劳动合同协议》（以下简称协议），其中约定：“本协议作为乙方与甲方劳动关系、工资奖金、保险福利、加班、年休假、经济补偿等相关问题的最终结果，自本协议签字完毕，即表示对该结果的认可。除本协议约定的权利义务外，就劳动关系、工资奖金、保险福利、加班、年休假、经济补偿等劳动关系相关问题，甲方不再向乙方承担其他义务，乙方也不再向甲方主张任何权益。”后杨某向上海市徐汇区劳动人事争议仲裁委员会提起仲裁申请，要求满某公司支付经济补偿，该委支持其请求后，用人单位不服，诉至上海市徐汇区人民法院。

用人单位诉称：我司与杨某已签订解除协议，约定无须支付经济补偿，杨某要求支付经济补偿，违反诚信原则，没有事实与法律依据，不应支持。

法院裁判

满某公司主张，双方当事人就经济补偿等解除劳动合同后续事宜已协商一致、全部了结，并提供了协议作为证明。从法院查明的事实可见，该协议是满某公司与员工协商解除劳动关系签订协议时采用的统一格式文本，其中第七条写明："除本协议约定的权利义务外，就劳动关系、工资奖金、保险福利、加班、年休假、经济补偿等劳动关系相关问题，甲方不再向乙方承担其他义务，乙方也不再向甲方主张任何权益。"明显属于免除自己责任、排除对方主要权利的格式条款，应属无效，满某公司要求以此条款作为不支付经济补偿的依据，于法有悖，不予支持。综上所述，法院认定双方当事人的劳动关系经协商一致解除，满某公司未提供证据证明解除劳动合同是由杨某先行提出，应当支付经济补偿。

律师点评

很多用人单位都错误地认为，一旦签订协商解除劳动合同协议书，约定再无任何纠纷便万事大吉了。殊不知，在劳动争议案件中，对于限缩劳动者合法权益的格式条款，裁审机构会做出相应调整，即使劳动关系双方有所约定，该约定并不当然有效。现结合本案，提示以下三点。

首先，协商解除劳动合同协议书应明确协商解除劳动合同的提出方。根据《劳动合同法》的有关规定，劳动关系双方协商一致解除劳动合同的，是否支付经济补偿，因提出方的不同而有所差异。劳动者提出双方协商解除劳动合同的，用人单位无须支付经济补偿；用人单位提出双方协商解除劳动合同的，则需要依法支付经济补偿。因此，在协商解除劳动合同协议书中，应明确协商解除事宜的提出方，避免产生争议。

其次，劳动者明确放弃法定经济补偿的，应在协议书中明确法定经济补偿金的计算方式、数额以及放弃的金额等。《民法典》第四百九十六条第二款规定，采用格式条款订立合同的，提供格式条款的一方应当遵循公平原则确定当事人之间的权利和义务，并采取合理的方式提示对方注意免除或者减轻其责任等与对方有重大利害关系的条款，按照对方的要求，对该条款予以说明。提供格式条款的一方未履行提示或者说明义务，致使对方没有注意或者理解与其有重大利害关系的条款的，对方可以主张该条款不成为合同的内容。因此，在协商解除劳动合同协议书中，仅明确再无其他争议，即使无争议的事项明确包含经济补偿，也会因构成《民法典》第四百九十六条规定的情形而无效，无法免除用人单位支付经济补偿的法定义务。

最后，本案中，用人单位虽然与劳动者协商一致解除劳动合同，但由于文书内容不够详尽，未向劳动者明示权利放弃的具体内容，即使双方约定再无任何纠纷仍不能免除向劳动者支付经济补偿的法律责任。

案例索引

上海市第一中级人民法院（2018）沪 01 民终 936 号

079　协议放弃公积金后，上百名员工要求补缴获得支持

用人单位与 131 名劳动者协商不缴纳住房公积金，属于违法行为，用人单位应在住房公积金管理部门限期内及时补缴。

案情简介

2017 年 5 月至 9 月，吴某等 131 人向深圳市住房公积金管理中心投诉大某电子实业（深圳）有限公司（简称大某电子公司）存在少缴住房公积金的行为，要求大某电子公司为其补缴相应期间应由用人单位缴存的住房公积金差额。深圳市住房公积金管理中心受理吴某等 131 人的投诉后，做出《核查通知书》及《住房公积金应缴数额统计表》并邮寄送达大某电子公司。大某电子公司提交的《解除劳动关系协议书》显示，大某电子公司与吴某等 131 人已协商解除了劳动关系，大某电子公司支付吴某等 131 人的补偿费用包括解除劳动关系补偿金、在职期间加班工资差额、未购买的住房公积金和社保差额等。深圳市住房公积金管理中心认为该异议不成立，遂向大某电子公司做出《责令限期缴存决定书》，责令大某电子公司限期为吴某等 131 人补缴住房公积金。

后大某电子公司向广东省深圳市盐田区人民法院提起诉讼，要求撤销《责令限期缴存决定书》，该院驳回其请求后，大某电子公司不服，诉至深圳市中级人民法院。

大某电子公司诉称：我司在与吴某等131名劳动者解除劳动关系时，已经支付了补偿费用，其中包含了住房公积金补偿，不存在住房公积金少缴、欠缴的事实，住房公积金管理中心认定我司应补缴，系事实认定错误，其因此出具的《责令限期缴存决定书》违法，应予以撤销。

法院裁判

根据《住房公积金管理条例》第三十八条的规定，单位职工的投诉行为是启动追缴程序的方式之一，只要单位存在逾期不缴或少缴住房公积金的情形，住房公积金管理中心可依职权进行追缴。《解除劳动关系协议书》中虽然约定了吴某等131人放弃要求大某电子公司缴存住房公积金的权利，但该约定违反了《住房公积金管理条例》的强制性规定，吴某等131人依然可以依法向深圳市住房公积金管理中心提起投诉。职工在职期间的住房公积金的权益不因职工离职而消灭，也不因双方协商而免除用人单位的设立、缴存义务。深圳市住房公积金管理中心制作的《住房公积金应缴数额统计表》系根据吴某等131人提供的社保清单、银行工资流水等客观有效证据计算得出，大某电子公司与吴某等131人在庭审中对于住房公积金的补缴期间及补缴金额亦无异议，法院予以确认。深圳市住房公积金管理中心在做出《责令限期缴存决定书》前，向大某电子公司送达了《核查通知书》和《住房公积金应缴数额统计表》，审查了大某电子公司的异议理由，程序合法。深圳市人民政府依法受理了大某电子公司的复议申请，综合审查了深圳市住房公积金管理中心提交的证据材料，依法作出了维持原行政行为的复议决定，程序亦合法。大某电子公司的诉讼请求缺乏事实及法律依据，法院予以驳回。

律师点评

住房公积金争议虽然不属于劳动争议案件的范畴，但是因涉及劳动者的切身利益，在实践中同样属于高频热点问题，与社会保险的缴纳具有法律上的共通性，即均属于用人单位的法定义务，无法通过协议的方式予以免除。

《住房公积金管理条例》第四条规定："住房公积金的管理实行住房公积金管理委员会决策、住房公积金管理中心运作、银行专户存储、财政监督的原则。"该条例第十九条规定："职工个人缴存的住房公积金，由所在单位每月从其工资中代扣代缴。单位应当于每月发放职工工资之日起 5 日内将单位缴存的和为职工代缴的住房公积金汇缴到住房公积金专户内，由受委托银行计入职工住房公积金账户。"条例对住房公积金的提取和使用亦有明确规定。也就是说，《住房公积金管理条例》已经对职工住房公积金的缴存、管理、提取、使用作出强制性规定，用人单位应当依法缴存，劳动者亦必须在一定条件下才能提取，所以，劳动关系双方无法越过住房公积金管理中心而直接对基金的交付、使用做出约定，自行协商约定的，属于无效行为，即使用人单位已经依约支付劳动者住房公积金，亦不能免除缴存的法定义务。

本案中，用人单位与劳动者就住房公积金事宜达成一致，以补偿金的形式发放住房公积金，看似问题得到了解决，然而，一旦劳动者向住房公积金管理中心投诉举报，用人单位还要依法补缴，用人单位主张已通过补偿形式进行了发放，无法获得支持。同时，在用人单位依法补缴后，势必会要求劳动者返还已支付的补偿。本案中，涉及劳动者 130 余名，涉及的住房公积金补偿数额巨大，如何能够实现要求劳动者返还已支付的住房公积金补偿将成为用人单位面临的新挑战。

案例索引

广东省高级人民法院（2019）粤行申 1693-1823 号

080 用人单位应当依约承担劳动合同中约定的违约责任

劳动合同中约定，用人单位支付工资低于最低工资标准的，应加发差额部分 25% 的补偿，后劳动者依约主张补偿获支持。

案情简介

1985年6月，赵某入职湖南天某机械股份有限公司（以下简称天某公司）。2015年10月，天某公司向赵某邮寄了《解除劳动合同通知书》。赵某向济南市历下区劳动人事争议仲裁委员会提起仲裁申请，要求天某公司补发未足额支付的劳动报酬并加发相当于补足部分25%的经济补偿金、支付解除劳动合同经济补偿金等，该委支持其部分请求后，赵某不服，诉至济南市历下区人民法院。

劳动者诉称：根据双方的劳动合同约定，用人单位支付工资报酬低于当地最低工资标准的，除补发低于标准部分外，还应加发相当于补足部分25%的经济补偿金，在2014年5月至2015年5月期间，用人单位支付的工资均低于最低工资标准，应当在补足工资的情况下，支付约定的补偿。

法院裁判

一审法院认为：在企业正常生产经营状况下，用人单位不安排劳动者工作的，劳动者可以要求用人单位按照其正常上班的工资支付劳动报酬。2015年8月至12月，天某公司在正常生产经营的状况下未为赵某安排工作，其按生活费标准向赵某支付工资，违反了前述规定，赵某要求按照最低工资标准补发工资，合法有据，但其计算数额有误，故对赵某补发该期间工资差额的诉讼请求，法院予以部分支持，超出部分的诉讼请求，不予支持。赵某要求天某公司支付未足额支付工资的25%的经济补偿金的诉讼请求，缺乏相关法律依据，法院不予支持。

劳动者不服，提出上诉，二审维持原判。后劳动者申请再审。

山东省高级人民法院认为：原审已查明，天某公司支付赵某的工资存在低于当地最低工资标准的情形，判决天某公司支付赵某工资低于最低工资标准差额6215.60元，但根据双方签订的劳动合同中“甲方支付乙方工资报酬低于当地最低工资标准，除补足低于标准部分外，还应当给乙方加发相当于补足部分25%的经济补偿金”的约定，原审判决对赵某要求天某公司加发相当于补足部分25%的经济补偿金的主张不予支持不当，本院予以纠正，该部分补偿金为 6215.60 元 × 25%=1553.90 元，本院予以支持。

律师点评

用人单位和劳动者可以在劳动合同中约定违约金。但是用人单位应当有清醒的认识，即用人单位和劳动者约定要求劳动者承担违约责任受到《劳动合同法》的限制，而劳动者和用人单位约定要求用人单位承担违约责任则没有法律的限制。用人单位要求劳动者承担违约责任的，只能在服务期协议和竞业限制协议中约定，在其他领域约定违约金属于无效条款。例如，用人单位为劳动者办理了户口，要求劳动者为用人单位服务五年，如果违约就要承担 10 万元的违约金，该约定因为违反了《劳动合同法》的规定而无效。但是劳动者与用人单位约定由用人单位承担违约责任则无法律限制。如本案中，双方约定“甲方支付乙方工资报酬低于当地最低工资标准，除补足低于标准部分外，还应当给乙方加发相当于补足部分 25% 的经济补偿金”并没有违反法律规定，合法有效，用人单位违约的，应当依约承担违约责任。

《劳动合同法》第八十五条规定，用人单位低于最低工资标准支付劳动者工资的，由劳动行政部门责令限期支付劳动报酬后，逾期不支付的，责令用人单位按应付金额百分之五十以上百分之一百以下的标准向劳动者加付赔偿金。也就是说，用人单位低于最低工资标准支付工资，需要向劳动者支付赔偿金的前提是“劳动行政部门责令支付后，且用人单位逾期不支付”，如果未经劳动行政部门做出处理，劳动者无权要求用人单位支付额外的赔偿。

劳动关系双方能否在法定之外对“未足额支付工资”的赔偿责任另行约定呢？

本案中法院对此问题观点不一。一审、二审法院均认为，劳动关系双方额外约定的赔偿责任并未以劳动者提供劳动为前提，不符合公平原则，劳动者据此主张赔偿责任，不予支持。但是，该观点有违意思自治原则，并不是主流观点。劳动关系双方于劳动合同中约定的条款，是双方达成的合意，只要不违反法律强制性规定，均应有效，应当严格执行，山东省高级人民法院亦持此种观点，最终支持了劳动者的主张。

案例索引

山东省高级人民法院（2020）鲁民再340号

081　因不知怀孕事实而签订离职协议，不构成重大误解

劳动者签订离职协议并履行完毕后发现自己怀孕，以重大误解为由要求撤销离职协议并继续履行，未获法院支持。

案情简介

2013年4月8日，徐某入职成都大某置业有限公司（以下简称大某公司）。2017年11月9日，双方签订了《离职协议书》，大某公司按照协议支付了补偿金，徐某完成交接工作。2017年11月15日，徐某进行身体检查时发现自己怀孕。同月16日，徐某要求继续履行合同，大某公司拒绝，双方因此产生争议。

法院裁判

本案的争议焦点是双方签订离职协议时徐某是否存在重大误解。本案中签订的《离职协议书》的内容对双方的权利义务及法律风险皆做了比较详尽的约定，其中第八条明确约定“本协议以上内容为甲乙双方真实意思表示，且甲乙双方不存在重大误解、显失公平、乘人之危等情形”，徐某当庭陈述其在签订过程中并未受到人身威胁及其他胁迫，徐某作为完全民事行为能力人，应当对签订行为、协议内容尽到审慎义务，并对其产生的结果承担相应责任。故徐某在履行完毕解除劳动关系协议书后，以事后得知怀孕为理由，主张撤销已经履行完毕的协议的诉讼请求，法院不予支持。

律师点评

用人单位与劳动者签署离职协议并已办理完工作交接的，劳动者以离职时怀孕为由主张存在重大误解进而要求撤销解除协议继续履行劳动合同的，一般不会获得支持。

劳动者不知怀孕事实签订的离职协议，是否构成重大误解？仅针对离职协议而言，重大误解的对象是签订协议的行为、协议的内容，签订协议而产生的结果与劳动者的意思表示相违背的，构成重大误解。本案中，劳动者对于离职协议的后果即解除劳动关系完全清楚明了，并未产生错误认识，而且劳动者作为完全民事行为能力人，对于协议的签订应当尽到审慎的义务，并对其行为后果承担相应的责任。劳动者由于个人原因，忽略了已经怀孕的既定事实，不属于重大误解的范畴，要求撤销的，很难获得支持。

案例索引

成都市中级人民法院 2018 川 01 民终 16387 号

第七章

劳动报酬——难解的高频热点问题

082　用人单位主张劳动合同约定工资包含加班费，获法院支持

因扣除加班天数工资后的工资不低于最低工资，用人单位主张劳动合同中约定的工资包含周六加班费，获得法院支持。

案情简介

崔某于2010年8月24日入职宝某电子科技有限公司（以下简称宝某公司），任职会计，后被派往北京工作，因宝某公司拖欠工资，崔某以此为由提出解除劳动合同，离职时间为2016年2月24日。崔某与宝某公司签订有两份劳动合同，其中2013年签订的劳动合同第五条显示“因甲方为生产经营性企业，甲方保证乙方每周至少休息一日，每日工作不超过八小时，休息日一般为每周周日。为妥善处理乙方工作期间薪资待遇及加班费支付问题，甲乙双方协商，采用以下劳动报酬支付方式：试用期收入（含周六加班费）为每月3800元，转正后（含周六加班费）收入为每月4500元”。崔某于2016年8月11日向北京市丰台区劳动争议仲裁委员会提出仲裁申请，要求宝某公司支付2010年8月1日至2016年2月24日休息日加班工资72638.18元，该委裁决不予支持其请求后，劳动者不服，诉至北京市丰台区人民法院。

法院裁判

关于加班费，劳动者加班的，应当由劳动者承担举证责任。参照《北京市工资

支付规定》第十三条第一款的规定，用人单位应当按照工资支付周期编制工资支付记录表，并至少保存二年备查。即劳动者与用人单位因劳动报酬问题产生争议时，在二年期内的由用人单位承担举证责任。崔某于2016年8月11日申请仲裁，故宝某公司应就两年之内的加班费支付情况承担举证责任，两年之外的加班费支付情况的举证责任由崔某承担。宝某公司认可崔某于2014年之后每周六存在加班情况，崔某对2013年签订的劳动合同的真实性予以认可，该劳动合同约定崔某月工资中包含休息日加班费，故对崔某休息日加班费的主张不予支持。根据考勤表显示，崔某2014年9月8日中秋节上班，宝某公司未提供证据证明已经支付崔某该日加班费，故其应支付崔某该日的法定节假日加班工资。关于2014年之前的加班情况，崔某提交了考勤表及工资表进行证明，虽然工资表中未单列出加班工资项目，但其基本工资项目中均表明包含了所有出勤天数，经核算，扣除加班天数工资外，基本工资数额不低于当年的最低工资标准。故崔某要求宝某公司支付其2010年8月24日至2014年8月10日期间加班工资的诉讼请求缺乏依据，法院不予支持。

律师点评

用人单位与劳动者约定工资中包含加班费是否有效不能一概而论。如果劳动者系公司高管，该约定通常会被认定为合法有效；如果劳动者并非公司高管，该约定是否有效还要具体分析。本案中，崔某与用人单位签订的劳动合同真实、明确地约定了工资中包括休息日加班费，崔某对此也予以认可。此外，经过核算，扣除加班费后的工资也不低于最低工资标准。因此，崔某与用人单位签订的约定工资包含加班费合同被认定为合法有效。而如果双方约定工资中包含所有加班费，但该约定过于笼统、具有不确定性、可能会侵犯劳动者的合法权益，被认定为合法有效的可能性就较小。

劳动者主张加班费的，应当就加班事实的存在承担举证责任。在劳动者完成初步的举证责任后，关于加班的具体时间、具体时长的举证责任就会转移到用人单位。诉讼中，如果用人单位提交的考勤记录显示劳动者存在加班事实的，也就免去了劳动者的证明责任，当然，在实践中，很多用人单位会选择不提交考勤记录。但是，当劳动者完成初步证明存在加班的举证责任后，不提交考勤记录的策略就会失效，如果不提交考勤记录，用人单位可能要承担举证不能的法律后果。

本案的一个特别之处在于法院引用《北京市工资支付规定》并认为，自劳动者提起仲裁之日起两年之内的加班费支付情况由单位承担举证责任，两年之外的举证责任由劳动者承担。当然，法院这里指的是加班费支付情况的举证责任，加班事实是否存在仍然需要劳动者证明。

案例索引

北京市第二中级人民法院（2017）京02民终10676号

083　用人单位安排劳动者加班的，不适用加班审批制度

用人单位规定每周上班六天，后又以劳动者未按照规定履行加班申请手续为由拒绝支付加班费，未能获得法院支持。

案情简介

2020年3月26日，卢某入职北京美某生物科技有限公司（以下简称美某公司），岗位为销售。2020年8月6日，卢某向北京市经济技术开发区劳动人事争议仲裁委员会提起仲裁申请，要求美某公司支付休息日加班费、延时加班费等，该委支持其部分请求后，美某公司不服，诉至北京市大兴区人民法院。

用人单位诉称：卢某没有周六日加班工作，根据合同约定，美某公司加班必须提交书面加班申请表并经领导审批，美某公司从未收到过卢某的加班申请，故其不存在周六日加班事实，美某公司无须支付其周六日加班费用。

法院裁判

美某公司主张卢某没有周六日加班工作，根据合同约定，加班须经申请及审批，其公司未收到过卢某的加班申请，故公司无须支付卢某周六日加班工资；卢某则主

张其存在周六日加班事实，要求美某公司支付其周六日加班工资。经查，美某公司在仲裁庭审中明确表示其公司规定每周上班六天，在诉讼期间却主张卢某的工作时间为周一到周五，美某公司的陈述存在前后矛盾且未能做出合理解释；在用人单位明确规定劳动者一周工作六天的情况下，是否经过加班申请和审批，并不影响关于加班事实存在与否的认定。同时，卢某为证明其实际出勤情况，提交了员工打卡记录、招聘信息截图等证据予以证明，法院综合考虑双方当事人的陈述及本案证据情况，依法判决美某公司支付卢某 2020 年 3 月 26 日至 2020 年 7 月 13 日期间的周六日加班工资。

律师点评

根据《最高人民法院关于审理劳动争议案件适用法律问题的解释（一）》第四十二条规定，劳动者主张加班费的，应当就加班事实的存在承担举证责任。根据该条规定，加班事实存在的举证责任在劳动者，劳动者应当证明存在加班的事实。通常情况下，劳动者能够履行举证责任证明存在加班事实的，其加班费的主张一般能够获得法院支持。

用人单位如何防止“被加班”呢？在实践中，用人单位与劳动者约定或者在规章制度中规定执行加班审批制，同时对未履行加班审批手续的后果加以明确，之后，劳动者自行加班，用人单位拒绝支付加班费的，一般能够获得支持。

加班审批制度一般仅适用于劳动者申请加班的情形，对于用人单位安排劳动者加班的，无法适用。在本案庭审过程中，用人单位自认规定每周工作六天，后又以劳动者未履行加班审批制予以抗辩，如此机械地适用规章制度，显然不合逻辑，无法获得支持。

案例索引

北京市第二中级人民法院（2021）京 02 民终 4205 号

084　离职不发放递延部分年终奖属于侵犯员工基本权利

用人单位年终奖发放制度规定劳动者因自身原因离职的，不发放递延年终奖，因制度侵犯劳动者基本权利被认定为无效。

案情简介

2008 年 2 月 18 日，刘某入职宏某期货有限公司（以下简称宏某期货公司）。2015 年刘某的年终奖金合计 960800 元，当期应发放 660000 元，实际于 2016 年 5 月 24 日发放 436097 元，递延发放金额 290800 元尚未发放。2016 年 8 月 28 日，刘某因个人原因主动辞职，双方解除劳动关系。后刘某向北京市西城区劳动人事争议仲裁委员会提起仲裁申请，要求宏某期货公司支付 2015 年年终奖金 290800 元，该委支持其请求后，宏某期货公司不服，诉至北京市西城区人民法院。

法院裁判

本案中，宏某期货公司提交的《递延试行办法》对递延奖金发放时间、发放条件作出了具体规定，直接涉及劳动者获得劳动报酬的权利，但宏某期货公司未就《递延试行办法》经过民主制定程序向法院出示证据。同时，刘某主张宏某期货公司未向其公示该办法，其未见过该办法，而宏某期货公司出示的证据不能充分证明其已向刘某公示。另外，用人单位应在遵守法律法规的基础上制定对于劳动关系双方合理的规章制度，不应侵害劳动者获得劳动报酬的基本权利。本案中，《递延试行办法》规定，宏某期货公司主动离职的员工不发放上一年度递延部分奖金，侵害了刘某的权利，因此不应适用。综上，法院判令宏某期货公司支付刘某 2015 年度年终奖金的递延部分 290800 元。

律师点评

用人单位如果和劳动者约定了年终奖或者用人单位对年终奖的发放有制度规定的，用人单位就应当按照约定或者规定计发年终奖。如果没有约定或者规定，年终奖并不属于用人单位必须支付的工资范畴，用人单位可以根据自身经营情况自主决定是否发放。本案中，用人单位对年终奖的发放有明确的规定且根据该规定，劳动者年终奖的数额已经确定，但是对于年终奖的发放条件双方产生了争议，即对有年终奖无争议，但是对该不该发有争议。当然，如果用人单位对年终奖没有规定、双方也没有约定，劳动者主张年终奖有可能不会获得支持。

有些用人单位对年终奖的发放额外设置了条件。概括地说，凡是剥夺劳动者获得奖金的条件都可能会因限缩劳动者的权利、侵犯劳动者的权益而无效；仅对发放时间进行规定或者约定一般不会做无效处理。例如，有的用人单位规定，年终奖发放时已经离职的，无权享受年终奖。该用人单位的年终奖如果是在次年发放，劳动者次年离职的，用人单位依据该条规定不予发放年终奖就不会获得支持，因为年终奖是对上一年工作的奖励，劳动者已经完成了全年工作而且经过核算也应当计发年终奖，仅仅因为次年离职而不发放上一年度的年终奖涉嫌侵犯劳动者的自主就业权，限缩了劳动者的权利，通常会被认定为无效；再如，有的保险公司对公司高管的年终奖实行逐年递延发放，以此管控经营风险，但是当劳动者离职时，递延期限会加速到来，如果用人单位无法举证证明劳动者无权要求领取年终奖的，用人单位应当在劳动者离职时一次性将递延发放的奖金支付给劳动者。对于因高管离职而引发的运营风险，用人单位可以通过离职审计的方式予以处理。

案例索引

北京市第二中级人民法院（2017）京 02 民终 11016 号

085　劳动者主张依单位惯例应当获得年终奖，获法院支持

法院调取法定代表人银行转账明细，显示每年均向员工发放奖励，用人单位对此不能做出合理解释，被认定为年终奖发放证据。

案情简介

张某于2012年5月1日入职北京汇某国际招标有限公司（以下简称汇某公司），双方签订劳动合同，约定汇某公司有权根据张某的表现和工作业绩决定是否发放奖金、提成等；张某离职，汇某公司有权根据实际情况酌情发放年终绩效奖、月度奖。合同到期前，汇某公司明确告知张某合同不再续签，双方于2016年1月7日办理了交接，张某实际出勤至2016年1月12日。张某于2016年2月15日向北京市东城区劳动人事争议仲裁委员会提起申请，要求汇某公司支付2015年年终奖78000元。2016年6月，北京市东城区劳动人事争议仲裁委员会裁决汇某公司无须支付张某2015年年终奖金。张某不服该裁决，诉至北京市东城区人民法院。

劳动者诉称：通过法院调取的汇某公司法定代表人杨某的银行交易明细，证实汇某公司上一年度均向所有员工发放奖金的事实，在此前提下，唯独2015年对我没有发放年终奖金，汇某公司每年度均向我发放年终奖金，应当支付我2015年度的奖金。

用人单位辩称：我公司有权决定或者根据情况酌情发放奖金、年终绩效奖，并且年终绩效奖的发放并不是用人单位的法定义务，我公司有权根据实际情况酌情发放。

法院裁判

根据查明的事实，张某于2015年2月5日和2015年8月5日共收到汇某公司法定代表人杨某的汇款共计78000元，张某主张此两笔款项就是汇某公司发放的2014年年终奖，且每年分两次发放，都是从杨某账户汇出。汇某公司称从未以公司名义发放过年终奖，至于公司领导或主管以其名义向员工发放的奖励，不能代

表是公司年终奖。

根据法院核查，汇某公司法定代表人杨某在2013年、2014年、2015年每年分两次批量向相对固定的人员汇款。由于劳动者在工作中不能掌握公司的相关业务、财务、项目等资料，故应由汇某公司负责说明汇某公司法定代表人杨某向员工发放奖励的理由、名目、数额计算依据等，现汇某公司未做出合理解释。

根据“有利原则”即若劳动关系双方当事人的约定、用人单位内部劳动规则的规定、用人单位的单方承诺等与劳动基准法或者其他劳动法律、法规规定不一致，应当适用对于劳动者有利的约定或者规定；若这些约定或规定的含义不明确的，应当作出对劳动者有利的解释。故张某认为汇某公司法定代表人杨某在2013年、2014年、2015年每年分两次给付的钱款系代汇某公司支付的年终奖，符合逻辑，法院予以支持。

按照前一年的年终奖将在第二年分两次给付的惯例，现张某与汇某公司的劳动合同于2016年1月31日已自然终止，张某已完成2015年度的工作，汇某公司未举证证明张某2015年度的工作表现和工作业绩不符合发放奖金和年终奖的资格，汇某公司应支付张某2015年度的年终奖。根据张某2013年收到31000元、2014年收到66000元、2015年收到78000元的情况来看，公司的业绩是逐年递增的，张某要求比照2014年年终奖给付2015年年终奖，并无不妥，法院予以支持。

律师点评

用人单位的规章制度中没有发放年终奖的规定，也没有和劳动者约定需要发放年终奖，是否就可以不向劳动者支付年终奖了呢？

在没有制度规定或者合同约定的情况下，如果用人单位持续规律性地向劳动者支付年终奖，但在最近一年，用人单位决定不向劳动者支付年终奖，应当就不支付年终奖做出合理解释。

本案中，用人单位和劳动者没有约定年终奖的具体发放办法，但是用人单位曾经连续三年向劳动者支付年终奖，在没有任何理由的情况下拒绝支付最后一整年的年终奖，没有获得裁审机构的支持。也就是说，在没有约定或者规定的情况下，用人单位也不一定就不需要支付年终奖，还要对个案进行具体全面分析。

案例索引

北京市第二中级人民法院（2017）京02民终1679号

086 产假期间未按时支付产假工资，视为拖欠劳动报酬

用人单位应当按照原工资支付时间正常发放工资，不能等生育津贴报销回来后支付，否则视为未及时支付劳动报酬。

案情简介

2006年3月2日，张某入职鹤山同某照明科技有限公司（以下简称同某公司）任职经理。2015年3月2日至2015年8月20日期间，张某因怀孕休产假。张某休产假期间，同某公司没有向张某发放产假工资。2015年10月11日，张某以同某公司没有及时足额支付劳动报酬为由提出解除劳动合同。

法院裁判

一审法院认为：根据法律的相关规定，因张某的平均工资高于生育津贴标准，故同某公司应向其补足生育津贴差额。由于同某公司已于2016年3月30日向张某支付了差额部分23109.3元，视同同某公司已经支付相应数额的产假工资，故同某公司不存在拖欠张某产假工资的情况。再者，在社保基金管理部门尚未向张某核发生育津贴时，同某公司无从向其发放差额部分。张某在社保基金管理部门尚未向其核发生育津贴时即以同某公司未足额向其支付劳动报酬为由解除劳动合同并请求支付经济补偿金，理据不足。

劳动者不服，提出上诉，二审维持原判，后劳动者提请再审。

广东省高级人民法院审理后认为：用人单位应当以货币形式按照确定的工资支

付周期足额支付工资，不得拖欠或者克扣，劳动者依法享受法定休假日、年休假、探亲假、婚假、产假、计划生育假等假期期间，用人单位应当视同其正常劳动并支付正常工作时间的工资。本案中，同某公司在张某休产假期间，没有按原工资标准每月垫付生育津贴即支付张某产假工资，显然违反上述规定。即便同某公司在张某起诉后，协助张某向社保部门申领了生育津贴并一次性发放了产假工资与生育津贴的差额部分，但在张某对其补救行为不予认可的情况下，不能认定其及时支付了产假工资。另，生育津贴虽与产假工资有一定的关联性，但根据《广东省职工生育保险规定》，生育津贴与产假工资在支付主体以及支付标准上并非一致，两者并不等同。同某公司以生育津贴属于国家特殊福利为由，主张其未拖欠张某劳动报酬，理据不足。张某以同某公司未及时足额支付劳动报酬为由，主张属于被迫解除劳动合同，理由成立，同某公司应于本判决发生法律效力之日起十日内向张某支付经济补偿金 67887.5 元。

律师点评

女职工产假期间，产假工资何时发放？是按原支付时间正常发放，还是停发产假工资待生育津贴报销回来后支付？本案给出了明确答案。女职工休产假期间，工资发放时间不受影响，按照原来的工资支付时间正常支付，待生育津贴报销回来后，生育津贴的数额高于已支付的产假工资的，将差额支付给劳动者即可。

生育津贴即为产假工资。如《北京市企业职工生育保险规定》第十五条规定，生育津贴为女职工产假期间的工资。在用人单位依法为劳动者缴纳生育保险或者基本医疗保险（部分地区生育保险已和基本医疗保险合并）后，劳动者产假期间的工资由社保基金承担；如果用人单位没有缴纳生育保险，劳动者产假期间的工资由用人单位承担。女职工生育期间同样可以获得工资，由用人单位直接支付的称为产假工资，由社会保险支付的称为生育津贴，从劳动者的视角看就是产假期间的工资。

生育津贴系按照法定公式计算出来的，因此生育津贴与劳动者的工资并不完全一致。根据《北京市企业职工生育保险规定》第十五条的规定，生育津贴按照女职工本人生育当月的缴费基数除以 30 再乘以产假天数计算。生育津贴低于本人工资标准的，差额部分由企业补足。这里面有两个数额，一个是生育津贴的数额，一个是本人工资的数额，产假期间，哪个高算哪个，就高不就低。

根据《北京市企业职工生育保险规定》第二十条的规定，申领生育津贴以及报销产前检查、计划生育手术门诊医疗费用，由企业负责到其参加生育保险的社会保险经办机构办理手续。生育津贴的报销是由用人单位来申请的，劳动者本人无法申报生育津贴。

案例索引

广东省高级人民法院（2017）粤民再486号

087　女职工产假期间工作，产假工资和生育津贴可同时享受

劳动者在产假期间提供劳动获得的工资系劳动所得，与生育津贴不冲突，不构成重复获利，用人单位应当支付产假待遇。

案情简介

2014年2月7日，李某入职广州市白云区新某幼儿园（以下简称新某幼儿园），任职副园长，月平均工资7025.42元。2015年8月12日，李某生育一小孩，后社会保险部门核定其产假天数为113天，李某休产假至2015年11月2日恢复上班。新某幼儿园在李某休产假期间支付了李某2015年8月至10月的工资11250元，又于2016年4月14日按照7250元/月的标准支付了李某2015年8月至10月的产假工资差额10500元。李某2015年11月的工资为7250元。

后李某向广东省广州市白云区劳动人事争议仲裁委员会提起仲裁申请，要求新某幼儿园支付生育保险待遇差额、未签劳动合同二倍工资差额，该委支持其部分请求后，李某不服，诉至广东省广州市白云区人民法院。

劳动者诉称：我应享受的产假天数为113天，新某幼儿园只向我计付了90天

的产假待遇工资。新某幼儿园已支付的其余工资是我应园方要求提前返回上班的应得劳动报酬，不应抵扣产假待遇工资。

法院裁判

一审法院认为：关于生育保险待遇差额。《广东省职工生育保险规定》第十七条第二款规定："职工已经享受生育津贴的，视同用人单位已经支付相应数额的工资。生育津贴高于职工原工资标准的，用人单位应当将生育津贴余额支付给职工；生育津贴低于职工原工资标准的，差额部分由用人单位补足。"由此可见，生育津贴与产假工资不可兼得。不论李某产假期间还是产后上班期间，新某幼儿园均已足额发放了工资。至于李某放弃部分产假提前上班，则是其对享有的产假权利的自由支配，不能成为其获得双重待遇的理由，故对李某要求新某幼儿园支付剩余保险待遇差额的诉讼请求，不予支持。劳动者不服，提出上诉。

二审法院认为：李某未休完产假即上班，其上班期间所得工资是因提供劳动所得的劳动报酬，该劳动报酬与产假待遇属不同性质，前者是基于劳动关系的劳动所得，后者是基于女职工生育保险法律关系的待遇，二者并不冲突，不构成重复获利。原审判决以李某未休完产假提前上班属于放弃部分产假为由驳回其该项诉讼请求不当，本院予以纠正，新某幼儿园应当补足李某产假待遇。

律师点评

女职工产假期间提前上班，产假期间因工作获得的劳动报酬和社保基金支付的生育津贴是否可以同时享受呢？

首先，女职工能否放弃产假？《女职工劳动保护特别规定》规定，女职工生育享受98天产假。单纯从法条表述来看，女职工的产假系女职工因生育产生的法定休息权利，而对于劳动者享有的权利，女职工当然有权决定是否放弃。但是，需要注意的是，由于女职工的生育行为承载着一定的社会责任，与下一代的健康成长密切相关，因此，设置女职工产假休息的立法目的不仅仅在于保护女职工的身体健康，也涉及保护婴儿的身体健康，女职工不一定有权放弃该部分权利。女职工放弃产假的声明或相关协议有可能会因为侵害婴儿的合法权益而无效。根据《劳动合同法》第二十六条的规定，用人单位免除自己的法定责任、排除劳动者权利的劳动合同无效或者部分无效。产假是女职工法定的休息权益，劳动关系双方签订有关放弃该权利的协议，亦存在因排除劳动者权利而被裁审机构认定为无效的可能。从职场伦理的角度看，用人单位也应该避免该类情况的出现。

其次，女职工产假期间提供劳动，是否需要另行支付工资？在司法实践中，因裁审机构对于产假工资、劳动报酬的定性不同，对是否应当另行支付工资存在不同观点。有观点认为，法律将女职工生育休息视为其正常提供劳动的行为，因此设置了产假工资，由社会保险予以发放，其性质为工资，因此，即使劳动者产假期间提供劳动，亦不能再获取劳动报酬，否则会构成重复获利，不符合我国法律的立法精神。本案一审法院即为此观点。也有观点认为，生育津贴由社会保险承担，系社会福利的组成部分，与劳动者正常提供劳动获取工资并行不悖，二者不存在冲突，用人单位应当支付劳动者在此期间的工资。本案二审法院即为此观点。更有观点认为，劳动者在产假期间提供劳动的，应参照劳动法有关休息日加班的规定予以处理，即不仅应当支付劳动者正常工资、产假待遇，还应支付其加班费用。当然，这种观点在审判实践中并不多见。

案例索引

广州市中级人民法院（2018）粤 01 民终 532 号、533 号

088　双方约定不胜任工作脱岗培训发最低工资，约定无效

用人单位因劳动者不能胜任工作，安排无期限培训，并根据合同约定按照最低工资标准发放工资，构成未足额支付工资。

案情简介

2016 年 8 月 15 日，吴某入职深圳多某信息技术股份有限公司（以下简称多某公司）。2018 年 11 月 13 日，多某公司因吴某不能胜任工作，按照公司的要求对其进行无期限培训，并根据员工手册和劳动合同的约定，培训期间按照当地最低工资标准发放工资。

法院裁判

吴某、多某公司签订的劳动合同约定，若吴某不能胜任工作，多某公司按规定程序安排吴某脱岗培训，培训期间按照当地最低工资标准支付工资。根据法律规定，用人单位认为员工不能胜任工作岗位的，可以对员工进行培训，但并没有法律规定培训期间用人单位可以降低员工的工资薪酬。多某公司在劳动合同中的上述约定涉及员工的切身利益，属于变相地损害劳动者合法权利的内容，该约定属于无效约定。多某公司并未提交充分、有效证据证明吴某不能胜任工作和存在工作能力不足的情形，却要求吴某无限期培训，且按基本工资标准核算工资，有恶意降薪之嫌。故多某公司应补足吴某在 2018 年 11 月 1 日至 12 月 10 日期间的工资差额并依法向吴某支付经济补偿金。

律师点评

劳动者不能胜任工作的，用人单位可以对劳动者进行培训。但是，不能胜任工作的培训如何进行法律并没有明确规定，包括培训的时长、培训的内容、培训人员的确定、培训考核等。本案涉及的问题是劳动者培训期间的工资待遇如何计发。

劳动合同是劳动者与用人单位对劳动合同的履行、变更等事宜达成的合意，原则上，双方应当严格按照合同约定履行合同义务，拒不履行合同义务的，有违诚实信用原则，难以获得支持。但是，由于劳动合同法的立法目的在于保护劳动者的合法权益，所以，在劳动合同中若出现排除劳动者权利的约定，会被裁审机构认定为无效，而用人单位依据无效条款执行，则很容易违反劳动合同法的规定，因此，对于劳动合同的内容，即使是由双方协商一致订立的，也不能损害劳动者的权益。

根据劳动合同法的规定，劳动者不能胜任工作的，用人单位有权对其进行培训，而对于培训的方式、内容、时间则属于用人单位用工自主管理权的范畴，用人单位可以自主安排，但应当具备一定的合理性。本案中，用人单位因劳动者不能胜任工作，安排其脱岗培训，但是，劳动合同中约定培训期间按最低工资标准计发工资则没有法律依据，结合用人单位对劳动者无期限脱岗培训的安排，从本质上看，已经变更了劳动合同的主要内容，即在原劳动合同期限内，劳动者可期待的工资标准是最低工资，用人单位存在恶意降薪之意，裁审机构认定其构成未足额支付劳动报酬，具有合理性。劳动者不能胜任工作而对其进行培训，培训期间并不会涉及薪酬待遇的变化，用人单位应当按照原工资标准正常支付劳动者工资。

案例索引

深圳市中级人民法院（2019）粤 03 民终 27434 号

089　分期支付员工工资违反强制性规定，属无效约定

用人单位与劳动者约定工资分 24 期支付，因违反有关工资支付周期的规定而无效，法院判令用人单位全额支付劳动者工资。

案情简介

2016 年 10 月 25 日，北京龙某健康大数据科技有限公司（以下简称龙某大数据公司）（甲方）与向某（乙方）签订《协议书》，约定 2016 年 7 月、8 月、9 月、10 月的工资，甲方将自 2016 年 11 月至 2018 年 10 月按 24 期平均发放，每期税后 3835.46 元。2016 年 11 月 11 日，龙某大数据公司向向某支付了第一期 3835.46 元工资，后再未履行上述协议。2017 年 11 月 7 日，向某向北京市东城区劳动人事争

议仲裁委员会提出仲裁申请，要求龙某大数据公司支付工资差额和未休年休假工资，该委支持其部分请求后，用人单位不服，诉至北京市东城区人民法院。

法院裁判

龙某大数据公司与向某在《协议书》中约定双方于2016年10月解除劳动关系，龙某大数据公司就向某2016年7月、8月、9月、10月的工资将自2016年11月至2018年10月按24期平均发放，但龙某大数据公司在2016年11月11日支付向某第一期3835.46元工资后再未履行协议，故龙某大数据公司未足额支付向某2016年7月至10月在职期间工资的行为，与法律规定不符。法院判令龙某大数据公司支付向某工资差额和未休年休假工资共计近13万元。

律师点评

工资的支付时间，法律有明确的规定。《工资支付暂行规定》第七条规定，工资必须在用人单位与劳动者约定的日期支付。如遇节假日或休息日，则应提前在最近的工作日支付。工资至少每月支付一次，实行周、日、小时工资制的可按周、日、小时支付工资。《北京市工资支付规定》第二十六条规定，用人单位因生产经营困难暂时无法按时支付工资的，应当向劳动者说明情况，并经与工会或者职工代表协商一致后，可以延期支付工资，但最长不得超过30日。《北京市工资支付规定》第十二条规定，用人单位与劳动者双方依法终止、解除劳动合同的，用人单位应当一次性付清劳动者工资。

本案中，用人单位与劳动者已经协商解除了劳动合同，工资应当依法在劳动合同解除时一次性支付给劳动者，但是，双方在协议中约定工资在劳动合同解除后分期支付，用人单位仅按约定支付了一期便不再支付，用人单位的行为最终被法院认定为与法律规定不符。那么该约定本身是否合法呢？用人单位可以和劳动者约定迟延发放工资，但是迟延发放的时间有一个上限，最长不得超过30日，超过30日的，即使劳动者同意也属于无效约定。用人单位即使依约分期全部支付仍属于未及时支付劳动报酬的行为，劳动者有获得解除劳动合同经济补偿的可能性。用人单位应当按照双方约定的、合法有效的工资支付时间按时足额支付劳动报酬，避免负担额外的违法用工成本。

案例索引

北京市第二中级人民法院（2018）京 02 民终 8137 号

090　用人单位停止运营后未处置劳动关系，应全额支付工资

用人单位长期处于非正常运营状态，但未及时对劳动关系做出处置的，仍然应当按照合同约定及时足额支付工资。

案情简介

2012 年，程某入职临安市绿某房地产开发有限公司（以下简称绿某公司），从事管理工作。2016 年 3 月 29 日，程某与绿某公司签订房屋抵押合同，有关房屋房产证、土地使用权证原件由程某保管。2016 年 6 月至 8 月期间，程某曾代绿某公司办理缴税、缴纳水电费以及存款事宜。2018 年 1 月 8 日，程某将某项目有关的欠条清单交给绿某公司股东周某。后程某向杭州市临安区劳动人事争议仲裁委员会提起仲裁申请，要求绿某公司支付工资差额、经济补偿，该委支持其部分请求后，程某不服，诉至杭州市临安区人民法院。

劳动者诉称：2016 年 3 月 1 日，公司董事及法定代表人去国外开拓业务，将公司重要事务及资料都交由我全权处理和保管，负责应对公司法律诉讼及其他各项重要及突发事项。我为此参加了多场诉讼，并代表公司从事相关的事务。但公司自 2016 年 5 月底起就以经营困难为由拖欠工资，至今已有 29 个月多，我因此离职，公司应补足工资差额并支付经济补偿。

法院裁判

劳动关系建立的标志为用工，即劳动者要为用人单位提供劳动，才能建立劳动关系。劳动合同需要劳动者与用人单位共同履行相应的权利和义务。若劳动者没有实际提供劳动，双方不存在劳动关系。

根据程某陈述，公司自 2016 年起就处于非正常运营状态，无其他人员，当时公司的法定代表人吴某与股东张某出国未归，因此，程某在公司非正常运营的前期，因其工作交接以及工作收尾的需要，还需继续为绿某公司提供劳动，符合常理；但程某认为自合同签订至今双方一直存在劳动关系，且绿某公司一直未支付工资近 30 个月，与常理不符，而公司尚有另一股东周某在临安，且程某未提供其自 2016 年 3 月起持续为绿某公司提供劳动及程某所从事具体事务的证据，故法院对程某认为公司事务均一直由其处理及劳动关系持续至今的意见不予采信。

双方长期互未履行劳动权利和义务，现也无继续履行劳动合同的正常条件，故根据程某提供的委托缴税协议、水电费缴纳通知及缴纳凭证、现金存款凭证，结合 2016 年 8 月之后无有效证据证明程某一直为绿某公司提供劳动的事实，酌情确定程某与绿某公司的劳动关系存续至 2016 年 10 月，绿某公司应支付程某工资 50000 元，故法院对于程某主张的超出该部分金额的诉讼请求，不予支持。

劳动者不服，提出上诉，二审维持原判。劳动者不服，申请再审。

浙江省高级人民法院认为：关于涉案劳动合同的解除时间。根据法律规定，劳动既是一项义务，也是一项权利。本案中的双方当事人签订劳动合同后，程某需要为绿某公司提供劳动，绿某公司也需要在合同约定的劳动期限内保障程某的劳动权。程某在一二审提交了涉案劳动合同及程某在 2016 年 3 月后为绿某公司提供劳动的证据，并为 2016 年 6 月起继续为绿某公司提供劳动的理由做出了合理说明，已完成了劳动者的证明责任。至于涉案合同是否存在客观情况发生重大变化无法履行、程某是否存在不应支付劳动报酬等情形，均应由绿某公司提供证据予以证明，绿某公司在本案中未能提供相应证据予以证明，故涉案劳动合同的履行期间应按照合同载明的时间予以认定。程某在本案再审期间，明确陈述其已在 2018 年与新的用人单位建立劳动关系，主张涉案劳动合同应自 2017 年 12 月 31 日起解除，对该请求依法应予支持。

关于绿某公司应支付的工资数额。《劳动合同法》第三十条第一款规定："用人单位应当按照劳动合同约定和国家规定，向劳动者及时足额支付劳动报酬。"本案中，绿某公司自 2016 年 6 月后未能依约支付劳动报酬，程某依照涉案劳动合同的约定，要求绿某公司支付 2016 年 6 月 1 日至 2017 年 12 月 31 日拖欠的工资，每月 1 万元，共计 19 万元，于法有据，法院予以支持。

律师点评

通常情况下，劳动关系不会自动终止，用人单位或者劳动者必须做出明确的意思表示或者以实际行为表明劳动关系的终止。

用人单位出现非正常经营情况时，应及时对劳动关系做出处置，否则，应当按照约定支付劳动报酬。

劳动合同是用人单位与劳动者订立的契约，对劳动关系双方均赋予了一定的权利与义务，双方均有权据此主张权利，亦应负担约定义务。用人单位有权在劳动合同约定范围内，行使用工自主权，对劳动者做出工作安排，获取劳动价值，而相对应地，劳动者则有权要求用人单位根据双方的约定支付劳动报酬。在这里，需要提示用人单位的是，除法定的特殊情况外，用人单位不安排劳动者工作内容，也是用人单位行使用工自主权的表现，此时，劳动报酬的支付与劳动者是否提供劳动无关，只要双方劳动关系依然存续，仍应按照合同约定支付劳动报酬。

本案中，用人单位主张其长期处于非正常经营状态，双方虽订立劳动合同，但劳动者未在劳动合同期限内提供劳动，故拒绝支付工资。该抗辩理由貌似符合一般常理，即劳动报酬是劳动者提供劳动的对价，未提供劳动当然不应支付劳动报酬，符合公平原则。但仔细斟酌就会发现，劳动者未提供劳动的原因并非其拒绝劳动，而是用人单位不安排劳动或者无劳动可安排，在这种情况下用人单位可以停工停产并依法安排劳动者待岗，如果没有安排劳动者待岗，可以和劳动者协商一致后按照最低工资标准支付工资，同样可以减少用人单位的用工成本。一二审法院均认为，在劳动者无法举证证明其提供劳动的情况下，不应支付劳动者工资，该观点加重了劳动者的举证责任，因此再审法院予以纠正。

用人单位遇到类似情况，应如何处理呢？首先，用人单位可以与劳动者协商变更劳动合同，再次对劳动者的工作内容、工资待遇进行约定；其次，对于已经停工停产的，用人单位可以依据《工资支付暂行规定》，安排劳动者待岗，支付劳动者生活费；最后，用人单位可以依据《劳动合同法》及相关法律法规的规定，解除劳动合同。而对劳动关系不予处理，从用人单位的角度来看，是最不推荐的处理方式，劳动者根据劳动合同约定主张约定工资待遇的，很容易得到支持，甚至劳动者据此被迫离职的，用人单位还应支付经济补偿。

案例索引

浙江省高级人民法院（2020）浙民再160号

091　用人单位安排劳动者在家办公，可拒绝支付交通费

劳动者居家办公期间并未发生上下班交通费用，要求用人单位支付交通费用没有事实依据和法律依据，法院不予支持。

案情简介

2013年6月1日，刘某与锡某科技服务（上海）有限公司北京分公司（以下简称锡某北京分公司）建立劳动关系。后双方因解除劳动合同发生纠纷，经北京市第三中级人民法院审理，判决锡某北京分公司继续履行劳动合同，双方因仲裁、诉讼期间的工资支付问题再次产生纠纷。

劳动者诉称：北京市第三中级人民法院终审判决后，锡某北京分公司仅支付了判决的工资，拒不支付此后的工资。根据判决的工资损失标准，其应当支付我工资损失。

用人单位辩称：刘某每月的基本工资为54595.25元，在2017年6月4日至26日，我司安排其在家办公，未产生交通费用，因此，在该期间内，工资部分不应包含交通费，在双方产生劳动争议诉讼期间，刘某未提供劳动，我司无须支付其在此期间的工资，即使法院认为我司应当支付，亦不应当包含交通费。

法院裁判

法院认为，根据本院已生效的（2016）京0105民初第5694号民事判决书，锡某北京分公司应当与刘某继续履行劳动合同，因此其应支付刘某2015年10月11日至2017年5月31日双方收到终审判决前的工资损失。现双方对于工资损失的赔偿标准存在争议。

其一，刘某在锡某北京分公司违法与其解除劳动关系前的工资由基本工资及交通补贴、销售提成等项目构成，其基本工资损失应由锡某北京分公司赔偿；销售提成为用人单位针对职工工作业绩情况给予的奖励，刘某在上述期间未给锡某北京分公司提供劳动创造价值，虽责任不在刘某，但仍要求锡某北京分公司支付销售提成不合理；刘某并未发生上下班的交通费，要求锡某北京分公司支付交通补贴亦缺乏依据，因此法院认为锡某北京分公司应当按照刘某的基本工资54595.25元的标准赔偿刘某2015年10月11日至2017年5月31日期间的工资损失。

其二，2017年6月4日至26日，锡某北京分公司要求刘某在家办公，但实际未安排工作，因此亦应按照基本工资标准向其支付工资，不包含交通费。

律师点评

2020年以后，为防控新冠肺炎疫情，很多用人单位安排劳动者居家办公，在各个企业共同抗疫的同时，也产生了新的用工问题，如劳动者在家办公是否需要支付交通费，现结合本案，共同探讨学习。

劳动者居家办公，用人单位是否应当支付交通费，应以交通费的性质、双方的约定以及用人单位的规章制度为依据进行具体认定，主要分为以下三点。

其一，根据《关于工资总额组成的规定》，劳动者的工资总额包括六个组成部分，即计时工资、计件工资、奖金、津贴和补贴、加班加点工资、特殊情况下支付的工资。一般情况下，交通费应当属于津贴补贴的范畴，目的在于减轻由于上下班交通成本的支出而给劳动者带来的负担。因此，交通费属于工资总额的组成部分。

其二，对于居家办公的劳动者，因为没有发生由于上下班而产生的额外支出，作为津贴补贴范畴的交通费就失去了它应有的作用，用人单位不支付交通费就符合制度的规定或者双方的约定。对于交通费用实报实销的用人单位，安排劳动者在家办公的，如果没有相关费用的发生，则无须报销相关费用。

其三，如果用人单位发放的交通费用不属于津贴补贴范畴，而属于单位福利，与劳动者上下班交通支出没有关联，那么由于居家办公减免交通费用就需要其他更为合理的理由才有可能获得支持。

案例索引

北京市第三中级人民法院（2019）京03民终133号

092　用人单位连续数月多扣个税，劳动者被迫离职获支持

用人单位连续数月多扣个税，且与完税证明存在出入，劳动者以用人单位未足额支付劳动报酬辞职，要求用人单位支付经济补偿获支持。

案情简介

2005年5月11日，黄某入职深圳市宝安市新某国际模杯厂（以下简称模杯厂），担任模房组组长一职。2017年10月17日，因模杯厂多扣黄某个税一事，双方产生纠纷。黄某向广东省深圳市宝安区劳动人事争议仲裁委员会提起仲裁申请，要求模杯厂支付解除劳动关系经济补偿金、工资差额等，该委支持其部分请求后，黄某

不服，诉至广东省深圳市宝安区人民法院。

法院裁判

根据庭审查明，模杯厂存在以个税代缴名义从黄某工资中多扣款项、少交税的行为，也未做出合理解释；模杯厂实施该行为时间较长，属于克扣工资行为；且模杯厂从 2017 年 6 月至黄某离职前，计算黄某工资时降低了其工资收入，黄某被迫向模杯厂提出辞职，解除与其的劳动关系，故模杯厂应支付黄某相应经济补偿金。

律师点评

劳动者履行劳动义务后，用人单位应当及时足额支付劳动报酬，不得以任何方式进行克扣或者拖延发放，否则，用人单位除了应向劳动者足额支付劳动报酬以及赔偿金外，劳动者还可以依据《劳动合同法》第三十八条提出辞职并要求用人单位支付经济补偿。本案的特殊之处在于用人单位是以个税名义从劳动者工资中多扣款项、少交税款，该行为非常隐蔽，一般情况下劳动者很难发现。

个人所得税的缴纳是劳动者的法定义务，用人单位的代扣代缴行为亦是依法行事，因此，用人单位从劳动者的劳动报酬中直接扣除其应当依法缴纳的个税，该行为具有正当性，不会构成未足额支付劳动报酬。但是，在用人单位履行法定义务时，应当具备谨慎的态度，严格依照有关行政机关的规定办理，否则容易产生违法行为，将依法承担赔偿责任。本案中，用人单位在履行代扣代缴个税的法定义务时，可能是因为计算错误，当然也不排除故意多扣工资，在 2016 年至 2017 年间，每月多扣除劳动者部分个税，虽然合计总额为 131 元，金额不大，但是其行为性质严重，属于克扣劳动者工资，劳动者以此为由被迫离职并主张经济补偿通常能够获得支持。

案例索引

广东省高级人民法院（2019）粤民申 1332 号

093 行为不端仍主张年终奖，有违社会主义核心价值观

劳动者在晋级考试中作弊、业绩排名末位，在这种情况下如果支持劳动者有关年终奖的诉求，有违社会主义核心价值观。

案情简介

2018年6月13日，谭某入职岳阳某防水技术有限责任公司（以下简称防水公司），约定工作岗位为采购。2020年1月16日防水公司将《关于与谭某先生解除劳动关系告知书》邮寄给谭某。谭某向湖南省岳阳市云溪区劳动人事争议仲裁委员会提起仲裁申请，要求防水公司支付违法解除劳动合同赔偿金、2019年年终奖等，该委支持其部分请求后，防水公司不服，诉至湖南省岳阳市云溪区人民法院。

法院裁判

一审法院认为：关于年终奖，防水公司的员工手册中确定存在年终奖励，其提供的总公司发布的关于职能管理、技术序列员工年终奖励发放办法亦确认公司存在年终奖励制度。防水公司提供的证据不足以证实谭某存在全年工作期间发生重大安全事故或重大责任事故或严重违反公司相关管理制度，出现明显损害公司利益行为或于2019年12月31日前离职的行为。对防水公司主张不发放年终奖励的诉讼请求，法院不予支持。用人单位不服，提出上诉。

二审法院认为：防水公司提供了被上诉人谭某违反劳动纪律的几份证据，特别是晋级考试作弊、业绩排名末位，在此种情况下如果还支持谭某的年终奖请求，不符合社会主义核心价值观，也不符合公序良俗的民法原则。因此对防水公司主张不发放谭某年终奖励的上诉请求，法院予以支持。

律师点评

年终奖不同于通常理解的工资，大部分情况下属于奖励或者激励性质。如果劳动者行为不端或者明显不属于奖励或者激励范畴的，用人单位拒绝支付年终奖具有合理性。

在没有约定或者制度规定的情况下，年终奖不同于工资，属于用人单位根据自身经营情况自主决定是否发放的奖励或者激励，劳动者主张年终奖的，应当提供证据证明其符合年终奖发放条件。在司法实践中，劳动者一般很难对年终奖的主张履行举证责任，不容易获得法院支持。

如果劳动关系双方在劳动合同中明确约定或者在制度中规定了年终奖数额却又未约定发放办法或存在每年发放固定数额年终奖的情况时，用人单位就需要对无须支付年终奖提出充分的抗辩理由并履行举证责任，否则，法院很容易支持劳动者关于年终奖的主张。

本案中，用人单位与劳动者就年终奖事宜已有约定，同时，又出台了相关的发放办法，在用人单位无法证明劳动者存在发放办法中“无须支付年终奖”的情形时，一般就会像一审法院的判决支持劳动者的主张。而二审法院结合劳动者考试作弊、业绩排名末位，认定支付劳动者年终奖诉求有违社会主义核心价值观进而无须支付年终奖，具有合理性。

案例索引

湖南省岳阳市中级人民法院（2020）湘06民终4049号

第八章

工时、休假、保险及竞业限制——细节体现专业

094　超时加班，下班后猝死，用人单位应承担赔偿责任

劳动者延时加班超过法定最高限额，下班后猝死，虽然不能构成工伤，但用人单位仍然应当承担一定的赔偿责任。

案情简介

2016年1月2日，杨某到某县交通运输局执法所（以下简称执法所）工作，杨某到执法所工作后被安排在某超限检查站上班。2016年1月27日，杨某上夜班，夜班时间是2016年1月27日晚上至1月28日早晨。杨某于2016年1月28日8时30分下夜班后自驾车离开单位，当天10时左右，杨某受朋友电话邀约去饭店吃饭，11时许杨某到达饭店，在朋友点菜期间，因感觉难受突然倒地，随即被朋友开车送达医院就诊，后经抢救无效于当日21时30分死亡。杨某死亡后，其亲属杨某岭向人力资源和社会保障部门提出工伤认定申请，人力资源和社会保障部门受理后经审查未予认定。杨某岭等人向河南省武陟县人民法院提起诉讼，要求执法所支付医疗费、死亡赔偿金、被抚养人生活费、丧葬费和精神损害抚慰金，该院支持其部分请求后，杨某岭等人不服，上诉至焦作市中级人民法院。

法院裁判

经审理查明，执法所认可某超限检查站的工作模式为24小时工作制（四班

两运转），白班工作时间为 8：30 至 19：30（下班后休息 24 小时），夜班工作时间为 19：30 至 8：30（下班后休息 48 小时）。执法所规定的工时制度存在违法之处，与杨某的死亡存在一定的因果关系，现杨某岭等人作为杨某的近亲属要求用人单位承担侵权赔偿责任，于法有据，法院予以支持；但根据本案案情，参照相关案件的裁判标准，法院酌定执法所就杨某岭等人的损失承担 10% 的赔偿责任。

律师点评

《劳动法》第四十一条规定，用人单位由于生产经营需要，经与工会和劳动者协商后可以延长工作时间，一般每日不得超过一小时；因特殊原因需要延长工作时间的，在保障劳动者身体健康的条件下延长工作时间每日不得超过三小时，但是每月不得超过三十六小时。法律已经明确规定了劳动者每日最长工作时长为十一小时，每月加班最长时长为三十六小时。用人单位安排劳动者加班超过最长工作时间的，除了由劳动行政部门给予警告，责令改正，并可以处以罚款外，侵害劳动者身体健康的，还要承担侵权赔偿责任。

劳动者猝死是否应当被认定为工伤呢？

只有符合《工伤保险条例》第十四条、第十五条规定的人身伤害才会被认定为工伤。劳动者下班后在家猝死，非工作时间因自身疾病死亡并不属于工伤认定的法定情形，这一点应当明确。虽然劳动者的猝死没有被认定为工伤，用人单位无须承担工伤保险责任，用人单位是否应该对劳动者的死亡承担其他方面的法律责任呢？《民法典》第一千一百六十五条第一款规定，行为人因过错侵害他人民事权益造成损害的，应当承担侵权责任。行为人因侵权行为承担赔偿责任需要同时满足四个要件：（一）行为人有侵权行为；（二）产生了损害后果；（三）二者具有因果关系；（四）主观过错。用人单位在日常用工过程中，如果同时满足上述四个要件，造成了劳动者猝死的后果，应当承担赔偿责任。如果用人单位对劳动者的死亡不存在过错的，用人单位当然无须承担其他任何法律责任。本案的特殊之处就在于，用人单位安排劳动者工作已经超过了劳动者每天工作的最长时限，属于违法行为。而超长时间工作与劳动者猝死存在一定的因果关系，因此，即使劳动者没有被认定为工伤，用人单位仍需因其违法安排劳动者加班而要承担侵权赔偿责任。最终，人民法院在考量个人身体情况等因素后，酌定用人单位承担10% 的赔偿责任。

在用工实践中，一些用人单位实行“996”“007”式的工时制度，这些工时制度已经严重违反了劳动法的相关规定，属于违法行为，用人单位除了要承担劳动法方面的违法责任外，还要承担因侵权带来的侵权赔偿责任。

案例索引

河南省焦作市中级人民法院（2020）豫 08 民终 919 号

095　季节性行业每年固定给员工的假期可视为年休假

用人单位所属行业具有季节性，每年在固定时间给劳动者几个月的假期，法院经审理认定该假期可算作年休假。

案情简介

李某于 2012 年 3 月 25 日入职北京龙某体育健身俱乐部有限公司（以下简称龙某公司），担任高尔夫球童一职。李某的工作时间为每天 4 小时。李某于 2019 年 2 月 25 日到龙某公司提交因怀孕请假至 2019 年 3 月 4 日的请假单，并称在 2019 年 2 月 26 日公司经理以李某怀孕为由将其口头辞退，之后李某一直未上班。2019 年 3 月 15 日，龙某公司向李某发送《解除劳动合同通知书》，双方遂产生纠纷并诉至法院。

李某诉称：从 2012 年至 2019 年，自己在职这么多年，从未休年休假，公司应支付未休年休假的工资。

龙某公司辩称：2012 年至 2016 年期间每年 12 月至次年 2 月、2018 年 12 月至

2019年2月期间高尔夫场地均关闭，李某处于放假状态，公司不需要支付其未休年休假的工资。

法院裁判

龙某公司的高尔夫球场于2012年至2016年期间每年12月至次年2月、2018年12月至2019年2月期间封场，李某处于放假状态，故对李某要求龙某公司支付2012年3月25日至2016年12月31日以及2018年1月1日至2018年2月26日的未休年休假工资的请求，法院不予支持。2016年12月至2018年2月期间，李某在龙某公司开办的雪场上班，没有放假，龙某公司未能提供证据证明其已安排李某休年休假或已支付未休年休假工资，对李某要求龙某公司支付2017年度未休年休假工资的请求，法院予以支持。

律师点评

《职工带薪年休假条例》第四条规定了职工依法享受寒暑假，其休假天数多于年休假天数的不再享受当年的年休假。而实践中可以享受寒暑假的通常是学校的教职员工，那么除了学校之外，具有明显季节性工作时间安排，与学校寒暑假类似的其他行业是否也可以不用安排劳动者休年休假了呢?

本案涉及的用人单位所在行业具有一定的季节性，用工时间无法达到全年饱和，在每年固定的时间段里会给劳动者放几个月的假期，经法院审理后认定，该假期可算作给予劳动者的年休假。对于劳动者来说，并不是只要参加了工作就会有年假，必须连续工作满12个月后，才能获得休年休假的资格。劳动者的累计工龄不同，可以享受的年休假天数也是不一样的，最低是五天，最高则可以达到十五天。当然，如果用人单位规定的年假天数超过法定天数的，法律并不禁止，这就是我们常说的福利年假。

《企业职工带薪年休假实施办法》第三条规定："职工连续工作满12个月以上的，享受带薪年休假。""职工连续工作满12个月以上"既包括职工在同一用人单位连续工作满 12 个月以上的情形，也包括职工在不同用人单位连续工作满 12 个月以上的情形。

《企业职工带薪年休假实施办法》第四条中的“累计工作时间”，包括职工在机关、团体、企业、事业单位、民办非企业单位、有雇工的个体工商户等单位从事全日制工作期间，以及依法服兵役和其他按照国家法律、行政法规和国务院规定可以计算为工龄的期间（视同工作期间）。职工的累计工作时间可以根据档案记载、用人单位缴纳社保费记录、劳动合同或者其他具有法律效力的证明材料确定。

案例索引

北京市第二中级人民法院（2020）京 02 民终 1983 号

096 用人单位规定当年度未请休年假的视为放弃，因违法无效

用人单位在规章制度中规定，劳动者未在当年度内请休年假的，视为自愿放弃，用人单位因此拒付未休年休假工资，未获支持。

案情简介

2006 年 8 月 31 日，庞某入职山东力某新能源有限公司（以下简称力某公司），岗位为商务内勤。后庞某向济南市历城区劳动人事争议仲裁委员会提起仲裁申请，要求力某公司支付未休年休假工资等，该委支持其部分请求后，庞某不服，诉至济南市历城区人民法院。

用人单位辩称：我司的《员工休假管理制度》规定，员工因个人原因没有申请休带薪年休假的，当年年休假视为自愿放弃，支付其正常工作期间的工资收入。我司已支付庞某正常工作期间的工资报酬，无须支付其未休年休假工资。

法院裁判

法院认为，庞某的连续工作年限应自2001年7月起计算。力某公司举证证实庞某于2012年至2016年春节期间，除法定节假日外分别休年休假1天、1天、1天、3天、2天，除此之外未提供证据证明安排庞某休年休假，亦未证实支付庞某未休年休假工资。力某公司虽提交《员工休假管理制度》，但该制度中“员工因个人原因没有申请休带薪年休假的，当年年休假视为自愿放弃，支付其正常工作期间的工资收入”不符合法律规定，力某公司仍应依法向庞某支付未休年休假工资。

律师点评

有些用人单位在规章制度中规定年休假过期作废，这是对年休假制度的最大误解。《职工带薪年休假条例》第五条第一款规定，单位根据生产、工作的具体情况，并考虑职工本人意愿，统筹安排职工年休假。年休假是由用人单位统筹安排的，如果用人单位确因工作需要不能安排职工休年休假的，经职工本人同意，可以不安排职工休年休假。对职工应休未休的年休假天数，用人单位应当按照该职工日工资收入的300%支付年休假工资报酬。也就是说用人单位如果无法安排休年休假的，应该向劳动者支付年休假工资，而不是规定年休假作废。

根据《企业职工带薪年休假实施办法》第十条第二款规定，用人单位安排职工休年休假，但是职工因本人原因且书面提出不休年休假的，用人单位可以只支付其正常工作期间的工资收入。应当注意的是，在劳动者出现自愿放弃年休假的情况时，用人单位应要求劳动者以书面形式明确放弃年休假的原因是个人原因。

劳动关系双方约定“不申请休年休假则视为放弃”，是否有效？通过上述规定可知，劳动者放弃年休假系劳动者的主动行为，即劳动者通过主观意志做出放弃的意思表示，而“不申请休年休假则视为放弃”的规定属于劳动者未做出意思表示的情况，双方通过约定的方式，明确约定未做出意思表示的法律后果，排除劳动者权利，在实践中很难获得支持。对于超过仲裁时效的、出现法定的不享受年休假情形的，用人单位也可以结合具体情况对劳动者未休年休假工资的请求予以抗辩，以期获得裁审机构的支持。

案例索引

济南市中级人民法院（2020）鲁 01 民终 6313 号

097　用人单位以年为周期安排劳动者调休，具有合理性

用人单位每月留存部分加班时长，在当年度进行调休，对于无法调休的，年底一并向劳动者支付加班费，获得认可。

案情简介

2013 年 4 月 22 日，付某入职华某电梯有限公司（以下简称华某电梯公司）。2019 年 10 月 15 日，付某向公司提出离职，理由是公司拖欠加班费。2019 年 10 月 18 日，付某向河北省廊坊市经济技术开发区劳动人事争议仲裁委员会提起仲裁申请，要求华某电梯公司支付经济补偿、未休年休假工资，该委支持其部分请求后，付某不服，诉至河北省廊坊市经济技术开发区人民法院。

劳动者诉称：我在华某电梯公司工作期间，公司每月均未及时足额支付加班费，其在每年年末支付加班费构成未及时支付工资，我因此离职，公司应支付经济补偿。

用人单位辩称：我司留存一小部分加班时长做调休使用，是基于公司实际生产情况以及法律规定，并非无故拖欠加班费，付某要求支付经济补偿无法律依据。

法院裁判

劳动法规定了延时加班、休息日加班、法定节假日加班三种情形，在三种情形下用人单位均应当向劳动者支付加班费。但除了法定节假日具有特殊性，不适合以常规时间调休、仅适合支付加班费外，对于延时加班、休息日加班所占用的休息时间，均可以通过调休进行补偿，这既不违反法律规定，也未侵犯劳动者利

益，更能减轻企业负担。而调休需要在一个合理周期内进行安排，用人单位以一年为周期安排调休、年底扣除调休时数后统一核算发放加班费，符合常理，也不违反法律规定。付某因此提出辞职，华某电梯公司于其辞职次日即核算并发放了2019年度的所有加班费，因此华某电梯公司并未拖欠付某的加班费，对付某主张的经济补偿金不予支持。

律师点评

劳动者休息日加班的，用人单位可以优先安排调休，但是在多长时间内调休，法律并没有明确规定。本案给我们的启示是，在一个年度内安排劳动者调休有可能获得裁审机构的支持。

《劳动法》第四十四条规定，有下列情形之一的，用人单位应当按照下列标准支付高于劳动者正常工作时间工资的工资报酬：（一）安排劳动者延长工作时间的，支付不低于工资的百分之一百五十的工资报酬；（二）休息日安排劳动者工作又不能安排补休的，支付不低于工资的百分之二百的工资报酬；（三）法定休假日安排劳动者工作的，支付不低于工资的百分之三百的工资报酬。也就是说，只有在劳动者休息日加班的情况下，用人单位有权安排劳动者调休，而对于劳动者延时工作或法定节假日加班的，用人单位只能支付加班费，安排调休的，没有法律依据。当然，也有法院认为，劳动者延时加班，用人单位安排调休，能够更好地保护劳动者休息权，进而支持用人单位对延时加班进行调休的做法。提示读者，延时加班调休并没有法律依据，劳动者要求用人单位支付加班费的，仍有可能获得支持。

用人单位应当在劳动者加班后多久安排调休？《工资支付暂行规定》第七条规定，工资必须在用人单位与劳动者约定的日期支付。如遇节假日或休息日，则应提前在最近的工作日支付。工资至少每月支付一次，实行周、日、小时工资制的可按周、日、小时支付工资。而加班加点工资属于工资总额的组成部分，应当按照约定每月至少支付一次，即用人单位应当在支付加班当月工资前安排调休，不能安排调休的，则需支付加班费。本案中，法院认定用人单位可以留存部分加班时间待调休，实际上是一种比较特殊的裁审观点，该观点考虑到用人单位的实际用工需求，具有一定的合理性。但是，在司法实践中，在劳动争议案件的处理上，裁审机构审理案件一般会以保护劳动者合法权益作为出发点，对于类似案件，存在被认定为未及时足额支付劳动报酬的可能，用人单位应当尽量避免。

案例索引

廊坊市中级人民法院（2020）冀10民终1851号

098　劳动者放弃社保后又投诉补缴，双方应共同承担滞纳金

劳动者申请放弃缴纳社会保险，后又要求补缴，劳动关系双方对违法行为均存在过错，应共同负担由此产生的滞纳金。

案情简介

2014年5月5日，徐某入职平度豪某物业服务有限公司（以下简称豪某物业公司）。同日，徐某提出书面申请，称不需要公司缴纳社会保险，在个人提出缴纳申请前，不再就合同存续期间的社保向公司主张任何权益。2019年4月22日，平度市劳动监察大队依据徐某的反映，对豪某物业公司下达《劳动保障监察责令改正决定书》，责令豪某物业公司自收到决定书之日起十五日内为徐某补缴2014年5月至2018年2月期间的社会保险费。2019年5月31日，豪某物业公司为徐某补缴了2014年5月至2018年2月的基本养老保险费、基本医疗保险费、失业保险费、工伤保险费、生育保险费及滞纳金25725.43元。豪某物业公司向山东省平度市劳动人事争议仲裁委员会提起仲裁申请，要求徐某支付损失25725.43元，该委支持其部分请求后，徐某不服，诉至山东省平度市人民法院。

法院裁判

2014年5月5日，徐某提出申请载明其放弃缴纳社会保险，其未提供证据

证明签署申请时存在欺诈、胁迫、乘人之危等情形，该申请真实有效。徐某已对自身权利进行了处分，后又以豪某物业公司未为其缴纳社会保险为由向劳动监察部门主张由豪某物业公司缴纳社会保险费，导致豪某物业公司被责令向社保部门补缴了社会保险费，同时缴纳滞纳金 25725.43 元。造成豪某物业公司缴纳滞纳金的后果系因徐某违背诚信，先是为了从豪某物业公司处多获取报酬而放弃由豪某物业公司缴纳社会保险，后又向社保部门主张所致，豪某物业公司未给徐某办理社会保险、缴纳社会保险费也有过错，对所产生的滞纳金，徐某承担 50% 的赔偿责任。

律师点评

用人单位为劳动者缴纳社保是法律规定的由用人单位承担的强制性义务，不因双方的约定或单方声明而免除。根据《劳动法》第七十二条的规定，用人单位和劳动者必须依法参加社会保险，缴纳社会保险费。此项规定系强制性规定，任何用人单位和个人签订协议免除此项义务都会因违反法律规定而无效。

对于未依法缴纳社会保险而产生的滞纳金由谁负担？《社会保险费征缴暂行条例》第十二条第二款规定，缴费个人应当缴纳的社会保险费，由所在单位从其本人工资中代扣代缴。《社会保险法》第八十六条规定，用人单位未按时足额缴纳社会保险费的，由社会保险费征收机构责令限期缴纳或者补足，并自欠缴之日起，按日加收万分之五的滞纳金；逾期仍不缴纳的，由有关行政部门处欠缴数额一倍以上三倍以下的罚款。也就是说，用人单位是社会保险费的代扣代缴义务人，对于未缴纳社会保险费而引发的法律后果，由用人单位自行承担。

在实际用工过程中，确实会出现劳动者拒绝缴纳社会保险的情况，在这种情况下，用人单位仍应依法履行代扣代缴义务，避免产生经济损失。本案中，劳动者申请不缴纳社保，劳动关系双方就此达成一致，双方对违法行为均有过错，法院认定双方按同等责任承担损失，具有一定合理性。

案例索引

青岛市中级人民法院（2020）鲁02民终1791号

099 商业保险属于福利待遇，不能冲抵工伤待遇补偿款

劳动者在下班途中发生交通事故死亡，用人单位与家属达成补偿协议后，主张商业保险应当冲抵部分补偿金，未获支持。

案情简介

闫某系张掖市某种业有限公司（以下简称种业公司）职工。2017年5月7日18时30分许，闫某在下班途中发生交通事故死亡。2017年5月16日，种业公司与闫某家属吴某等协商后达成协议，约定种业公司一次性向吴某等支付赔偿款50万元，吴某等不得以任何理由和任何方式就闫某的赔偿事宜向工伤认定部门、仲裁委员会或者人民法院再次请求赔偿。另，种业公司于2017年4月27日为闫某购买某保险公司永泰团体意外伤害保险及附加团体意外伤害医疗保险，保险金额为11万元。2018年3月10日，保险公司于2018年3月13日向吴某等支付保险金110000元。吴某等向张掖市甘州区人民法院提起诉讼，要求种业公司支付赔偿款11万元、违约金5万元，该院支持其部分诉讼请求后，种业公司不服，诉至张掖市中级人民法院。

吴某等诉称：2017年5月6日，因闫某下班途中遇交通事故死亡，种业公司与我们签订《协议书》，约定补偿我们50万元，但该公司仅支付了39万元，逾期支付11万元，应当予以补足并承担违约责任。

种业公司辩称：2018年3月13日，保险公司已经基于我司为劳动者购买的商业保险，向吴某等支付了补偿款110000元，我司无须另行补足。

法院裁判

人身意外伤害险是指在保险期内因发生意外事故致使被保险人的身体和生命受到伤害后，从保险公司获取相应的赔偿，属于商业性质的人身险，受保险合同法调整，是保险合同法律关系，系用人单位以劳动者为受益人与保险公司平等自主协商达成合意的自愿行为，不具有法律强制性，属于用人单位给予劳动者的一种福利待遇。而工伤保险是国家和社会为在生产、工作中遭受事故伤害的劳动者及亲属提供医疗救治、生活保障、经济补偿物质帮助的一种社会强制保障制度，具有社会保险的强制性，受劳动法律法规调整，符合法律规定的用人单位必须为其职工参加工伤保险，并缴纳保险费。

在本案中，享受工伤保险待遇系受害人闫某的法定权利，参加工伤保险是种业公司的法定义务，不能以一种自愿的保险合同行为来减轻、替代甚至逃避强制的法定义务，因种业公司未举证证明其为受害人购买了工伤保险，其虽为受害人购买了人身意外险，但并未参加工伤保险，故从保障劳动法律法规的实施和用人单位参加工伤保险的义务性原则以及依法维护劳动者合法权益的立法精神出发，不能用人身意外伤害险保险金来冲抵工伤待遇补偿款，因此种业公司应当支付补偿款 11 万元。

律师点评

用人单位依法缴纳社会保险，不仅能保证劳动者的合法权益，对用人单位同样也是一份保障。

《劳动法》第七十二条规定，社会保险基金按照保险类型确定资金来源，逐步实行社会统筹。用人单位和劳动者必须依法参加社会保险，缴纳社会保险费。也就是说，办理社会保险、缴纳社会保险费是用人单位和劳动者的法定义务，二者必须遵照执行。

用人单位能否为劳动者购买商业保险以免除缴纳工伤保险的法律责任呢？首先，工伤保险属于社会保险之一，用人单位未依法为劳动者办理工伤保险，已经违反了劳动法的强制性规定，属于违法行为，对违法行为不能产生免除法定义务的效果；其次，工伤保险属于社会强制保障制度的一部分，具有社会保险的强制性，如果允许利用商业保险代替工伤保险，明显与立法本意不符；最后，根据《保险法》第三十九条的规定，投保人为与其有劳动关系的劳动者投保人身保险，不得指定被保险人及其近亲属以外的人为受益人，由此可知，用人单位为劳动者投保人身保险的价值，并不是用人单位可以通过为劳动者投保人身保险转嫁风险乃至获取利益，而是赋予劳动者额外的保护，该商业保险的性质应是用人单位给予劳动者的福利待遇。

本案中，用人单位在未缴纳工伤保险的情况下，为劳动者购买商业保险，后主张以该保险金冲抵工伤补偿款，与《劳动法》《保险法》的立法本意均不符，难以获得裁审机构支持。

在用人单位已为劳动者缴纳工伤保险的情况下，能否通过商业保险转移部分用工责任呢？根据《工伤保险条例》的规定，在用人单位已经为劳动者缴纳工伤保险的情况下，劳动者发生工伤时，用人单位仍然应当承担一定的赔偿 / 补偿责任。对于此种责任，用人单位当然可以通过购买如雇主责任险的方式实现用工风险的部分移转，在与劳动者就相关补偿事宜达成协议的情况下，一般能够得到裁审机构的支持。

案例索引

张掖市中级人民法院（2018）甘 07 民终 1027 号

100　劳动者自愿放弃社保，后离职并要求经济补偿获支持

劳动者提交个人申请，自愿不缴纳社会保险，用人单位据此未为其缴纳社会保险，劳动者之后离职并要求经济补偿，获法院支持。

案情简介

2018 年 3 月 17 日，刘某入职河北省禄某实业总公司南江江服务区（以下简称

禄某公司）。2018年3月20日，刘某书写《个人申请》一份，内容为：因家中有保险（或其他原因），自愿放弃禄某公司为职工缴纳的社会保险（养老保险、医疗保险、生育保险、失业保险）的福利待遇。2019年10月15日，刘某以禄某公司未依法缴纳社保、强制员工加班、未安排补休或者足额发放加班费等理由，向禄某公司递交了《解除劳动合同通知书》。后双方发生劳动争议。

法院裁判

根据《劳动法》第七十二条、《社会保险法》第四条的规定，用人单位和劳动者依法缴纳社会保险费属于法律的强制性规定，刘某于2018年3月20日书写的放弃缴纳社会保险的《个人申请》违反了法律的强制性规定，没有法律效力。根据《劳动合同法》第三十八条、第四十六条的规定，刘某以禄某公司没有依法为其缴纳社会保险费等为由向禄某公司提出解除劳动合同，禄某公司应向刘某支付经济补偿。

律师点评

劳动者个人申请不缴纳社会保险能否免除用人单位未依法缴纳社保而应承担的法律责任呢？本案法官认为，不论什么原因，只要用人单位未依法为劳动者缴纳社会保险，劳动者以此为由提出解除劳动合同的，用人单位都要向劳动者支付解除劳动合同的经济补偿。

依法缴纳社会保险是用人单位和劳动者的法定强制性义务，用人单位未依法为劳动者缴纳社会保险、代扣代缴社会保险的，属于违法行为，劳动者有权解除劳动合同并要求经济补偿。

如果劳动者申请不缴纳，是否有权以未缴纳社会保险为由被迫离职并要求经济补偿呢？在实践中，对于这个问题，存在不同的观点。一种观点认为，劳动者有权要求，用人单位应当支付经济补偿。其原因在于《劳动合同法》第三十八条并未将劳动者是否存在过错作为判断能否离职的构成要件，从客观上看，只要出现了未缴纳社会保险的客观事实，劳动者就可以单方解除劳动合同，而至于为何出现这种情况，不做深入探究。另一种观点认为，劳动者先就缴纳社保事宜与用人单位达成一致，后又因双方达成的一致内容而被迫离职，有违诚信原则，基于不诚信行为引发的经济补偿诉讼请求，不应予以支持。通常，很多地区的裁审机构均持有第一种观点。如果用人单位与劳动者有类似约定，用人单位客观上亦未为劳动者缴纳社保，就相当于赋予了劳动者随时单方解除劳动合同并要求经济补偿的权利。因此，虽然从经济角度看，用人单位与劳动者有约定后，用人单位暂时少缴纳了社保费用、“节约”了部分人力成本，但增加了经营的不稳定性。一旦劳动者向社保部门投诉，用人单位不仅需要依法补足社会保险费，还需要额外承担滞纳金，劳动者据此解除劳动合同的还可能需要支付经济补偿，最后将得不偿失。

案例索引

河北省衡水市中级人民法院（2021）冀11民终507号

101　社保补偿条款无效，用人单位要求返还经济补偿不予支持

解除协议中约定社保补偿条款，劳动者承诺放弃索赔。后劳动者依然投诉要求补缴社保。用人单位要求劳动者返还经济补偿，未获支持。

案情简介

2014年6月4日，刘某入职北京华某医药有限公司（以下简称华某公司），担任人力资源专员。2017年2月7日，刘某与华某公司签署《解除劳动合同协议书》，约定劳动者已经收取公司支付的绩效奖金、加班费、未休年休假补偿、社会保险相关待遇、按公司规定应当报销的费用等款项并放弃对公司的任何索赔权利，包括现金及非现金请求。同时约定，若离职后劳动者对公司有任何的仲裁或举报行为，对公司造成经济或名誉损失的，劳动者须退回所有经济补偿及赔偿

金。2019 年，刘某向北京市海淀区社会保险基金管理中心投诉要求华某公司补缴社会保险。2019 年 7 月，华某公司收到北京市海淀区社会保险基金管理中心送达的《社会保险稽核通知书》，并完成社保补缴手续。华某公司向北京市海淀区劳动人事争议仲裁委员会提起仲裁申请，要求刘某返还协商解除劳动合同经济补偿金、赔偿金及利息等，该委做出《不予受理通知书》，华某公司诉至北京市海淀区人民法院。

用人单位诉称：劳动者违背合同约定向社保部门投诉补缴事宜，之前约定的经济补偿金及赔偿金返还条件成就，刘某应当依约返还。

法院裁判

一审法院认为：刘某与华某公司签署的《解除劳动合同协议书》中已明确刘某确认双方劳动关系存续期间的工资 / 生活费、绩效奖金、加班费、未休年休假补偿、社会保险相关待遇、按公司规定应当报销的费用等款项已经足额支付，且明确不再向华某公司主张任何权利，故法院有理由相信华某公司向刘某支付的款项中包括有社保补偿费用。依据《劳动法》第七十二条之规定，用人单位和劳动者必须依法参加社会保险，缴纳社会保险费。由此可见，依法缴纳社会保险系用人单位与劳动者之法定义务，刘某与华某公司均不得就社会保险缴纳与否自行协商，只是对社保费用负担问题可在平等自愿基础上予以协商，因此刘某在签署上述协议后仍可通过向社保部门投诉的方式要求华某公司依法为其缴纳社会保险。刘某作为公司人力资源专员，应当比较熟悉人力资源管理方面的法律法规，尤其是社会保险相关规定，具有高于普通劳动者的相关专业知识，其于 2017 年年初与华某公司达成上述协议，于 2019 年方以向社保部门投诉的方式要求华某公司依法为其缴纳社会保险，明显怠于行使其权利，由此产生滞纳金即华某公司损失之扩大，其存在明显的过错责任。华某公司在依法履行缴纳社会保险的义务后，《解除劳动合同协议书》第十七条所约定的费用返还条件已成就，华某公司要求刘某返还协商解除劳动合同经济补偿金和赔偿金 49092 元，并无不当之处。

二审法院认为：依法缴纳社会保险是《劳动法》规定的用人单位与劳动者的法定义务，用人单位负有自行申报、按时足额缴纳社会保险费的法定责任。华某公司与刘某约定，华某公司以给付刘某款项的方式免除其向社会保险经办机构补缴社会保险费责任的内容，应属无效。就未足额缴纳社会保险费引发的争议，劳动者可以通过劳动行政部门解决。前述协议内容无效并不影响《解除劳动合同协议书》其他内容的效力。而就诉争《解除劳动合同协议书》第十七条所约定的若刘某离职后对华某公司有任何仲裁或举报行为，须退回所有经济补偿金及赔偿金的内容，法院认为，依据《社会保险法》第八十二条第一款的规定，“任何组织或者个人有权对违反社会保险法律、法规的行为进行举报、投诉”。刘某对华某公司未为其足额缴纳社会保险费的情况进行举报，是行使法定权利的行为。华某公司以“举报、投诉退款”的方式限制刘某投诉其社会保险问题，对于该种做法，不应给予肯定性评价。因此，华某公司以刘某向社保部门投诉为由要求刘某返还全部补偿金、赔偿金，缺乏法律依据，法院不予支持。

用人单位不服，申请再审，北京市高级人民法院依法裁定驳回。

律师点评

实践中，用人单位总是热衷于对社会保险是否缴纳以及如何缴纳与劳动者进行约定。殊不知，社保关系由《社会保险法》来调整，而《社会保险法》属于公法范畴，调整的是社会保险征缴机关与被征缴人之间的关系，用人单位和劳动者属于被征缴人，都属于社会保险缴纳义务人。被征缴人之间协商是否缴纳社保以及如何缴纳社保属于对法律的错误认识，不会被裁审机构认可。

《劳动法》第七十二条规定，用人单位和劳动者必须依法参加社会保险，缴纳社会保险费。因此，缴纳社会保险是用人单位与劳动者的法定义务，双方无法通过协议等方式加以免除，双方就此达成一致甚至签订补偿协议的，属于无效约定。

《民法典》第一百五十七条规定，民事法律行为无效、被撤销或者确定不发生效力后，行为人因该行为取得的财产，应当予以返还。即社保补偿协议被确定无效后，劳动者应当返还用人单位已支付的社保补偿费用。但本案情况较为特殊，双方并未就社保补偿费用的数额做出明确约定，当双方就此出现争议且无法做出明确判断的情况下，人民法院通常会采信劳动者的主张。

用人单位能否通过协议的方式限制劳动者的投诉、举报权利呢？通过判决能够看到，一二审法院对于这个问题的处理观点存在不同。一审法院认为，能否限制劳动者的有关权益应当结合劳动者的工作职责及对于法律的认知、熟悉程度具体加以判断，具体到本案，劳动者作为人力专员，对劳动法及相关法律法规应当具有清楚的认识，因此，用人单位可以与人力专员就限制权益事宜做出约定，合法有效。二审法院则认为，投诉、举报系法定权利，双方就此做出限制，不应给予肯定性评价。在实践中，裁审机构大多持第二种观点，认为对此种约定不应予以适用，甚至部分裁审机构直接将相应条款认定为无效。

案例索引

北京市高级人民法院（2020）京民申 3777 号

102　用人单位缴纳社保个人应缴部分的，员工应当返还

用人单位替劳动者缴纳社会保险个人应缴部分后，要求劳动者返还应由其个人负担部分的，劳动者应当返还。

案情简介

2016 年 4 月 10 日，欧某入职深圳海某房地产开发有限公司（以下简称海某公司），担任出纳。2019 年 1 月 18 日，因海某公司拖欠欧某 2018 年 7 月 1 日至 2019 年 1 月 18 日的工资，欧某提出离职。后欧某向广东省深圳市罗湖区劳动人事争议仲裁委员会提起仲裁申请，要求海某公司支付经济补偿、工资差额，该委支持其部分请求后，用人单位不服，诉至广东省深圳市罗湖区人民法院。

用人单位诉称：自2016年6月起至2019年1月止，海某公司为欧某全额缴纳了社会保险金，在发放工资时未扣除该期间的社会保险金个人承担部分，欧某应当返还公司垫付的费用。

劳动者辩称：海某公司一直为我购买社保，全体员工均一致，且海某公司并未以任何方式向员工提出要求扣缴社保，这表明了海某公司的意思表示就是为员工承担社保金个人部分。我认为海某公司是以事实行为来表明和明确《劳动合同》当中约定不明的部分，即社保的个人部分由海某公司承担。

法院裁判

一审法院认为：自欧某入职之日至离职之日止长达两年半多的时间里，海某公司持续为欧某缴交包括单位应缴和个人应缴的全部社会保险费，应认为海某公司系自愿为欧某缴纳。另外，欧某的工作岗位为出纳，是否在工资中扣除社会保险费系公司经营管理的重要内容，不属于出纳可以或者应当决定的范畴，从工资表需要经过领导签字审批也可以看出来欧某对于工资发放没有决定权。我国法律虽然规定劳动者必须依法参加社会保险，但不禁止用人单位为员工支付个人应缴部分，故海某公司的该项诉讼请求，理据不充分，不予支持。用人单位不服，提出上诉。

二审法院认为：海某公司主张其为欧某缴纳了在职期间的社保，且未在欧某工资中扣除个人应承担的社保费用，故要求欧某予以返还。根据《社会保险法》第四条的规定，中华人民共和国境内的用人单位和个人依法缴纳社会保险费。第十条、第二十三条、第四十四条分别规定了用人单位和职工按照国家规定共同缴纳基本养老保险费、基本医疗保险费和失业保险费，因此劳动者本人依法应承担个人应缴部分。第六十条规定，职工应当缴纳的社会保险费由用人单位代扣代缴。本案中，双方并没有由用人单位全额缴纳社保费用、无须劳动者个人承担的约定，海某公司未在欧某月工资中扣除个人应缴社保费用，现海某公司在双方劳动关系解除时要求欧某返还上述费用，有事实和法律依据，法院予以支持。

律师点评

用人单位未依法从劳动者的应得工资中代扣代缴社会保险，全额为劳动者缴纳社会保险费后，可以要求劳动者返还社会保险费的个人承担部分吗？对此，法律并无明文规定。实践中，存在以下两种观点。一种观点认为，劳动关系双方除具有财产关系之外，还具有较强的人身依附性，基于这种更亲密的法律关系，在无明确约定的情况下，应当将用人单位支付社保个人承担费用的行为认定为用人单位的福利待遇，进而不予支持用人单位返还的诉讼请求。另一种观点认为，财产的给付、债务的负担应当以当事人明确的意思表示为前提，在无明确约定的情况下，不宜直接认定为赠与或福利待遇，受益的当事人应当予以返还。两种观点均能够自圆其说，实践中，裁审机构对此问题的把握也不完全相同，建议用人单位依法合规缴纳社会保险，避免潜在的用工风险。

案例索引

广东省深圳市中级人民法院（2019）粤03民终29991号

103　劳动者在工作中与他人打架受伤的，不能认定为工伤

劳动者履行工作时，与其他人打架受伤的，因受伤事宜与履行工作职责无必然联系，所以不能认定为工伤。

案情简介

李某系华某煤业集团有限责任公司（以下简称华某公司）职工，从事井下检修工作。2014年8月19日19时许，李某在工作期间路过煤矿井下某工作面时不慎跌倒，将正在工作的同事田某压倒，二人遂发生争吵并相互撕扯，被同事柳某等人劝开，李某持矿用工具扁铲与田某撕扯，并在田某面部顶了一膝盖，二人再次被同事劝开后，田某持矿用工具斧抓朝李某头部击打了一下，致李某受伤，经诊断为颈

后部开裂伤、脊髓损伤、颈椎骨折。经鉴定所鉴定，李某的伤残等级被评定为四级伤残。2014 年 11 月 21 日，平凉市人力资源和社会保障局（以下简称平凉市人社局）根据华某公司提交的调查材料，做出平人社工伤认字〔2014〕254 号《甘肃省职工工伤认定决定》。

2015 年 9 月初，平凉市人社局接到群众反映，称李某在与他人打架过程中被伤害，随后平凉市人社局依法进行调查，根据 2015 年 9 月 6 日公安局出具的《关于田某故意伤害案件的情况说明》和 2016 年 3 月 30 日人民法院作出的（2015）华刑初字第 189 号《刑事附带民事判决书》，认为平人社工伤认字〔2014〕254 号《甘肃省职工工伤认定决定书》是在申请人华某公司提供虚假材料和证据的情形下错误做出的工伤认定。2016 年 5 月 25 日，平凉市人社局做出《关于撤销平人社工伤认字〔2014〕254 号的决定》。李某向甘肃省白银市中级人民法院提起诉讼，要求平凉市人社局重新做出工伤认定。

法院裁判

甘肃省白银市中级人民法院认为：经查，当日李某在工作时间、工作地点，其来回走动进行维修本身处于工作状态，在工作中不慎跌倒将正在工作的田某压倒引发撕扯而致受伤，均是在短时间之内连续发生的行为，现有证据不足以证明李某受伤系因其个人泄愤所致，故平凉市人社局提出的李某受伤是因其个人泄愤，而非履行工作职责，不应认定为工伤的抗辩理由不予支持。平凉市人社局调查的事实清楚，但适用法律错误，应予撤销，平凉市人社局应当重新做出行政行为。

平凉市人社局不服，提出上诉。

甘肃省高级人民法院认为：本案中，李某系第三人华某公司煤矿井下检修工，从事井下检修工作。李某在检修过程中不慎跌倒将正在工作的同事田某压倒，双方争吵并相互撕扯，属于其履行工作职责时发生的摔倒。但是，李某与田某的撕扯行为被同事劝开后，李某持矿用工具扁铲又与田某撕扯，并在田某面部顶一膝盖的行为，其性质已经转变为相互殴打，与履行工作职责已无必然联系。李某虽然在履行工作职务过程中不慎跌倒，引起其与田某的撕扯纠纷，可以说与工作原因有一定关系性，但是其二人被他人劝开后，不仅未听从劝解，化干戈为玉帛，相反，又一次撕扯，并致受伤的行为不属于履行工作职责过程受到的暴力伤害，其受到的暴力伤害与履行工作职责无直接的因果关系，李某的受伤不符合《工伤保险条例》第十四条第三项规定的在工作时间和工作场所内因履行工作职责受到的暴力伤害的情形。李某不服，申请再审。

最高人民法院认为：根据《工伤保险条例》第十四条第三项的规定，在工作时间和工作场所内，因履行工作职责受到暴力等意外伤害的，应当认定为工伤。根据原审法院查明的事实，李某不慎跌倒将正在工作的同事田某压倒，二人发生争吵并相互撕扯，被同事柳某等人劝开。后李某持矿用工具扁铲与田某撕扯，并在田某面部顶了一膝盖，二人再次被同事劝开后，田某持矿用工具斧抓朝李某头部打了一下，致其受伤。李某受伤虽然是在工作时间、工作地点发生，并且与履行工作职责有一定的联系，但这种联系并不是直接的，李某受伤的直接原因是与他人发生殴打被他人打伤。因此，李某所遭受的暴力伤害与其履行检修工作职责之间没有直接的必然联系，李某的受伤不符合《工伤保险条例》第十四条第三项规定的因履行工作职责受到暴力等意外伤害的情形，因此，驳回李某的再审申请。

律师点评

结合本案，我们讨论劳动者在工作中打架受伤能否认定为工伤的问题。

《工伤保险条例》第十四条第三项规定，在工作时间和工作场所内，因履行工作职责受到暴力等意外伤害的，应当认定为工伤。什么是因履行工作职责受到暴力等意外伤害？《劳动和社会保障部办公厅关于对〈工伤保险条例〉有关条款释义的函》规定，工伤保险条例第十四条第三项，其中“因履行工作职责受到暴力等意外伤害”中的因履行工作职责受到暴力伤害是指受到的暴力伤害与履行工作职责有因果关系。从《工伤保险条例》的立法原则、立案精神，以及相关答复函看，工伤保险是保障劳动者因工作或者与工作相关活动伤亡后能获得救济，只要劳动者受到的伤害与工作内容相关联，并且在工作时间和工作场所内，就应当认定为因工作原因受到的暴力伤害。

本案中，从起因上看，李某受伤系因李某工作中压倒田某所致，这确实与李某后来的损害后果有一定的关联，但是，工作之事只是起因，如果双方经同事劝说，能够有所克制，就不会产生相应的损害结果。李某履行工作职责并不会必然导致打架斗殴行为的产生，履行工作职责亦不应当采用斗殴的方式，因此，李某的工作与伤害后果之间并不具备直接的因果关系，不属于工伤的情形。也就是说，如果李某在压倒田某后，直接被田某攻击伤残，则存在认定工伤的可能性，而双方经同事多次劝说，分开后再次打架，如此反复，则属于互殴的情形。从设立目的上看，工伤保险的设立意义在于保障因工作遭受事故伤害或者患职业病的职工获得医疗救治和经济补偿，促进工伤预防和职业康复，分散用人单位的工伤风险，而不是在劳动者打架斗殴情形下降低其经济损失，因此，劳动者申请认定工伤的，难获支持。

案例索引

最高人民法院（2018）最高法行申 8657 号

104　员工未履行竞业限制义务，用人单位无须支付经济补偿

劳动者未履行竞业限制义务，用人单位可不支付竞业限制补偿金，用人单位主张劳动者支付违约金的，一般予以支持。

案情简介

2005 年 11 月，鞠某入职北京泰某测控技术股份有限公司（以下简称泰某公司），任技术中心副主任一职。2015 年 5 月 12 日，鞠某与泰某公司签订《竞业限制协议》，约定鞠某的竞业限制期限为两年，在竞业限制期间内不得生产与公司同类产品、经营与公司同类业务或与在公司有其他竞争关系的用人单位任职，也不得自己生产或经营与公司有竞争关系的同类产品、业务；如果鞠某的违约行为给泰某公司造成直

接或间接损失的，公司有权要求鞠某赔偿违约金10万元，并赔偿因此造成的全部损失。

2013年7月，鞠某与杨某一（同为泰某公司员工）、马某某（2015年6月从泰某公司离职）、杨某二（原泰某公司技术中心方案工程师，2015年从泰某公司离职）、徐某某（原泰某公司财务总监，2012年9月从泰某公司离职）、曹某某（原泰某公司重机事业部销售，2013年7月从泰某公司离职）、李某（2017年7月从泰某公司离职）、张某某（原泰某公司副总工程师，2013年7月从泰某公司离职）共同出资设立北京德某数字化装备技术有限公司（以下简称德某公司）。鞠某表示其在2016年7月将自己在德某公司的股权转让给马某某。

鞠某从泰某公司离职后，2015年11月至2016年3月期间的社会保险由德某公司缴纳，2016年4月起由北京德某某数字化装备技术有限公司（以下简称技术公司）缴纳。技术公司工商登记信息显示成立时间为2015年8月，股东为杨某三（杨某一之妻）、赵某某（鞠某岳母）、杜某某、石某及徐某某。

泰某公司以要求鞠某继续履行《竞业限制协议》、支付竞业限制违约金及赔偿为由向北京市海淀区劳动人事争议仲裁委员会提起仲裁申请，该委支持泰某公司部分请求后，双方均不服，诉至北京市海淀区人民法院。

法院裁判

鞠某主张离职后公司从未向其支付竞业限制补偿，故双方签署的《竞业限制协议》已对其不具约束力。对此法院认为，劳动者在离职后的三个月里履行竞业限制义务，而用人单位并未依法支付竞业限制补偿的，劳动者主张解除竞业限制约定，人民法院应予支持。用人单位支付竞业限制补偿的前提条件为劳动者履行竞业限制行为，而当劳动者未依约履行竞业限制义务时，用人单位则无须支付竞业限制补偿。故本案实则需审查，鞠某在离职后是否存在违反竞业限制协议的行为。鞠某离职后先是在由其作为股东的德某公司缴纳社会保险，后又由技术公司为其缴纳社会保险，鞠某虽表示由上述两家公司缴纳社会保险是为避免社保中断，系代理缴纳社保，但鞠某并未就此主张提交证据予以证明。而且《社会保险法》亦明确规定缴纳社会保险是用人单位履行的法定义务，法院对鞠某的意见不予采纳。鞠某的行为违反了竞业限制义务，应向泰某公司支付竞业限制补偿。就违约金数额，法院认为，泰某公司与鞠某约定的违约金 10 万元，亦未明显过高，法院不予调整。鞠某应向泰某公司支付违约金 10 万元。

律师点评

在竞业限制协议合法有效的前提下，劳动者离职后即违反竞业限制义务的，用人单位无须向其支付竞业限制补偿，用人单位要求劳动者承担违约责任的，应当予以支持。

关于竞业限制履行问题。本案中，因用人单位没有按照约定支付竞业限制补偿，员工以此为由要求法院确认《竞业限制协议》对其没有约束力，且否认其违反竞业限制约定。竞业限制的立法宗旨是保护用人单位的知识产权，此时劳动法对用人单位的保护更具优先性，即使在用人单位没有支付竞业限制补偿的情况下，员工仍应遵守竞业限制约定，用人单位超过合理期限（三个月）仍未支付经济补偿的，劳动者才有权解除竞业限制义务。本案的特殊之处在于，劳动者违约在先，用人单位可以不用支付竞业限制补偿，劳动者仍需按照协议约定履行竞业限制义务。另外，在实践中，员工否认其违反竞业限制约定的，法院一般会以其社保缴纳记录来判断其工作情况。本案中，员工不但自己作为股东成立公司，而且社保也在此公司缴纳，据此，法院认定员工违反了竞业限制约定。

关于诚信问题。本案中员工的失信之处有二。首先，员工违反了竞业限制约定，与多名原用人单位员工成立了同原用人单位业务一致的公司，甚至有员工尚未离职，对原单位而言，无论从劳动用工管理角度，还是从企业市场竞争角度，劳动者的行为均属于不诚信行为，损害了用人单位的利益；其次，员工在一审诉讼中，明确没有签订社保委托合同，但在二审中又提交了该合同，且未说明合理理由，被二审法院予以训诫。

案例索引

北京市第一中级人民法院（2018）京 01 民终 1107 号

105 夫妻一方签署竞业协议，双方均不能从事限制业务

丈夫签署了《竞业禁止协议》，妻子于竞争公司内担任法定代表人，该情况属于违约行为，丈夫应当依约承担违约责任。

案情简介

2010 年 4 月 15 日，罗某、威某电力设备（上海）有限公司（以下简称威某公司）建立了劳动关系，罗某在威某公司处先后任产品研发中心产品主管、产品研发中心开发二部副经理等职。2010 年 12 月 8 日，罗某与威某公司签订了《竞业禁止协议》。2016 年 3 月 9 日，罗某以个人创业为由向威某公司提出离职，双方劳动关系于当日解除。2016 年 3 月至 2017 年 3 月，威某公司每月支付罗某竞业限制经济补偿 1840.39 元，合计 23925.07 元。

A 公司设立于 2015 年 12 月 3 日，法定代表人为王某，且为该公司股东之一，王某系罗某妻子。A 公司与威某公司的经营范围存在重合。2017 年 5 月 23 日，威某公司向上海市松江区劳动人事争议仲裁委员会提起仲裁申请，要求罗某停止违反竞业限制的行为，并按照约定继续履行竞业限制义务、支付威某公司违约金 298800 元，该委支持其请求后，罗某不服，诉至上海市松江区人民法院。

劳动者诉称：我不存在违反竞业限制的行为，不应承担违约责任。我于 2016 年 3 月 9 日解除和威某公司的劳动关系后，主要从事景观木房子、木箱体及集装箱房子的设计及现场安装工作，不存在违反竞业限制的行为。A 公司法定代表人为王某，我与该公司无劳动关系。

法院裁判

罗某和威某公司签有《竞业禁止协议》，对于竞业限制做出明确约定，罗某负有相应的竞业限制和保密义务。然，根据威某公司提供的证据，可以反映罗某的妻子王某系 A 公司法定代表人，而该公司和威某公司的经营范围重合、存在竞争关系。在夫妻婚姻关系存续期间，夫妻一方进行投资、收益的行为，一般可以推定另一方参与投资经营行为，即使双方在财产上相互独立，但对于信息、渠道等仍存在共享，罗某妻子从事同一行业对于威某公司的经营难免产生影响。此外，夫妻一方的收益一般均用于家庭生活，罗某亦可从中受益，A 公司的经营状况及经营成果和罗某也密不可分。由此可以反映出，罗某所应遵守的竞业限制约定包括了对于家庭成员的约束。尤其是罗某作为产品研发部门的管理人员，可以接触、掌握威某公司的产品规格、工艺等机密信息，更应尽到相应的忠诚义务，避免出现利益冲突的情况发生，而罗某对其妻子设立和威某公司经营范围重合的公司的行为既未阻止，亦未告知威某公司，其行为已经违反了竞业限制的约定。另，根据威某公司提供的录音及照片，也可以反映出罗某实际为 A 公司工作，所涉及的内容还包括了电机销售等事宜，明显和威某公司的主营范围存在关联，更加印证了威某公司的主张。综上，罗某应依照双方之间的协议，按上年度年薪的三倍支付竞业限制违约金 298800 元。

律师点评

负有竞业限制义务的劳动者的配偶是否也需要履行竞业限制义务呢？

《劳动合同法》第二十四条规定，竞业限制的人员限于用人单位的高级管理人员、高级技术人员和其他负有保密义务的人员。《公司法》第二百一十六条规定，高级管理人员，是指公司的经理、副经理、财务负责人，上市公司董事会秘书和公司章程规定的其他人员。原则上，竞业限制协议的限制主体仅包含上述法定的劳动者，超出法定范围订立竞业限制协议的，可能无法获得裁审机构的支持，劳动者即使领取了竞业限制补偿，违反了约定的竞业限制义务，用人单位要求其停止侵害、支付违约金的主张也很难得到支持。

高级管理人员、高级技术人员及负有保密义务的劳动者的近亲属是否也应当履行竞业限制义务呢？对此法律并无明文规定。在司法实践中，存在两种截然不同的观点。一种观点认为，竞业限制协议系用人单位与劳动者之间建立的约定，与劳动者近亲属无关，且近亲属不在法律明确规定的限制范围内，即使双方对此做出约定，也属无效。另一种观点认为，因近亲属（如夫妻）之间的财产、信息等多种因素存在共享的情况，近亲属违反竞业限制义务的行为可使劳动者获益，因此，应当对其有所限制。当然，由于个案有所差异，各地裁审观点亦有所不同，用人单位因劳动者近亲属的违约行为进而主张赔偿请求能否获得支持具有相当大的不确定性，但为了防止出现主张无依据的情况，建议用人单位在竞业限制协议中将限制的对象适当扩大。

本案中，劳动者签有《竞业禁止协议》，根据查明的案情，其实际为存在竞争关系的企业工作，该企业的法定代表人又恰恰是其妻子，由于二者的亲密关系，法院直接认定劳动者应遵守的竞业限制约定包括了对于家庭成员的约束，进而支持用人单位要求劳动者给付违约金的主张。

案例索引

上海市第一中级人民法院（2018）沪01民终1118号

106　办理完北京户口就离职，用人单位获赔10万元

劳动关系双方就办理北京户口事宜约定了服务期，在用人单位为其办理完毕户籍进京手续后，劳动者违约离职，用人单位获赔10万元。

案情简介

2018年7月18日，彭某入职北京爱某科技有限公司（以下简称爱某公司），担任研发工程师。2018年7月13日，爱某公司（甲方）与彭某（乙方）签订了《非京

籍员工落户协议》，载明："……二、由于北京市户口落户指标为甲方十分重要的稀缺资源，甲方为乙方办理北京市户籍会占用甲方的重要稀缺资源，甲方也会为此付出很大的代价、时间成本及人力，因此，乙方自愿承诺将不间断地在甲方工作5年（以下简称服务期，服务期自劳动关系建立之日开始计算）……六、如乙方在服务期内自行提出辞职、不同意续签劳动合同、因违反《劳动合同法》第三十九条、第四十条规定等原因停止为甲方提供服务的，乙方自愿依照诚实守信的原则承诺向甲方支付如下补偿金：……同意事先确定一个补偿金标准是公平合理的，补偿金标准为人民币50000元乘以未服务年限……"2019年12月，彭某的户籍进京手续由爱某公司办理完成。2020年2月28日，彭某以个人原因提出辞职，彭某工作至2020年3月27日。

法院裁判

其一，彭某与爱某公司签订了《非京籍员工落户协议》，协议中约定爱某公司为彭某办理户籍进京手续并付出代价与成本，彭某应在爱某公司服务满五年，上述条款并未违反法律法规的强制性规定，且双方均确认协议系自愿签订，爱某公司亦履行协议约定为彭某办理了户籍进京手续，彭某作为完全民事行为能力人，理应知晓并须承担其签字行为所产生的相应法律后果。其二，针对双方对《非京籍员工落户协议》第六条约定的"补偿金"条款的性质产生的不同理解，法院认为，该条款中明确载明"彭某知晓计算爱某公司为彭某办理北京市户籍的资源价值和其他隐性投入的具体金额比较困难，因此同意事先确定一个补偿金标准是公平合理的"，可见系对爱某公司办理落户手续中付出及投入的补偿，在措辞与文义上不存在歧义，属于损失赔偿条款，并非彭某主张的违约金条款，法院对其主张不予采纳。其三，依据爱某公司为彭某办理户籍进京手续之时的社会现状，户籍进京指标具备稀缺性及吸引力。考虑以下因素：1. 彭某明知其签署的《非京籍员工落户协议》中约定了五年的服务期，在户籍进京手续办理完成两个月后即提出辞职，有违诚实信用原则；2. 彼时彭某尚未履行满服务期，其辞职行为势必给爱某公司在人才引进及招用同岗位人员方面带来一定损失，且导致爱某公司为其办理落户手续所付出的人力与费用无法实现目的；另结合未满约定工作年限的实际情况及实际损失情况，法院酌情判定彭某应向爱某公司赔偿损失 100000 元。

律师点评

因办理北京户口而约定服务期和违约金，劳动者在服务期内离职，用人单位要求劳动者支付违约金的，因违反《劳动合同法》第二十五条的规定而不会获得支持。本案的特殊之处在于，双方在服务期协议中约定的是赔偿金而不是违约金。

用人单位无权因办理北京户口事宜而限制劳动者离职。根据《劳动合同法》第三十七条的规定，劳动者提前三十日以书面形式通知用人单位，可以解除劳动合同。即，劳动者可以无因解除劳动合同，这是法律赋予劳动者的权利，用人单位通过协议加以限制的，属于无效约定。如果劳动者未提供劳动至约定年限的，用人单位能否要求劳动者支付违约金呢？根据《劳动合同法》第二十五条的规定，用人单位和劳动者仅可以在因专项技术培训而签订的服务期协议和竞业限制协议中约定违约金，除此之外约定由劳动者承担违约金的条款均属无效。为劳动者办理北京户口而与劳动者约定服务期并进而约定违约金的，显然不属于可以约定由劳动者承担违约金的范畴。然而，众所周知的是，北京户口是一种稀缺资源，通常是企业吸引人才的重要手段，办理完户口后劳动者就离职对用人单位来说比较尴尬。本案似乎能给用人单位一些启示，即用人单位与劳动者可以就办理北京户口事宜约定一定的服务期限（请注意，这不是法定的服务期协议），而劳动者违反了约定，势必会给用人单位造成经济损失，而这种损失在实践中很难通过举证加以证明，所以需要在约定中明确，待日后产生纠纷，可以作为判断损失数额的依据。通过这种方式，完成了“违约金”向“赔偿金”的转换，有效维护了企业的合法权益。

案例索引

北京市第一中级人民法院（2021）京 01 民终 818 号

107 用人单位应批准劳动者符合法定情形的哺乳假申请

婴儿因早产患有严重的脑膜炎，属于当地规定的可以申请哺乳假的情形，劳动者提出申请的，用人单位应当批准。

案情简介

李某系上海盛某传媒股份有限公司（以下简称盛某公司）员工，从事行政兼人事工作。李某于2017年3月20日起休产假，于2017年3月28日生育一子，产假至2017年7月26日。2017年7月18日，李某向其上级人事经理贾某发送电子邮件，内容为“宝宝因羊水早破，患严重的感染性疾病——化脓性脑膜炎，现本人申请六个半月哺乳假”。2017年7月26日，盛某公司人事行政主管王某向李某发送电子邮件，内容为“根据部门工作情况，经过研究决定不批准哺乳假”。2017年8月1日，王某向李某发送电子邮件，内容为“你提出的请假申请未获公司批准的情况下，连续三天未正常到岗，请你于本周五下午前来公司，与贾总面谈交流。”经过面谈，数日后，公司决定给予李某停薪留职两个月处分。两个月过后，李某一直未到岗，最终，用人单位以李某旷工为由解除了双方的劳动关系，双方就此发生争议。

法院裁判

法院认为，《上海市女职工劳动保护办法》第十六条规定，女职工生育后，若有困难且工作许可，由本人提出申请，经单位批准，可请哺乳假六个半月。《上海市实施〈中华人民共和国妇女权益保障法〉办法》第二十三条第四款规定，经二级以上医疗保健机构证明患有产后严重影响母婴身体健康疾病的，本人提出申请，用人单位应当批准其哺乳假。《上海市卫生局关于医疗机构依法开具产前假和哺乳假有关疾病证明通知》对上述规定作出了进一步解释，其中早产儿、婴儿曾患有脑膜炎的均属于前述规定中严重影响母婴身体健康的疾病。因此，李某确系符合用人单位应当批准哺乳假申请的情形，其在产假结束后未出勤的行为并非旷工，盛某公司以李某旷工为由解除劳动合同构成违法解除。

律师点评

实践中，用人单位对于哺乳期、哺乳时间、哺乳假很少进行区分，常常混为一谈。

哺乳期是指女职工生产之日起至婴儿满 1 周岁的期间；哺乳时间是指女职工在哺乳期内，用人单位每天给予其 1 小时的喂奶时间；哺乳假是指女职工产假期满后因患有产后严重影响母婴身体健康疾病而由用人单位给予的假期。

哺乳假同病假一样，用人单位仅享有对于劳动者请假事由的审核权，即用人单位仅有审核劳动者提供的相关病历材料是否真实的权利。在此过程中，用人单位可以采用向医院核实的方式予以验证。在病历材料真实有效的情况下，用人单位应当对照法律法规和当地的卫生行政部门的相关规定，对于符合法定情形的，批准劳动者的哺乳假。

《上海市实施〈中华人民共和国妇女权益保障法〉办法》中规定，患有产后严重影响母婴身体健康疾病的，本人提出申请，用人单位应当批准其哺乳假。提示用人单位注意，这里的规定是“应当”批准其哺乳假，也就是说对于符合条件的劳动者申请哺乳假，批准是义务而不是权利。

在本案中，由于李某早产，导致婴儿患有脑膜炎，此时，用人单位仅有核实新生婴儿是否患有脑膜炎的权利，并没有可以不批准哺乳假的权利。对于李某的新生儿确系患有脑膜炎的事实，符合法定情形，用人单位应当批准哺乳假。

案例索引

上海市第一中级人民法院（2018）沪 01 民终 8182 号

第九章

规章制度——从根源上规避用工风险

108　规章制度未经民主和公示程序，不能作为管理依据

用人单位的员工手册和绩效管理办法未经民主和公示程序，依据该制度扣发员工绩效工资和迟到罚款，未被法院认可。

案情简介

王某于 2015 年入职银某（北京）投资管理有限公司（以下简称银某公司），双方就工资发放产生争议。银某公司主张根据公司的《薪酬绩效管理办法》的明确规定，王某未达成业绩要求，不能获得相应的绩效工资，故扣发了王某 2016 年 2 月至 2016 年 11 月的绩效工资；因 2016 年 10 月王某迟到，根据《员工手册》的规定，对其罚款 100 元。

法院裁判

用人单位应及时足额支付劳动报酬。银某公司虽对其扣除王某两笔款项提交了《员工手册》及《薪酬绩效管理办法》等为证，但该公司未举证证明上述规章制度系经民主程序制定并向王某告知，故法院对上述规章制度不予采纳，银某公司扣除王某绩效工资及扣罚工资，缺乏法律依据，仲裁裁决银某公司向王某支付 2016 年 2 月至 2016 年 11 月的绩效工资及扣罚工资，不高于法定标准，银某公司应予以支付。

律师点评

用人单位在制订涉及劳动者切身利益的各项规章制度时，都需要经民主程序并送达给劳动者，这样才能作为管理劳动者的依据。实践中，用人单位的各项规章制度通常是用人单位领导决定，由相关职能部门制定，然后颁布实施的。至于何谓民主程序，有些用人单位甚至没听说过，更不用说如何履行民主程序了。如同本案，一旦与劳动者发生纠纷，规章制度因未履行民主程序而无法作为裁判机构审理案件的依据，结果可想而知。

用人单位制定的各项规章制度的内容应符合法律规定。如果内容本身不合法，用人单位依据不合法的规定所做出的决定也很难合法。比如，用人单位的规章制度中规定，劳动者严重失职的，用人单位可以解除劳动合同，该内容因与《劳动合同法》第三十九条的规定不符（劳动者严重失职且给用人单位造成重大损害，用人单位才可以解除劳动合同），因此不能作为解除劳动合同的依据。

用人单位扣发劳动者工资或罚款应谨慎。用人单位扣发劳动者工资，尤其是基本工资，应当慎重，扣发绩效工资应根据合法有效的绩效考核制度执行。绝大部分地区都认为用人单位对劳动者没有罚款权，罚款权是行政部门的行政权力。如果用人单位的规章制度中有这样的规定，存在风险，建议用人单位慎重使用罚款来处分劳动者。

案例索引

北京市第三中级人民法院（2018）京 03 民终 10571 号

109　员工手册存在瑕疵且规定不具有合理性，解除违法

用人单位员工手册未经民主程序制定，存在明显瑕疵，而且劳动者违纪行为轻微，处罚不合理，解除劳动合同违法。

案情简介

2015 年 7 月 20 日，郑某入职北京建某特种设备制造有限公司（以下简称建某公司）处工作。2018 年 4 月 8 日，建某公司以郑某多次违反规章制度为由口头与郑某解除劳动合同，双方发生劳动争议。

法院裁判

建某公司以员工手册、考勤制度为制度依据解除与郑某的劳动合同，但其未能提供证据证明两份制度系经民主程序制定，具有明显瑕疵，不宜作为建某公司进行用工管理的有效依据。

建某公司主张郑某未及时办理出口退税零申报、累计 5 次迟到，但其自认已对郑某的迟到行为进行了罚款处理，且郑某的上述行为均仅构成员工手册规定的甲类轻微过失，尚不满足“十二月内犯有三次甲类过失”的劳动合同解除条件，故即使郑某存在上述行为，亦非严重违反规章制度且达到可以解除劳动合同的程度。建某公司主张郑某 5 次上班未打卡计为旷工，但其提交的员工手册、员工考勤制度均无此项规定，建某公司制定的员工考勤制度中记载旷工扣发当日工资，但建某公司自述未扣发郑某上述 5 天工资，表明建某公司当时未确认郑某的行为属于旷工，且电子打卡记录不能完全客观反映劳动者劳动时长的真实状态，员工考勤制度亦有关于忘记打卡的相关规定，仅凭上班未打卡不能得出员工旷工的必然、唯一结论，现建某公司虽提交了未打卡补签申请，但现有证据难以确认该申请为全部、完整记录，建某公司未能进一步提供证据予以证明。因此，即使郑某存在 5 次上班未打卡的行为，亦不宜直接认定为旷工。

关于建某公司对郑某的处理行为是否合理。建某公司制定的员工手册规定，旷工构成乙类过失，而触犯乙类过失应由主管下达书面警告，并填写乙类过失通知单，同时给予停薪 2 日至 5 日处分。建某公司主张郑某 12 个月内累计 5 次旷工，但其并未按照上述程序做出书面警告等惩戒措施，给予郑某解释申辩、认识错误的机会，引导、教育郑某及时改正；同时，员工手册规定累计旷工 3 天可以解除劳动合同，建某公司主张郑某分别于2017年5月17日、9月28日、12月27日及2018年2月5日、2月13日旷工，即2017年12月27日解除劳动合同的条件已经成就，即使按2018年2月13日最后一次旷工计，至建某公司2018年4月8日解除劳动合同亦近2个月，显然超出合理期限。故法院判令建某公司支付郑某工资、违法解除劳动合同赔偿金和未休年休假工资等。

律师点评

结合本案案情，简要阐述用人单位如何制定合法有效的员工手册。

1. 员工手册需经民主程序制定，才能成为劳动用工管理的有效依据。所谓的民主程序，就是指用人单位在制定规章制度时应当将规章制度的草案提交给职工代表大会或者全体职工，经过职工代表大会或者全体职工充分讨论并提出方案或修改意见，用人单位在职工意见的基础上对规章制度的草案进行再次修改，修改后提交工会或者全体职工平等协商确定。只有经过这些步骤才算履行了民主程序。

2. 经过民主程序的规章制度不一定对劳动者发生法律效力，规章制度还必须向劳动者公示。公示也是规章制度发生法律效力的前提。公示的目的是让劳动者充分了解规章制度中的各项具体规定，以便遵守，没有公示的员工手册，依然不能作为管理劳动者的依据。

3. 规章制度经过民主和公示程序后也不一定对劳动者发生法律效力，规章制度的内容亦不得违反法律法规的规定。规章制度内容本身的合法性当然是裁审机构首先要审查的内容，如果内容本身就存在合法性的问题，对用人单位来说意味着什么就不言而喻。比如，用人单位的规章制度中规定，劳动者医疗期满继续请病假的，视为旷工，旷工3天的，用人单位可以解除劳动合同，这样的规定本身就与法律的规定相悖，一旦执行，势必构成违法解除。

4. 合理性也是规章制度制定中不容忽视的一个环节。比如，用人单位的规章制度中规定，迟到30分钟的属于严重违纪，用人单位可以解除劳动合同。该规定已经经过民主和公示程序，法律对此也没有禁止性规定。如果劳动者迟到40分钟，用人单位据此解除劳动合同，裁审机构就会因该规定不具有合理性而认定用人单位解除违法。

案例索引

北京市第三中级人民法院（2018）京 03 民终 12726 号

110　劳动合同约定劳动者已收到员工手册，视为已送达

劳动合同中约定劳动者已收到员工手册一本，用人单位主张依据员工手册解除旷工三日的劳动者，最终获得法院支持。

案情简介

杨某于 2013 年 11 月 20 日入职广某（北京）商贸有限责任公司购物中心（以下简称广某购物中心），双方签有《劳动合同书》，其中约定：收到《员工手册》一本。《员工手册》第七章第二节第四条第一款载有“……旷工三天者，公司有权辞退”。2016 年 7 月 30 日，广某购物中心店长以杨某自 2016 年 4 月 1 日起旷工三天以上将其辞退，双方发生劳动争议。

法院裁判

根据双方提交的证据及杨某的陈述，认定杨某 2016 年 4 月和 7 月未出勤，2016 年 5 月和 6 月有部分时间到岗工作，广某购物中心已支付其相应工资。杨某认可《劳动合同书》上的本人签字，但主张签字时劳动合同是空白的，其本人不持有合同，在《劳动合同书》条款中增加“收到《员工手册》一本”的内容不合法，也不合理，其没有收到过《员工手册》。因杨某未提交证据证明其主张的事实，故对其该项主张不予采信。杨某于 2016 年 4 月 16 日至 2016 年 7 月 30 日期间存在三天以上未到岗工作的情形，广某购物中心依据《员工手册》第七章第二节第四条第一款中“旷工三天者，公司有权辞退”的规定将杨某辞退，并无不当，故法院对杨某要求广某购物中心支付违法解除劳动合同赔偿金的请求不予支持。

律师点评

用人单位的规章制度要对劳动者发生法律效力，除了需要经过民主程序外，还要向劳动者送达。送达的方式多种多样，签收单签收、现场培训学习、OA 系统公示、电子邮件发送等。本案中，用人单位采用的是在劳动合同中约定劳动者已经收到员工手册一本。不管采取哪种方式，用人单位只要有证据能够证明劳动者已经知悉规章制度的全部内容即视为送达。

送达在企业劳动用工管理过程中是具有战略性地位的一环，用人单位对此往往认识不足。等发生了劳动争议，用人单位才意识到自己投入极大成本制定的规章制度居然对劳动者不发生法律效力。在诉争过程中，劳动者往往对用人单位的规章制度不予认可，用人单位应当提供证据证明相关制度经过民主程序制定且已经向劳动者送达，否则，规章制度不对劳动者发生约束力。

本案中的用人单位并未提交员工手册经过民主制定程序的证据，一审法院却认定了员工手册的效力，认为用人单位依据员工手册里关于旷工的规定做出解除合法。而二审法院避开了对制度依据的评述，在认定劳动者存在旷工行为的前提下，用人单位有权解除劳动合同，言下之意即二审法院认为劳动者旷工显然是违反劳动纪律和职业道德的，即便没有具体的制度规定，用人单位依然可以解除。由于个案情况的不同，法官在具体处理案件的时候会结合庭审情况对案件做出判断，读者在研读案例时应当对此有清醒判断，避免以偏概全。

案例索引

北京市第二中级人民法院（2018）京 02 民终 3024 号

111　特定情形下允许用人单位未经民主程序制定临时性措施

对于涉及公司的生存和全体员工利益的经营行为，应当允许在未经民主程序的情况下制定临时性的经营管理措施。

案情简介

杨某于2008年2月18日入职旺某音箱（深圳）有限公司（以下简称旺某公司），工作岗位为调试机器技术人员。2016年6月22日及2016年9月6日，旺某公司分别发出通知，基于其与客户签订保密合同、防止产品技术外泄、避免影响工作以及车间管理，规定员工禁止携带手机进入车间，如有携带手机的，上班前必须交与各班组长存在保安室储物柜以待下班领回，有违上述规定予以开除。杨某确认收到上述通知，并且在2016年9月6日的通知上签名。

2016年11月21日，旺某公司在例行巡线检查时发现杨某携带手机。旺某公司认为杨某在工作时间违规私带手机进入车间，被发现后仍强词狡辩，喧哗谩骂怠工，毫无悔改之心，根据《劳动合同法》第三十九条第二项和公司厂规第5.11.6条第E项“罢工、怠工或鼓励他人怠工（予以开除）”，对杨某做开除处理。双方因此产生纠纷。

法院裁判

一审法院认为：用人单位规章制度的制定需要符合法律要求，包括内容合法和程序合法。旺某公司以通知方式设立禁止携带手机进入车间的规定，消灭员工在车间持有手机通信设备之权利，并且将处罚程度定性为可以解除劳动合同的严重程度。该规定直接涉及劳动者切身利益，应当依据《劳动合同法》第四条规定经职工代表大会或者全体职工讨论，提出方案和意见，与工会或者职工代表进行平等协商等程序。旺某公司关于“禁止员工携带手机进入车间”的通知，虽然有召开员工大会“告知”，也经公示和员工代表签名，但根据劳动合同法的精神，对于严重影响员工利益的制度制定应经民主程序，与员工充分协商。“禁止员工携带手机进入车间”违反者“予以开除”的制度以“通知”的形式发出，即使召开员工大会，也仅为用人单位单方面做出告知性表示，不足以体现该制度的制定中用人单位与劳动者存在充分的民主协商过程，因此，旺某公司“禁止员工携带手机进入车间”违反者“予以开除”的制度，其制定存在程序瑕疵，不能直接予以适用，故旺某公司以此为由解除双方的劳动合同系违法行为。

二审法院认为：旺某公司应客户的要求及保密的需要，规定员工不得携带手机入厂系经营管理的需要，系行使正常的经营管理自主权。“禁止携带手机进入车间”，违反者予以解除劳动关系并不违反法律、政策的禁止性规定，也不存在明显不合理的情形。杨某已在相关的通知下签名予以确认，应明知带手机入厂可能带来被辞退的后果。杨某违反通知的要求带手机入厂，且未能提供证据证实当时具有须带手机入厂的特殊情况，旺某公司以杨某严重违反用人单位规章制度为由，对杨某做辞退处理并无不当。

再审法院认为：第一，旺某公司禁止员工携带手机进入车间的规定，涉及劳动者的通信自由权和用人单位的经营管理权之间的冲突。公民享有通信自由权，但并不意味着公民行使通信自由的个人权利时在特定时间、特定场合不受限制，否则将导致个人权利的滥用。用人单位享有经营管理自主权，行使经营管理权时也应尊重劳动者的个人权利。用人单位基于生产经营的需要，对劳动者在一定岗位、一定场所使用手机的行为进行限制，如果对劳动者通信权利的限制降到最低程度或者适当程度，则是合理的。就本案而言，旺某公司主张，为防止产品资料外泄，旺某公司与客户签订了保密协议，所以制定了禁止员工携带手机进入车间的通知。旺某公司提交的其与客户公司签订的保密协议可证明旺某公司与客户之间的业务具有保密性，旺某公司违反保密协议需承担相应的法律责任，也可能因此丧失客户订单。而旺某公司的经营状况不仅影响公司的经营，也直接影响全体员工的利益。杨某所在车间生产的产品涉及客户要求保密的信息，员工如携带手机进入车间，存在泄露客户产品信息的风险。因而，旺某公司禁止员工携带手机进入车间，但未限制员工在其他场所使用手机。法院认为，旺某公司中对员工使用手机的时间和场所的限制是合理的，符合权利冲突时对权利进行均衡调整的原则，因此，认为禁止员工携带手机进入车间是“剥夺劳动者即时通信权”的意见，过分强调员工的个人权利，忽略了旺某公司应享有的经营管理自主权和员工在工作期间、工作场所使用手机可能对公司造成的不良后果，不予采纳。第二，用人单位与劳动者之间属于管理与被管理的关系，劳动者在工作期间，应遵守公司的规定制度和工作安排，用人单位在制定涉及员工切身利益或者重大事项时，应通过民主程序决定。用人单位应急制定临时的经营管理措施与职工参与企业民主管理之间也存在程序上和效率上的冲突。从效率的角度看，用人单位为了争取客户订单、按保密要求及时完成订单，时效要求高，因此，对于涉及公司生存和全体员工利益的经营行为，应允许公司为此制定临时性的经营管理措施。本案中，旺某公司基于客户的保密要求，分别于2016年6月22日、2016年9月6日两次下发通知，告知所有员工禁止携带手机进入车间，违反者予以开除。旺某公司通知的内容未违反法律、行政法规及政策规定，不存在明显不合理的情形，且旺某公司已经履行了告知的义务。杨某确认收到旺某公司的通知，并在2016年9月6日的通知中签名确认，可视为杨某对通知的规定没有异议。因此，旺某公司的通知可作为解除劳动合同的依据。

律师点评

用人单位的规章制度必须经过民主程序和公示程序后才对劳动者发生约束力。那么实践中有没有例外情况，即使规章制度没有经过民主程序，也可以作为管理劳动者的制度依据呢？本案似乎给出了答案。

本案中，用人单位的规章制度未经民主程序，仅履行了送达程序，被劳动人事争议仲裁委员会、一审法院以规章制度未经民主程序不符合《劳动合同法》第四条之规定而认定不能作为处罚劳动者的依据进而判决用人单位解除违法。该类认定在实践中属于常态，裁审人员在适用法律上并无错误，用人单位对此应当有清醒认识。民主程序仍是规章制度发生法律效力的前提条件，切勿以个案否定民主程序的必要性，否则会给用人单位带来巨大的法律风险。

在用工实践中，部分用工单位存在简单套用其他单位规章制度的行为，一旦产生用工纠纷，导致用人单位在处理过程中无准确的行为依据。用人单位应当依据自身情况量身打造适合自身需求的规章制度，并且根据生产经营的变化适时调整规章制度的内容，避免产生内外不符、形实不一的情况。本案中，用人单位的做法值得我们借鉴，其根据自身业务发展变化，为适应保密等级的需求建立了禁止劳动者携带手机的规章制度，适应了企业经营情况的变化，维护了企业的合法权益。用人单位建立临时性措施的前提是基于经营需要，确有必要且具备现实紧迫性，对于没有类似情况的用人单位，如果简单通过复制的方式予以运用，一旦出现纠纷，则可能被法院认定规章制度因侵害劳动者的通信自由权而无效，最终因制度内容的不合法带来巨大的用工风险。

通过本案，法院亦给用工单位带来一种临时性的用工管理方式，即因规章制度的设计、投票、修改需要花费大量的时间成本，在某些特定情况下，因用人单位对效率的需求较高，可以通过临时性的经营管理措施予以解决。在此情形下，临时性的经营管理措施经与劳动者协商达成一致后，即可对劳动者发生法律效力，不需要经过民主程序。当然，通过此种方式进行管理的时间不宜过长，否则，容易降低用人单位适用该制度的合理性。

案例索引

广东省高级人民法院（2019）粤民再 157 号

112　新版员工手册未送达员工，据此解除劳动合同违法

劳动者违反薪酬保密协议，用人单位有权依规处理，但是由于新制度未送达给劳动者，用人单位应依据前版制度处理。

案情简介

2017 年 11 月 17 日，谢某入职北京秒某信息咨询有限公司（以下简称秒某公司），担任商务副总监职务。2019 年 7 月 9 日，谢某向收件人吴某某等多人发送主题为“致管理层的一封信——来自基层员工的发声”的电子邮件，其中包含如下内容：“……核心问题是在上级对我的调薪过程中，遇到不公平待遇和不规范操作，希望有关部门能出面与我进行正规的沟通。事实如下……（5 月 7 日至 7 月 9 日双方沟通下调谢某底薪的过程，内容涉及谢某底薪）……”2019 年 8 月 1 日，秒某公司向谢某送达《解除劳动关系通知书》。谢某向北京市海淀区劳动人事争议仲裁

委员会提起仲裁申请，要求秒某公司支付工资差额、继续履行劳动合同，该委支持其部分请求后，秒某公司不服，诉至北京市海淀区人民法院。

用人单位诉称：谢某在事实上存在多次泄露自己薪资的行为，按照公司的规章制度，公司有权与其单方解除劳动关系。

劳动者辩称：2019 年的《员工手册》没有我的签字，不对我发生法律效力。我对薪资的泄露不是主观故意的，根据 2015 年《员工手册》的规定，我的行为不属于泄露薪资，公司系违法解除，双方应继续履行劳动合同。

法院裁判

从电子邮件的内容来看，谢某所提异议的核心为其直属领导及上一级领导对于调整其薪资事宜的处理方式及后续处理过程中表现出的态度，在对于事件过程的描述中披露其具体调整薪资的标准并无绝对必要性，谢某向与其调薪事件并无直接关联的其他多人群发包含其具体调薪标准的行为，必然导致其薪资情况被他人知晓，客观上形成了透露其薪资标准的行为。秒某公司提交的 2019 年 5 月 22 日电子邮件截图中明确载明员工需签署对 2019 年版《员工手册》及其附件制度的确认单，但其提交的 2019 年版《员工手册》所附员工确认单中没有谢某的签字确认信息，且其提交的谢某电子邮件截图亦不足以证明其已向谢某履行了相应送达程序，故对谢某应执行秒某公司 2015 年版《员工手册》的规定。而根据 2015 年版《员工手册》规定，泄露自己的薪资信息属于应书面警告的行为，但秒某公司提交的证据不足以证明其对谢某做出书面警告处理，亦未举证证明谢某泄露自己薪资的行为给公司造成重大损失，故秒某公司以谢某泄露薪资的行为严重违反公司规章制度，并以此为由与谢某解除劳动合同缺乏事实依据，构成违法解除，双方应继续履行劳动合同。

律师点评

用人单位应当根据企业经营情况的变化适时调整企业的规章制度，以使企业能够更好地适应市场竞争的变化，持续保持和提升企业的竞争力。但是，在实践中，用人单位对规章制度进行了调整，却又忽略了送达程序，导致新的规章制度无法适用于劳动者，而旧的规章制度要么被作废，要么没有规定，要么规定的程度不够，导致新的规章制度不能用，旧的规章制度用不上的尴尬境地。

用人单位对规章制度的修订需要重新经过民主程序，同样，修订后的规章制度还需要重新履行送达程序，二者缺一不可。有的用人单位在制定规章制度的时候比较注意规章制度的民主程序和公示程序，但是在修订的时候，对民主程序和公示程序的重视程度不够，有的 HR 想当然地认为，修订过的规章制度不需要再次履行送达程序，这样的认识会给用人单位带来巨大的用工风险。

案例索引

北京市第一中级人民法院（2020）京 01 民终 8873 号

113　因未将规章制度送达劳动者且未依规执行被判解除违法

用人单位未将规章制度送达给劳动者且在劳动用工管理过程中未依制度规定的程序执行，最终被认定为解除违法。

案情简介

樊某于 2010 年 3 月 23 日入职北京外某人力资源服务有限公司（以下简称外某公司），担任高级销售代表，约定对樊某以劳务派遣的形式派遣到三某（中国）投资有限公司（以下简称三某公司）工作。2014 年，樊某与外某公司签订无固定期限劳动合同。2016 年 1 月 22 日，外某公司以樊某连续旷工十天、工作时间违规上网为由与樊某解除了劳动合同，双方发生劳动争议。

法院裁判

第一，由于用人单位未对员工手册已经送达樊某进行举证，应承担举证不能的法律后果，用人单位据此员工手册与劳动者解除劳动关系的行为，违反法律规定。

第二，用人单位第一次向员工发出书面警告的时间系 2016 年 1 月 13 日，而第二次书面警告针对的是樊某 2015 年 9 月 14 日至 2015 年 9 月 25 日期间发生的旷工行为，并不符合员工手册的相关规定，时间上存在矛盾。因此，用人单位系违法解除劳动合同，应承担赔偿责任。

律师点评

通过本案，我们提示以下三点。

第一，用人单位在制定直接涉及劳动者切身利益的规章制度或重大事项时，应当经过职工代表大会或全体职工的讨论，提出方案和意见，并与工会或职工进行平等协商确定。此项程序性规定直接影响用人单位规章制度是否有效。经过民主程序制定是规章制度合法有效的前提。

第二，规章制度有效并不意味着对劳动者就有效，还必须经过送达程序，告知劳动者。送达有很多种方式，培训方式、签收方式、劳动合同附件方式都是有效的送达手段。切记，未向劳动者送达的规章制度并不对劳动者发生法律效力。本案中，用人单位并未提供公司内部制度送达劳动者的证据，被法院认定为未送达给劳动者。

第三，在实践中，用人单位可能还存在这样一个误区，即规章制度仅用来约束劳动者的行为。事实上，规章制度对于劳动者和用人单位的行为都具有约束作用。在工作期间，劳动者应遵守规章制度的行为规范。与此同时，用人单位也应依照规章制度规定的程序行使用工管理权，否则，很容易被裁审机构认定为处理劳动者无制度依据。本案中，用人单位在员工第一次发生违反员工手册的行为时并未依规发送书面警告，而在员工再次违规时才做出书面警告，给裁审机构造成制度想执行就执行的错觉，直接导致裁审机构无法采信用人单位的规章制度，被认定为行为无制度依据，最终承担违法解除的法律后果。

案例索引

北京市第三中级人民法院 2019 京 03 民终 5835 号

114　制度仅通过 OA 系统公示，不对劳动者发生法律效力

规章制度仅通过 OA 系统公示的方式履行送达程序的，不对劳动者发生法律效力，用人单位据此解除，系违法解除。

案情简介

2009 年 4 月 22 日，沈某入职中某证券股份有限公司（以下简称中某证券）。2016 年 2 月 5 日中某证券做出《关于印发〈中某证券股份有限公司员工违规违纪处罚办法〉的通知》，该通知第一条规定："请各单位召开专门会议，组织全体员工认真学习《中某证券股份有限公司员工违规违纪处罚办法》规定，督促每位员工完成逐条学习，并签署《公司制度学习确认书》，确认书扫描件发送至人力资源部 OA 邮箱，确认书原件存档备查。"

2018 年 12 月 16 日，中某证券做出《关于各二级部人员归属及相关事项的通知》。12 月 17 日，中某证券将上述通知以电子邮件的形式发送给沈某。中某证券主张沈某未按该通知要求履行从综合管理部到持续督导部的工作交接，构成一般违规行为，沈某对此不予认可。2019 年 1 月 10 日，中某证券做出《关于做好 2018 年度员工绩效考核工作的通知》，要求员工填写《年度考核登记表》并完成年度述职报告的撰写工作。中某证券主张沈某拒绝参加年度考核，不服从工作安排，已构成一般违规行为，沈某对此不予认可。2019 年 2 月 1 日，中某证券人力资源部在公司内部 OA 系统上发起题为"关于与投行委中小企业金融部沈某解除劳动关系的处理意见"。2019 年 2 月 3 日，中某证券工会复函人力资源部同意与沈某解除劳动合同。2019 年 2 月 11 日，中某证券向沈某做出《解除劳动合同通知书》。

法院裁判

首先，中某证券在《关于印发〈中某证券股份有限公司员工违规违纪处罚办法〉的通知》中已明确要求全体员工认真学习办法规定，并签署《公司制度学习确认书》，确认书原件存档备查，该通知亦附有空白学习确认书。在中某证券对此有明确要求的情况下，其未能提交沈某的学习确认书或学习记录，确有瑕疵，现没有直接证据证明已向沈某进行了《中某证券股份有限公司员工违规违纪处罚办法》的公示或告知，不宜认定该《中某证券股份有限公司员工违规违纪处罚办法》对沈某具有约束力。

其次，《中某证券股份有限公司员工违规违纪处罚办法》对违规违纪行为明确规定了处罚程序和处罚措施，但中某证券并未提交《中某证券股份有限公司员工违规违纪处罚办法》所规定的对员工违规违纪处理的书面调查报告、审议记录、申辩材料、界定级别及处罚意见等。中某证券提交的会签流程单仅为中某证券已做出解除劳动关系决定后单位内部的审批流程，并未体现中某证券做出该决定的依据与理由，中某证券主张会签流程单所签署意见即为处罚委员会的评议过程明显与事实不符，法院对此不予采信。

中某证券、沈某签有固定期限劳动合同，解除劳动合同涉及劳动者的切身利益。在中某证券并未对沈某做出任何违规违纪处罚前，其直接主张因沈某存在严重违规违纪、一般违规违纪对其进行合并处理一节，明显依据不足，法院对此不予采信。法院判决中某证券向沈某支付违法解除劳动合同赔偿金 296029.65 元。

律师点评

方便、快捷不应是人力资源管理追求的首要目标，合法、有效才是！有的用人单位为了方便省事，将规章制度上传到企业的 OA 系统上就以为万事大吉了！可以说，这是对送达含义“深深的误解”。送达的本质是用人单位有证据能够证明劳动者已经知悉了规章制度的内容。

结合本案，我们提示以下几点。

第一，规章制度的送达程序是个老生常谈的话题了，书中已多有提及。用人单位未履行送达程序，意味着该规章制度对劳动者不发生法律效力，使本处于“用工难”“解除难”局面的用人单位雪上加霜，使用人单位在劳动用工管理过程中处于非常被动的境地。

第二，在用工实践中，一般有两种送达模式。其一，在劳动者签订劳动合同前，要求劳动者阅读规章制度，劳动者认可后签署劳动合同，并要求劳动者出具已阅读规章制度的签收证明。其二，在双方建立劳动关系后，用人单位对新入职劳动者集体培训学习规章制度，并留存学习培训纪录。以上两种方式，其本质目的均是留存劳动者签收规章制度的书面材料。当然，在用工实践中，很多用人单位还采用第三种操作模式，即通过 OA 系统公示或存储在公邮中，并要求劳动者查看，对于劳动者是否已经查看、是否出具确认书抛之脑后，在这种情况下，一旦劳动者表示未收到规章制度或者未看过该制度，用人单位很难证明劳动者已经阅读过这些规章制度，裁审机构就会认定规章制度没有送达给劳动者，对劳动者没有约束力。法律后果就是，对于用人单位依据制度的解除行为，很容易会因没有制度依据而被认定为违法解除。

第三，规章制度的内容不应仅具备合法性与合理性，更应具有履行的现实可操作性。本案中，用人单位的规章制度明确，严重违纪解除劳动合同应经过调查、审议、报批、申辩、确定处罚意见、处罚委员会表决、通知工会等程序。从内容上看，该解除程序十分合理，在依规履行的情况下，能够大大加强用人单位解除行为的合理性。但是，在很多情况下，能够完全按照上述程序执行的用人单位少之又少，对于不依规履行的，该制度将成为合法解除的“绊脚石”，不但无法产生积极作用，还将成为劳动者主张制度无效或不适用的理由。因此，在制定规章制度时，建议将用人单位的执行力作为主要考虑的因素，避免因制度过于“合理”而产生用工风险。

案例索引

北京市第二中级人民法院（2020）京 02 民终 9546 号

115 员工手册未明确录用条件，解除试用期员工违法

用人单位员工手册未明确规定录用条件，亦没有明确考核条件，以劳动者不符合录用条件为由解除劳动合同违法。

案情简介

2017 年 11 月 20 日，陈某入职北京火某网络技术有限公司（以下简称北京火某公司），任产品副总裁，《劳动合同书》期限至 2020 年 12 月 19 日，约定陈某试用期为 6 个月，试用期月工资标准为 15 万元。陈某在职期间为北京火某公司 CEO 的直接下级，自述工作内容为市场研究、政策研究、产品研究。2017 年 11 月 29 日，北京火某公司工作人员向陈某私人邮箱内发送电子邮件，载明“《终止试用期通知书》……根据您入职后的工作表现，公司认为您不符合该职位的录用条件。现特通知您终止试用期，双方劳动关系同时终止”，并附《离职审计报告》及《离职交接清单》。双方就此产生劳动争议。

法院裁判

首先，双方劳动合同解除的真实事由是“沟通交流不顺畅”。虽 2017 年 11 月 29 日北京火某公司向陈某送达的《终止试用期通知书》及北京火某公司当庭陈述内容均将解除事由指向“入职后的工作表现不符合该职位的录用条件”，但据双方均无异议的 2017 年 11 月 29 日谈话录音显示，北京火某公司与陈某解除劳动关系的事由指向“交流期间，管理层通过跟您的沟通和交流，反馈说在沟通上觉得不顺畅……如果在这个层面您空降加入公司之后遇到了这样的问题，管理层有权对您的录用条件产生质疑”，即录音将北京火某公司与陈某解除劳动关系的原因指向“公司管理层认为与陈某沟通交流不顺畅”。

其次，北京火某公司所持主张及所提交的证据情况不能证明陈某不符合录用

条件。虽北京火某公司提交的《劳动合同书》中约定陈某在签订合同时已明确知悉录用条件，即经转正评估打分低于60分视为不符合录用条件，但《聘用通知书》及现有证据材料，其中均未能对“录用条件”的具体内容作出明确规定。虽北京火某公司提交的《劳动合同书》中约定，未能参加公司组织的技术业务及规章制度培训，公司可根据劳动合同及规章制度给予纪律处分并根据具体情况决定是否解除劳动合同；其公司提交的电子邮件及云学堂材料显示陈某未能参加安全教育培训；但现有证据并未显示北京火某公司曾在培训前明确告知陈某如未能参与此次安全教育培训则构成严重违纪将导致公司方解除双方劳动合同关系。再，虽北京火某公司提交钉钉记录、转正评估表等为证，但钉钉记录尚不足以证明陈某怠于工作，且结合陈某所提交的离职当日谈话录音，北京火某公司对陈某做出的评估并未与陈某沟通或向其及时送达。

据上，法院认为，在现有证据的情况下，北京火某公司于2017年11月29日所做出的解除决定在解除事由方面缺乏合法依据，解除行为构成违法解除。

律师点评

劳动用工风险无处不在，防范措施又无法做到万无一失。HR最担心的就是劳动者的违纪行为在规章制度中无法找到对应的规定。本案中，用人单位欲以劳动者不符合录用条件为由解除劳动合同，规章制度中却没有有关录用条件的相关规定，案件结果让人唏嘘。

本案中的劳动者属于用人单位的高管，试用期刚刚履行一周时间，双方即产生分歧，用人单位以劳动者不符合录用条件为由单方解除劳动合同，但最终因用人单位制度和制度执行存在缺陷，被认定解除行为违法。

规章制度的建设应该是系统且全面的，应当避免出现重大瑕疵，如没有履行民主程序、没有送达给劳动者、内容违法、内容欠缺等。其中，试用期管理需要引起用人单位的重视。实践中，很多用人单位对于试用期解除劳动合同不太在意，潜意识里仍然认为试用期可以随意解除劳动者。殊不知，如果没有明确的录用条件以及试用期的考核标准，解除试用期劳动者同样十分困难。

用人单位也应严格按照规章制度规定的程序执行。本案中，用人单位员工手册中有关于试用期内需对劳动者进行考核、考核不及格者不予录用的相关规定，但遗憾的是，用人单位并没有依据此规定执行，导致与劳动者发生纠纷后，相关制度无法作为解除劳动合同的制度依据，败诉也就是难免的了。

案例索引

北京市第一中级人民法院（2018）京01民终7884号

116　用人单位“四铁律”有违法治原则，应当认定无效

用人单位的规章制度既未经过民主程序，又有违法治原则的，即使已经送达劳动者，也不会对劳动者产生约束力。

案情简介

2012年2月22日，单某入职无锡祁某花园酒店（以下简称祁某酒店），从事保安工作，实行标准工时制，单某签收了《员工手册》。2015年11月1日，单某被调入祁某酒店的关联企业无锡君某酒店管理有限公司（以下简称君某公司）工作，双方签订了劳动合同。入职后至2016年1月期间，单某每月上班二十天，每天12小时，实行“做二休一”模式；从2016年2月开始，单某每月上班十五天，每天12小时，实行“做一休一”模式，工资不变；到2016年3月10日之后，公司重新调整了排班，单某每月仍上班二十天，每天12小时。

单某因加班工资事宜与君某公司产生纠纷，向当地的劳动部门投诉维权，君某公司便以单某违反“四铁律”的规定，即“不管员工有理没理，直接找到劳动机构扩大事态，酒店将无视一切结果，直接给予除名”，构成严重违纪为由，解除了与单某的劳动合同。双方就此发生争议。

法院裁判

君某公司在2016年3月10日后不再安排单某“做一休一”，恢复“做二休一”，但是工资不变，单某向劳动部门投诉属于依法提出诉求的行为。“四铁律”既未履行民主协商的程序加以制订，其有关规定亦有违法治原则，应当认定君某公司解除与单某的劳动合同违法。

律师点评

如果用人单位的规章制度内容违法，即使送达给了劳动者，对劳动者也不具有约束力。用人单位的规章制度应同时具备实体合法和程序合法两大基础要件。本书中也多次强调，用人单位的规章制度应当经过有效的民主程序和送达程序，即程序合法，方能对劳动者产生拘束力。但是，能够对劳动者产生法律效力的规章制度有一个大前提，即制度本身应当符合法律规定，即实体合法。

《劳动合同法》第七十九条规定，任何组织或者个人对违反本法的行为都有权举报，县级以上人民政府劳动行政部门应当及时核实、处理，并对举报有功人员给予奖励。当劳动者权利遭受侵害时，有权要求劳动行政部门行使其管理职能，维护自身合法权益，任何单位或者组织都无权干涉、限制劳动者的投诉权。

本案中，用人单位“四铁律”中明确规定，劳动者无论对错，找到劳动机构扩大事态的，用人单位可以直接予以除名，该内容已经违反了《劳动合同法》的相关规定，亦违反法治原则，剥夺了劳动者的法定权利，属无效规定，不符合实体合法的要求，且该制度未经法定程序，仅告知了劳动者，亦属程序违法。因此，法院难以支持用人单位的主张。

案例索引

无锡市中级人民法院（2017）苏02民终3626号

117　员工手册中严重违纪的规定为概括性条款，解除违法

用人单位员工手册中关于劳动者严重违纪情形的规定居然是概括性条款，未规定具体情形，解除行为被认定违法。

案情简介

赵某于 2015 年 4 月 1 日入职北京奇某科技有限公司（以下简称奇某公司），担任研发工程师。2016 年 9 月 21 日，奇某公司以赵某严重违反公司的规章制度为由向赵某送达《解除劳动合同通知书》，双方产生劳动争议。

法院裁判

奇某公司虽主张赵某自 2016 年 7 月开始消极怠工，故意拖延工作，并拒绝执行领导安排的工作内容，经劝告仍不予改正。但第一，奇某公司主张解除劳动关系的制度依据为员工手册第 6.5.2 项，该条款规定公司解聘员工的情形为当员工严重违反公司纪律达到被解雇程度，或员工触犯国家刑事法律被处罚而无法履行劳动合同，或符合劳动合同法相关规定，但并未明确列举员工违反公司纪律的行为，仅为概括性条款。第二，双方就工作时间各执一词，奇某公司并未就赵某实际执行的工作时间进行举证，其公司提交的员工手册中显示用餐时间 1 小时可以在一定范围内自由选择，可见劳动者可以自由选择 1 小时的午休时间。第三，对奇某公司提交的电子邮件，赵某不认可真实性，奇某公司应当举证证明该邮箱地址系赵某的工作邮箱地址，现其公司并未提交相应的证据予以证明，应当承担举证不能的法律后果。退一步而言，即使该邮箱地址为赵某的邮箱地址，其他员工完成工作的时间亦无法直接证明赵某在工作中存在故意拖延的情形，奇某公司的该主张无法成立。第四，如前所述，奇某公司提交的两份领导发送的邮件截图并不能直接证明赵某在工作中拒绝执行领导安排的工作内容。综上，奇某公司解除与赵某的劳动合同，缺乏事实

与制度依据，属于违法解除劳动关系，应支付赵某违法解除劳动合同赔偿金。

律师点评

《劳动合同法》第三十九条规定了劳动者严重违反用人单位规章制度的，用人单位可以解除劳动合同。但是，劳动合同法中并没有规定哪些情形属于严重违反规章制度的行为，这并不是立法疏漏，而是立法者无法具体规定哪些情形属于严重违纪。同样一个行为在 A 公司可能不属于严重违纪行为，但是在 B 公司就构成了严重违纪。比如，加油站规定吸烟属于严重违纪，没有人会提出异议；但是，如果写字楼里的某家咨询公司规定吸烟属于严重违纪，可能就会受到裁审机构的合理性审查。因此，用人单位必须在规章制度中明确哪些行为属于严重违纪行为，不能对严重违纪行为进行概括性规定。

用人单位员工手册条款应具体明确。一本完善的员工手册，其条款必须具体明确，原因就在于，一旦劳动者出现违反员工手册规定的行为，用人单位应当找到与其行为相对应的违纪规定，辅之以相对应的处罚条款，责罚一致，有依有据对劳动者的行为进行处罚才有可能获得裁审机构的支持。本案中，用人单位关于劳动者严重违纪解除劳动关系的条款，居然没有规定具体情形，只是概括性条款，劳动用工管理存在巨大漏洞，输了官司也是必然的。

用人单位员工手册中应避免主观判断性规定。用人单位员工手册中关于劳动者违纪行为的判定，应避免主观性判断。如同本案，用人单位以劳动者消极怠工、故意拖延工作，不服从领导工作安排，经劝告仍不改正等行为构成严重违纪为由解除劳动合同。从上述解除劳动者的事实依据可以看出，上述解除理由均是用人单位或管理者主观做出的判断和认定，很难提举客观证据，裁审机构亦很难采信。

用人单位应重视证据留存工作。本案中，用人单位败诉的另一个重要原因在于证据留存，通过判决书显示的信息，劳动者在工作中确实存在不当之处，且在诉讼中有违诚信原则，这些对用人单位原本是非常有利的，关键就在于，用人单位无法提交证据原始载体，没能有效保存好证据，导致败诉。

案例索引

北京市第一中级人民法院（2018）京 01 民终 6401 号

118 员工谎报出差，用人单位无明确规章制度解除亦合法

劳动者谎报出差骗取用人单位差旅费报销款，即便员工手册或规章制度中没有明确规定，解除劳动合同亦属合法。

案情简介

郑某于 2007 年 4 月 4 日入职北京搜某科技发展有限公司（以下简称搜某公司），职位为高级销售专员。2016 年 12 月 1 日，搜某公司以郑某旷工、伪造考勤记录、弄虚作假欺骗公司差旅报销为由向郑某邮寄了《解除劳动关系通知书》，双方发生劳动争议。

法院裁判

本案争议的焦点在于搜某公司与郑某解除劳动关系是否合法。首先，郑某主张其在 2016 年 9 月 21 日至 2016 年 9 月 25 日出差，但根据某科技有限公司出具的《情况说明》可知搜某公司曾通过某科技有限公司为郑某购买了 2016 年 9 月 21 日从北京至哈尔滨的 CZ6220 航班、2016 年 9 月 25 日从哈尔滨至北京的 CZ6658 航班，郑某自行改签了 2016 年 9 月 25 日的航班为 2016 年 9 月 22 日哈尔滨至北京的 CZ6203 号航班，且通过法院认定的差旅费用报销单及相关的发票可知郑某申请了北京至哈尔滨 5 天的出差及相应天数的费用报销，综上可以确认郑某实际在 2016 年 9 月 21 日至 2016 年 9 月 22 日在哈尔滨出差，2016 年 9 月 23 日至 2016 年 9 月 25 日并未在哈尔滨出差，郑某在实际仅出差 2 天的情况下却申请 5 天的差旅费报销，属于弄虚作假欺骗公司差旅报销的情形。其次，郑某主张其在 2016 年 9 月 27 日至 2016 年 9 月 30 日出差，从法院认定的差旅费用报销单及相关的发票可知，

郑某申请了北京至长春4天的出差及相应天数的费用报销，但郑某未提交其到长春出差的证据，故其应承担举证不能的不利后果，由此法院确认其存在弄虚作假欺骗公司差旅报销的情形。最后，虽然不定时工时制可以不需要考勤，但是劳动者必须向用人单位提供劳动，庭审中郑某主张其出差前需向部门主管发送出差邮件，但郑某虚报了其到哈尔滨和长春的出差情况，郑某亦未提交其他证据证明其在虚报的出差期限内正常向搜某公司提供了劳动，由此搜某公司认定郑某上述期间属于旷工亦无不当。在认定了郑某存在上述行为之后，需要判断搜某公司是否可以与郑某解除劳动关系。法院认为郑某弄虚作假欺骗公司差旅报销的行为有违诚实信用的基本原则，且郑某作为一名入职将近十年的老员工弄虚作假欺骗公司差旅报销费、虚报出差的行为违反了基本的劳动纪律，亦违背了基本的职业道德，其行为极有可能起到不良的示范作用。在此情况下，即便在规章制度未作出明确规定、劳动合同亦未明确约定的情况下，搜某公司也可以依据《劳动法》第三条第二款的规定与郑某解除劳动合同。因此法院认为搜某公司与郑某解除劳动关系的行为并不违法，搜某公司亦无须支付郑某违法解除劳动合同赔偿金。

律师点评

如果用人单位的规章制度中对劳动者的不当行为没有规定，用人单位是否就无法合法解除劳动合同了呢？当然不是。在劳动关系中，用人单位对劳动者有照顾管理的职责，劳动者亦有遵守职业道德、劳动纪律的责任。即使用人单位的规章制度中没有规定，劳动者亦负有善意履行劳动合同、遵守职业道德、劳动纪律的义务。通过本案，我们提示以下三点。

第一，用人单位员工手册条文应尽量明确详尽。员工手册作为处罚违纪劳动者的依据，应尽量具体明确，即劳动者的行为在员工手册中有明确的违纪定性且有明确的处罚措施。如同本案，用人单位的员工手册中关于劳动者弄虚作假的规定比较笼统，没有谎报出差骗取差旅费的明确规定，导致法院在认定劳动者违纪时，难以对应适用，给裁判者带来困扰。

第二，用人单位做出解除与劳动者劳动合同的事实和法律依据要具体明确。用人单位解除与劳动者劳动合同的，应出具书面解除通知，并在通知中列明解除劳动合同的事实依据和法律依据，这是解除违纪劳动者的程序要求，同时要求用人单位解雇劳动者的事实依据和法律依据应明确。本案中，因劳动者存在多个违纪行为，在法院做出劳动者存在旷工和虚报出差骗取差旅费的认定后，最终判定用人单位解除与劳动者的劳动合同合法。

第三，如果员工手册中没有劳动者相关违纪行为的处罚规定，劳动者出现严重违反职业道德、劳动纪律的行为后，用人单位同样可以依据《劳动法》第三条的规定合法解除劳动合同。实践中，一些用人单位的员工手册或规章制度不完善，导致法院在审理案件时没有制度依据，用人单位败诉。但是，当劳动者存在特定违纪行为的情况下，法院会依据劳动法或民法典的相关规定作出判决，劳动者的特定违纪行为是指严重违反劳动纪律、职业道德及公序良俗、诚信原则等的行为。但这些行为没有统一标准，需要裁判机构在审理案件时根据具体案情做出判断，这存在很大的不确定性，还是建议用人单位尽量完善员工手册或规章制度，将用工风险控制在可以接受的范围内。

案例索引

北京市第一中级人民法院（2018）京 01 民终 9048 号

119　用人单位的规章制度不应过分严苛，应具有人性化

用人单位规章制度中规定“夜班保安不得睡岗”具有合理性，但具体到特定劳动者，应当从年龄、工作内容、时长等方面进行综合评判。

案情简介

2015 年 12 月 16 日，洪某入职厦门海某物业服务有限公司（以下简称海某公司），担任物业服务保安。2018 年 8 月 4 日，洪某在当值期间睡觉。后海某公司以

洪某违反劳动纪律为由与其解除劳动合同。洪某向厦门市湖里区劳动人事争议仲裁委员会提起仲裁申请，要求海某公司支付违法解除劳动合同赔偿金等，该委支持其部分请求后，用人单位不服，诉至厦门市湖里区人民法院。

用人单位诉称：海某公司制定的《职员手册》通过民主程序制定，是合法有效的规章制度，对洪某具有约束力。洪某值班期间睡觉，已经构成《职工手册》中严重违纪的情形，我司解除与其劳动关系符合法律规定，应当予以支持。

劳动者辩称：《职员手册》未经法定的民主程序，未送达给我，对我不产生拘束力，用人单位据此解除双方的劳动关系违反法律规定，系违法解除行为。

法院裁判

本案争议的焦点涉及小区保安这一行业的普遍问题，即夜班保安能否适当休息。从小区保安这一行业的性质和特点看，小区保安虽有“保安”字眼，但其实应当是具有更多的带有服务小区业主日常生活性质的职业。因为在通常情况下，在一般的小区里，物业公司雇佣的大部分是退休或接近退休的年纪较大的男性员工，设定的工资也普遍低于社会平均工资。在日常工作中，小区保安虽然没有繁重的体力活，但也普遍存在持续工作时间长，甚至整夜通宵值班的现象。从行业规则看，物业公司制定的“夜班保安不得睡岗”这一规则应当得到肯定，但也应当具有较为充分的人性化。在规则中一味要求一个已经达到或接近退休年龄的员工连续多天通宵夜班，并且通宵时完全不“打盹”，显然不符合人体基本的运作机能。因此，作为企业，应当制定更符合人性化的规则，如适当增加人力成本，缩短员工值夜班的时间，以达到规则与人性的基本统一。

从事实情况看，海某公司制定的规章制度符合物业公司的一般规则。但洪某的日常工作系小区的地下室车库门岗保安，负责小区未登记备案车辆的出入管理，平常每天上班时间达 12 小时，尤其是晚班则是通宵值班，并且需要连续工作十五天。这种工作方式与强度显然与洪某本人的年纪不相符合，违反“夜班保安不得睡岗”这一规则自然就难于避免。

法院尊重海某公司制定的基本规则，但也充分注意到管理中绝对适用原则及规则中人性化的因素。本案的争议也体现一个结论，那就是洪某已经不适应海某公司制定的这种缺乏人性化的规则，为此，双方应当解除劳动关系。鉴于双方已经实际解除劳动关系，侧重于评判哪一方的过错无益于解决本案的争议。为此，法院参照“双方协商解除”的法律规定，由海某公司按洪某的服务年限，以每年一个月的工资标准给予经济补偿。

律师点评

制度合法有效是用人单位合规管理的前提，但是在实际执行过程中应当根据劳动者的具体情况进行综合评判，不能一味按照制度规定来苛责劳动者。结合本案，分析如下。

用人单位禁止劳动者在值班期间睡觉的规定，涉及劳动者的休息权和用人单位的用工管理权的冲突。用人单位具有用工管理权，但并不意味用人单位行使管理权在任何情况下均不受限制，否则将导致用工权利的滥用。劳动者享有休息权，行使权利时亦应当尊重用人单位的用工管理权。用人单位基于工作内容的需要，对劳动者的在岗休息行为进行限制，如果对劳动者休息权的限制降到最低或适当程度，则是合理的。

就本案而言，用人单位在高龄劳动者连续通宵值班十五天，每日值班 12 小时的情况下，依照不得睡岗的制度对劳动者实施管理，因当值夜班劳动者的工作强度、工作方式与年龄不相符，明显有违自然规律，已经严重侵害了劳动者的休息权，用人单位对于用工自主权的行使超过了合理的界限，故该项规定难以对该特定劳动者适用。但是，由于该制度经过合法有效的民主程序与送达程序，最终法院参照双方协商解除的法律规定予以判决，达到了定分止争的法律效果。

从法院的案件分析及判决结果来看，裁审机构已经对用人单位单方解除劳动合同事宜提出更高的要求，不仅仅要求用人单位具备符合法律规定的规章制度，而且进一步加强了对用人单位依照规章制度行使用工管理权合理性的审查。在用人单位行使权利缺乏合理性时，则难以做到全身而退，合法解除。

案例索引

福建省厦门市中级人民法院（2019）闽02民终2847号

120　执行不定时工作制仍需遵守用人单位考勤管理制度

不定时工作制只是工作时间较为灵活，不意味着无须接受用人单位的用工管理，劳动者仍需严格遵守考勤管理制度。

案情简介

2017年9月1日，闫某入职博某家居装饰（北京）有限公司（以下简称博某公司），岗位为项目管家，执行不定时工时制度。2019年9月5日，博某公司以闫某严重违纪为由解除劳动合同。闫某向北京市大兴区劳动人事争议仲裁委员会提起仲裁申请，要求博某公司支付违法解除劳动合同赔偿金，该委驳回其请求后，闫某不服，诉至北京市大兴区人民法院。

劳动者诉称：首先，我执行不定时工作制，无须上班打卡，公司依据我未打卡构成旷工解除劳动合同无事实依据；其次，我从未见过公司的解除依据，该制度对我不发生法律效力；最后，公司主张的制度是广东欧某集团有限公司（以下简称欧某集团公司）的规章制度，其与博某公司属于不同主体，不能适用。

用人单位辩称：博某公司规章制度已经过民主程序，并通过OA系统和邮箱向闫某送达，闫某知晓相关规章制度，应予以遵守；闫某在博某公司是普通员工，不实行不定时工作制，其作为博某公司员工，应遵守公司规章制度，按照考勤管理制度，员工的打卡地点应是与其工作相关的，闫某未提交任何证据证明其在外地打卡系基于工作原因，故闫某属于旷工，博某公司与其解除劳动合同的行为属于合法解除。

法院裁判

博某公司提交的考勤打卡记录在内容上具有连续性，闫某虽不认可考勤打卡记录的真实性，但庭审中认可博某公司要求其打卡，亦认可该记录显示的其曾于2019年7月3日和2019年7月4日在河北省打卡、2019年7月5日在湖南省打卡、2019年7月5日至2019年7月10日期间在广西壮族自治区打卡的事实，故综合考虑在案证据情况，可以认定博某公司在闫某工作期间以打卡方式对其进行管理，闫某关于其无须打卡的主张，难以采信。

闫某主张其岗位实行不定时工作制，且从其工资上看一直都全额发放，故不存在违反博某公司管理制度的行为，但是不定时工作制不代表可以不接受用人单位的管理，亦不代表可以不向用人单位提供劳动，全额发放工资亦不代表用人单位放弃解除权。现根据考勤打卡记录的记载，闫某存在多次异地打卡的情况且未能做出合理说明，针对闫某存在的上述行为，博某公司根据其公司的管理制度做出解除劳动合同的决定。一方面，博某公司已提交其公司管理制度已履行民主及公示程序且实际生效实施的证据；另一方面，根据《劳动法》的规定，劳动者应当遵守劳动纪律和职业道德，闫某的行为已严重违反劳动纪律，故博某公司解除与闫某的劳动合同，无法认定为违法解除。

律师点评

执行不定时工时制的员工是否还需要遵守用人单位的考勤制度？《关于企业实行不定时工作制和综合计算工时工作制的审批办法》规定，企业对符合下列条件之一的员工，可以实行不定时工作制：（一）企业中的高级管理人员、外勤人员、推销人员、部分值班人员和其他因工作无法按标准工作时间衡量的员工；（二）企业中的长途运输人员、出租汽车司机和铁路、港口、仓库的部分装卸人员以及因工作性质特殊，需机动作业的员工；（三）其他因生产特点、工作特殊需要或职责范围的关系，适合实行不定时工作制的员工。也就是说，可以执行不定时工作制的岗位有很多，从理论上，只要用人单位的岗位经相关行政部门审批同意就可以执行特殊工时制度。本案中，劳动关系双方在合同中约定劳动者执行不定时工作制，而在庭审过程中，用人单位又主张该员工系普通员工，不执行相关制度，无法获得支持。

不定时工作制是指工作时间不固定，工作时间较为灵活，不计算劳动者工作时长的工时制度，但是不定时工时制并不意味着劳动者不需要接受用人单位的用工管理，更不意味着劳动者不需要遵守单位的考勤管理制度。如果用人单位在考勤管理制度中规定，劳动者需要每天上下班打卡，劳动者当然应当依规打卡，未依规打卡的，用人单位则有权依据考勤管理规定进行处理。当然，如果用人单位的考勤制度中并没有要求实行不定时工时制的劳动者上下班打卡，劳动者就无须打卡，此时无疑会增加用人单位的管理难度。

用人单位的规章制度应经过民主程序制定，这里的民主程序，只能由用人单位直接履行，不能由母公司、子公司代为履行。本案中，用人单位提交的规章制度履行民主程序的主体实际上是母公司的控股公司，相关规章制度无法直接适用。法院结合劳动者已打卡的客观情况，认可用人单位要求劳动者打卡的主张，进而认定劳动者违反劳动纪律和职业道德，请读者注意，法院认定劳动者违反的是《劳动法》第三条的规定，而不是用人单位的规章制度。

案例索引

北京市第二中级人民法院（2020）京 02 民终 11419 号

121　违纪罚款合法吗？一审认定违法，二审予以改判

用人单位因劳动者违反规章制度罚款 500 元，一审法院认为罚款无法律依据，判决退回罚款，二审法院予以改判。

案情简介

2007 年 2 月，宋某入职翰某汽车零部件（常州）有限公司（以下简称翰某公

司)。2019年1月4日，宋某向翰某公司邮寄送达《解除劳动合同通知书》，内容载明“公司未按照劳动合同约定提供劳动条件（无故将本人从班组长岗位调动至操作工岗位）；公司存在未足额支付本人劳动报酬（未足额支付加班工资、无故扣款）等情形；公司未依法足额为本人缴纳社会保险；公司的薪酬福利、工作时间、年休假等规章制度违反法律、法规规定，严重损害了劳动者的权益。根据《劳动合同法》第三十八条等相关规定，本人现解除与公司签订的无固定期限劳动合同”。双方就此发生劳动争议。

法院裁判

一审法院认为：企业规章制度的制定应同时符合程序和内容的要求，一方面要经过民主程序，并向劳动者进行公示；另一方面在内容上不能违反国家法律、行政法规及政策规定。我国现行法律没有赋予用人单位对劳动者进行罚款的权利，企业规章制度中的罚款条款没有法律依据。故宋某据此要求翰某公司返还2018年9月至12月扣款500元，符合法律规定，依法应予以支持。关于宋某要求翰某公司支付经济补偿金的诉请，该诉请具有事实和法律依据，依法应予以支持。

用人单位不服，提出上诉。

二审法院认为：劳动关系中用人单位与劳动者之间是管理与被管理的关系。因此，对于用人单位为了经营管理的需要，经过民主程序制定且内容不违反法律法规强制性规定的规章制度，人民法院可以作为处理劳动争议的依据。本案中，翰某公司的《劳动者手册》符合上述要求，且宋某已签收并知晓内容。《劳动者手册》规定，劳动者受到口头警告的，每月扣薪100元，连续三个月；劳动者受到书面警告的，每月扣薪100元，连续六个月。宋某因为管理不到位，下属劳动者发生事故，于2018年9月3日被口头警告一次；宋某因无故旷工一天，于2018年11月5日被书面警告一次。翰某公司依照规章制度对宋某罚款500元，是其自主经营权的正当行使，并不违反法律法规的强制性规定，也在合理范畴内。故，对宋某要求翰某公司返还该500元不予支持。

律师点评

用人单位是否能对违纪劳动者进行罚款？在司法实践中，对此存在两种观点。一种观点认为，用人单位对劳动者罚款的法律依据《企业职工奖惩条例》已经被2008年1月15日发布的《关于废止部分行政法规的决定》（国务院令第516号）明确废止，罚款制度无法律依据，用人单位无权罚款；另一种观点认为，根据《劳动合同法》第四条的规定，用人单位有自主管理权，有权依据该条法律规定的程序制定管理制度，也就有权设定针对劳动者违纪行为实施罚款的规定。用人单位制定的管理制度符合该法定程序，而且劳动者予以确认的，用人单位就有权实施罚款。

由于上述观点的不同会给用人单位带来哪些法律风险呢？在认定用人单位具有设定罚款权利的情况下，用人单位依据合法有效的规章制度做出罚款处理，法律风险相对较低；反之，用人单位做出罚款行为后，则会构成未及时足额支付劳动报酬，此时劳动者有权解除劳动合同并要求经济补偿。

如果允许用人单位对劳动者进行罚款，将会产生哪些后果呢？罚款的数额、情形、限度等仅由用人单位通过规章制度制定，容易造成罚款权利滥用，甚至导致用人单位以罚款谋利的情况发生，此时，将影响劳动者的生存权，与劳动合同法等相关法律法规保护劳动者权益的立法宗旨相背离，因此，用人单位应当谨慎制定包含罚款内容的规章制度。

案例索引

江苏省常州市中级人民法院（2020）苏04民终2502号

122　规章制度的规制范围应仅限于工作场所与工作时间

用人单位规章制度的适用时间、地点应限于用人单位和劳动者履行劳动合同的过程，也即应当限于工作场所和工作时间之内。

案情简介

2004 年 9 月 6 日，杨某入职富某工业（深圳）有限公司（以下简称富某公司）。2019 年 4 月 9 日，杨某在下班路上，看到失主手机掉落，在失主不知手机丢失后仍然往前走路的情况下，立即把单车调头捡起手机并迅速离开，并没有立即归还手机给失主，失主也在几秒后发觉手机丢失并迅速回头寻找，但杨某已骑单车离开一段距离。次日，杨某被传唤至警务室后，将手机归还给失主。富某公司随后解除了与杨某的劳动合同，双方发生争议。

法院裁判

关于杨某请求的违法解除劳动合同的赔偿金，根据杨某签名的《谈话笔录》《自述材料》可知，杨某下班之后，在厂区篮球场的路边捡到一个手机，并将手机关机后离开现场，第二天被传唤至警务室后，杨某即将手机归还给失主。富某公司主张，杨某的行为违反了《集团员工违纪管理处理规定》第七十条的规定（“偷盗、侵占公司或他人财物者，或帮他人销赃者”），其因此与杨某解除劳动合同，符合法律规定。对此，法院认为，根据《劳动合同法》第四条的规定，用人单位在与职工代表大会或全体职工讨论后，可以制定规章制度对劳动纪律作出规定。根据上述法律规定，用人单位制定规章制度的目的是规范劳动纪律，因此，其适用的时间、地点应限于用人单位和劳动者履行劳动合同的过程，也即应当限于工作场所和工作时间之内。劳动者在工作场所和工作时间之外的行为对劳动合同的履行没有影响，在不损害用人单位利益的情况下，不应属于用人单位的规章制度约束的范围。本案中，杨某没有立即向失主归还手机的行为虽然不当，但该行为并未发生在工作场所和工作时间之内，也没有损害富某公司的利益，在富某公司的规章制度没有明确说明其适用的范围包括厂区内的所有地点和所有时间的情况下，富某公司依据其规章制度与杨某解除劳动合同，缺乏事实和法律依据，属于违法解除劳动合同，故法院认为，富某公司应向杨某支付违法解除劳动合同赔偿金。

律师点评

用人单位的规章制度对劳动者行为的调整有一定的时空限制，即规章制度只能调整劳动时间之内和厂房之内的行为，工作时间之外、工作场所之外的个人行为，通常不受用人单位规章制度的调整。本案中，用人单位规章制度规制的内容包含“偷盗、侵占公司或他人财物者”，劳动者亦出现了侵占他人财物的情况，二者相契合，但劳动者侵占他人财物的行为没有发生在工作时间内，尚未影响用人单位的利益。此时，劳动者的行为应当受到公法的调整，公安机关可以依据《治安管理处罚法》对劳动者的行为进行处罚，规章制度尚不足以对劳动者的行为进行规制。当然，如果劳动者的行为触犯刑法并受到刑事处罚的，用人单位可以依据劳动合同法的规定加以处理。

在实践中，用人单位的规章制度中可能会有这样的规定，“劳动者违反法律规定的，用人单位有权单方解除劳动合同，无须支付经济补偿”，这样的规定扩大了用人单位规章制度适用的边界，难以具体适用，原因在于违反法律规定的行为多种多样，有很多违法行为与用人单位的劳动秩序毫不相干，如开车过斑马线没有礼让行人、违章停车等，据此处罚劳动者明显不具有合理性。

案例索引

广东省深圳市中级人民法院（2020）粤 03 民终 4451 号

123　特殊情况下用人单位可以处罚员工下班后的行为

用人单位可以将驾驶员安全驾驶要求延伸到工作时间之外，司机非工作时间酒驾构成严重违纪的，用人单位可以解除劳动合同。

案情简介

2015 年 6 月 1 日，重庆某公共交通有限公司（以下简称公交公司）与雷某签订劳动合同，任客车驾驶员岗位。2019 年 5 月 15 日，雷某因饮酒后驾驶机动车被重庆市江津区公安局交通巡逻警察支队勤务八大队罚款1000元、暂扣驾驶证及记12分。2019年6月27日，公交公司因雷某的酒驾行为违反公司《安全生产管理办法》和交通运输部、公安部、安全监管总局《关于印发道路旅客运输企业安全管理规范的通知》的规定做出解除通知。

法院裁判

2019年5月15日，雷某因饮酒后驾驶机动车被重庆市江津区公安局交通巡逻警察支队勤务八大队罚款1000元，暂扣驾驶证，违法记分12分，属于公交公司《安全生产管理办法》第七章第三十六条第一项规定的特别严重违章行为。对于该行为雷某亦无异议，庭审中，雷某认为公交公司的规章制度只适用于工作中，对于雷某下班后酒驾的行为无约束力。法院认为，《安全生产管理办法》中未明确规定特别严重违章行为只限于发生在工作时间内的违章行为，且雷某作为公共汽车的专职驾驶员，不论是在工作时间或者在工作以外的时间驾驶机动车辆，均应严格遵守相关交通法律、法规的规定，雷某酒后驾驶机动车辆导致被暂扣驾驶证、一次性记12分的行为本身也属于特别严重的违章行为，且该行为直接影响雷某的从业资格，公交公司作为从事公共汽车客运的企业，将规范其聘请驾驶员的安全驾驶行为延伸到工作时间之外，法院认为亦具有合理性，据此，公交公司单方解除与雷某的劳动关系的行为并不违反相关法律规定。

劳动者不服，提出上诉，二审维持原判。劳动者申请再审，重庆市高级人民法院依法予以驳回。

律师点评

用人单位的规章制度对劳动者行为的调整是有限度的，通常不会调整劳动者工作时间之外的行为。比如，用人单位的规章制度中规定，“劳动者出现违法行为被行政处罚的，属于严重违反公司规章制度的行为，公司有权解除劳动合同，不支付任何补偿”。如果劳动者下班后出现违章停车，甚至闯红灯等行为，用人单位可以依据该规定解除劳动合同吗？通常情况下，劳动者是否违章停车、是否闯红灯与劳动用工管理无必然联系，用人单位据此解除的，很难获得支持。

本案中，劳动者的岗位特殊，属于公交汽车的专职驾驶员，其在非工作时间的酒驾行为势必影响劳动合同的正常履行，此时，用人单位的规章制度延伸至工作时间之外就具有了合理性，劳动者在非工作时间违规违纪的，用人单位有权做出处理。

由此案我们联想到，劳动者丧失执业资格的，用人单位可以单方解除劳动合同吗？在实践中存在两种观点。其一，如果劳动者在劳动合同履行过程中丧失相关资格的，劳动合同终止。这种情形系对《劳动合同法》第四十四条第三项“劳动者死亡，或者被人民法院宣告死亡或者宣告失踪的”情形的类推适用。劳动者执业资格的丧失，代表其在某一特定劳动领域主体资格的消灭，因此，其劳动合同终止。其二，劳动者在劳动合同履行过程中丧失相关资格的，系属劳动合同订立时所依据的客观情况发生重大变化，用人单位应当先与劳动者协商变更劳动合同，未能就变更达成一致的，用人单位可以解除劳动合同。本案中，双方在劳动合同中约定岗位为客车驾驶员，劳动者醉驾后被暂扣驾驶证，丧失了履行劳动合同的任职资格，劳动合同解除具备了客观条件。

案例索引

重庆市高级人民法院（2020）渝民申 1387 号

124　用人单位应当通过培训、学习的方式公示规章制度

对于规章制度多达上千页的，用人单位不能仅通过张贴、平台展示的方式公示制度，还应组织劳动者学习、培训。

案情简介

2018 年 5 月 5 日，刘某入职天津奥某电器有限公司（以下简称奥某公司），担

任保安，双方已订立书面劳动合同。同时，刘某签署的《员工须知晓公司规章制度及劳动纪律的承诺书》显示，附《公司管理文件目录表》共计列明44个文件目录，并括注“可在OA系统知识中心或食堂等公司指定公告栏查询”。2019年6月28日，刘某向奥某公司邮寄《离职通知书》，以奥某公司未支付加班工资为由，通知奥某公司其于2019年7月1日正式离职，双方发生劳动争议。

法院裁判

一审法院认为：承诺书的内容表明，刘某签名时尚未看到44个文件内容。奥某公司未举证证明44个规章制度已向劳动者公示，故法院不作为审理本案的依据。加班费的计算如没有特别约定，应当依法计算。

关于刘某主张的法定节假日及休息日加班费56153元。刘某举证的出勤天数证明刘某存在加班事实，而奥某公司否认，但未提供属于其管理掌握的加班情况的相关证据，应承担不利后果，故法院对刘某法定节假日及休息日加班事实予以确认；刘某主张的加班费56153元存在瑕疵，因为刘某举证的部分月份出勤天数并非满勤，刘某也未提供全部月份的出勤天数，故法院根据现有证据及奥某公司应负举证责任的情况，酌情扣减30%，对刘某主张的56153元的70%，即39307.1元予以确认。用人单位不服，提出上诉。

二审法院认为：奥某公司于诉讼中自述公司的44个制度多达上千页。面对如此多的制度，不是简单张贴、电脑平台展示就能得出公示的结论。公司应专门组织员工学习培训并对涉及职工切身利益条款的学习有详细的培训记录，即奥某公司有义务让其员工熟知上述制度内容避免自身权益受损。本案中，奥某公司提交证据不足以证实员工熟知上述制度内容，故一审法院认定44个规章制度不作为审理本案的依据是正确的。关于加班举证责任的分担，一审法院判决对加班费天数、基数的计算符合法律规定，奥某公司二审中提交的自制刘某工作日出勤加班表格的证明力弱于一审中关于刘某加班证据的证明力，奥某公司的上诉请求无事实及法律依据，法院不予支持，因此，二审法院判决，驳回上诉，维持原判。

律师点评

用人单位简单粗放的管理方式越来越无法满足裁审机构对用人单位劳动用工管理的要求。通过传统的送达方式，存在送达瑕疵的法律风险。

用人单位的规章制度在送达劳动者后才能对劳动者发生法律效力，而对于送达方式，一般是采取签收送达，但是，通过本案我们可以看到，部分地区的裁审机构对于规章制度的公示提出了更高的要求，即公示程序应不仅仅停留在官网张贴、劳动者签收的层面，对于内容较多的，还应专门组织劳动者学习，并留存培训记录，否则，存在无法作为用工管理依据的可能性。

本案中，用人单位的规章制度涵盖了各个岗位劳动者的薪酬待遇、加班费的计算方式等内容，数量多达上千页，内容比较完善、具体，但与此同时，也引起了裁审机构的疑问，即“劳动者能否熟知制度内容、如果不熟知，又何谈遵守与违反”，因此，我们似乎可以得出这样一个结论，对于比较简洁的制度，尚可采用签收送达的方式，而对于内容复杂的制度，则应设置相配套的公示方法，即，通过专题培训的方式进行送达。对于本案中的用人单位，从经济角度上看，本案的败诉后果可能不痛不痒，但是，从用工角度上看，有着巨大的潜在风险，即用人单位通过相同方式送达制度的，援引该制度做出处理的行为均是无法律依据的行为，由于劳动争议案件群体性的特点，一旦判决公开，可能会引发大量的仲裁诉讼案件，甚至造成用人单位经营困难。

案例索引

天津市第一中级人民法院（2019）津 01 民终 6906 号

125　未到指定医院复查，用人单位以严重违纪解除获支持

劳动者连续休病假超过一个月，属于用人单位规章制度中应当到指定医院复查的情形，后劳动者拒绝复查，用人单位解除获得支持。

案情简介

2008年9月28日，周某入职上海时某人才有限公司（以下简称时某人才公司）从事促销员工作。2019年7月15日至8月25日，周某连续休病假，时某人才公司以1984元的标准支付周某病假期间的工资。2019年8月27日、8月29日，时某人才公司向周某两次发出通知，要求周某到指定医院复查病情，并在第二份通知中明确告知周某“若仍然不按时到达配合复查，公司有权认定周某为虚假病假，给予辞退；如复查后，检查诊断结果与前期提供的病假有争议，公司将保留追责的权利”。周某收到上述两份通知后，均未予以理睬。2019年9月3日，时某人才公司向周某发送《解除劳动合同通知书》，载明双方劳动合同自2019年9月5日解除，解除理由为周某虚假病假且旷工超过3天，双方发生劳动争议。

法院裁判

本案的争议焦点在于周某在2019年8月27日之后是否属于旷工。周某为此提供了病历记录等相关证据，但真实性难以确认，退一步说，即使相关证据确实能够证明周某根据公司规定和惯例于2019年8月26日提交了8月26日至9月8日的有效病假申请材料，但是在周某自2019年7月15日起连续休病假超过一个月的情况下，时某人才公司根据《促销员管理规定》在8月27日和29日两次通知周某到公司指定医院复查，但周某均未理睬。因此，对于周某2019年8月26日至9月8日的病假申请，可以理解为时某人才公司不仅未予批准，还提出了异议和复查要求，在这种情况下，周某未到岗工作的，属于《促销员管理规定》的“不办理请假手续或请假未获批准而擅自不到岗的”旷工情形，时某人才公司据此认定周某于2019年8月27日之后连续旷工超过3天，并以此为由解除与周某的劳动合同，并无不当。因此，周某要求时某人才公司支付2019年9月1日至5日的工资以及违法解除劳动合同赔偿金的请求，没有事实和法律依据，法院不予支持。

律师点评

通常情况下，用人单位对于劳动者请休病假事宜仅享有核实权，不具有审批权，更不具有要求劳动者到指定医院复查的权利。用人单位强制劳动者到指定医院复查，劳动者拒绝的，用人单位实难做出合法有效的处理决定，原因在于用人单位并不具备识别劳动者病情、判断与病情相匹配休假时间长短的专业能力，此时用人单位仅有核实病假是否真实的权利，实无批准病假的权利。

但是当劳动者的病情与休假时间存在明显不合理的情况下，用人单位对劳动者的病情产生合理怀疑进而要求劳动者到指定医院复诊就容易获得裁审机构的认可。比如，对于普通的感冒，普遍认为 7 日就可以痊愈，但如果医生开出一个月的病假条，在这种情况下，用人单位要求复诊就具有一定的合理性。

在对劳动者的病情产生怀疑后，用人单位应当首先找到出具病假条的医生核实病假条的真实性，同时了解劳动者的病情，经与医师沟通后，仍认为不合理的，可以向上级反映相关情况。用人单位要求劳动者到指定医院复查，在实践中不属于最优选项，只有在劳动者长期“泡病假”或者病情与病假严重不符的情况下才可以依据相关制度规定要求劳动者到指定医院复诊。

案例索引

上海市第二中级人民法院（2020）沪 02 民终 10834 号

第十章

举证责任——如何做到『铁证如山』

126　员工曾持公章，故盖有公章的文件无法确认真实性

劳动者在工作中曾持有用人单位公章，故其提交的盖有用人单位公章的考勤表和辞职报告等文件无法确认真实性。

案情简介

零某（北京）文化传播有限公司（以下简称零某公司）成立于2014年，主要经营婚纱摄影，以拍摄水下婚纱为主，员工4人至8人，办公地点位于北京市朝阳区金盏乡，其经营模式不同于普通影楼，客户均通过提前预约到店接受服务。张某与莫某系夫妻，2015年10月29日，张某与莫某一同入职零某公司，莫某担任店长一职，张某担任摄影师一职，月工资5000元，均未签订劳动合同。2017年1月1日至2月28日，零某公司安排张某放假，未支付张某工资。2017年4月13日，张某提出辞职。2017年4月14日，张某办理了离职交接手续。2017年9月15日，张某向北京市朝阳区劳动人事争议仲裁委员会提出仲裁申请，要求零某公司支付未签订劳动合同双倍工资差额、解除劳动合同经济补偿金、休息日加班工资、法定节假日加班工资、工资、基本生活费等项，该委支持其部分请求后，双方均不服，诉至北京市朝阳区人民法院。

用人单位诉称：张某是主动提出的辞职，不应支付其补偿金。张某的妻子莫某作为店长，负责管理工作，包括管理公章的使用，其在我公司不知情的情况下，私自为其丈夫张某制作与事实不符的考勤表，并加盖公章，属于弄虚作假行为。

法院裁判

张某提交的书面《辞职报告表》本应交给零某公司，由零某公司管理，《辞职报告表》中记载的辞职理由为“公司负责人辞退”，与事实不符，且《辞职报告表》中的内容均为莫某书写，其他审批人员签字处均为空白，显示该《辞职报告表》没有经过零某公司审批，但该表加盖了零某公司的公章，且由张某持有，结合零某公司的质证意见和证人蒋某的证言，法院对该《辞职报告表》的真实性不予认定。同时，该份《辞职报告表》反映出张某之妻莫某有机会私自接触使用公章。结合零某公司经营业务的特点，其主张实行不定时工作制并无不妥。张某提交的考勤表，系莫某自己制作、管理和持有，零某公司提交的证据显示，另一劳动者刘某 2016 年 7 月 27 日至 10 月 3 日一直在国外，但该考勤表记录刘某 2016 年 7 月 1 日至 10 月 31 日一直出勤，且一天假都没有休，该考勤表的记载内容明显与事实不符。张某工作期间，零某公司业务量不大，经营状况不佳，因此长期存在拖欠员工工资的情况，结合零某公司采用的预约制工作模式，零某公司显然没有长期安排张某加班的必要。此外，虽然张某提交的考勤表每页均加盖零某公司的公章，但因莫某有机会私自接触使用公章，不能因此视为零某公司对考勤表的确认。故法院判令确认零某公司与张某存在劳动关系，支付张某未签订书面劳动合同二倍工资差额、工资、带薪年休假和解除劳动合同经济补偿金等。

律师点评

通过本案，我们关注以下三点。

第一，用人单位务必管理好公章的使用。公章作为用人单位处理内外事务的印章，盖有公章的各种文件即具有法律效力，对企业具有约束力，因此，用人单位一定要建立公章使用的审批和登记制度，加强公章使用管理，避免因公章使用不当给企业带来不必要的风险。

第二，企业无论大小，都应增强规范用工的管理意识，依法进行劳动用工管理。企业的大小，与其应承担的劳动法上的义务以及劳动者所应享受的权利并无任何关联性。在劳动法面前，企业不分大小，同等对待。小企业的劳动者人数少，更利于管理，请广大中小企业重视劳动用工管理，避免不必要的法律风险。

第三，提醒用人单位，一旦涉诉，应如实陈述事实，如实举证，利用证据及诉讼技巧，赢得胜诉，切忌提供虚假信息和证据，不仅无法赢得官司，还可能受到审判机关的惩处。望用人单位通过正确的诉讼策略维护自身的合法利益。

案例索引

北京市第三中级人民法院（2019）京03民终1077号

127 以多次骚扰同事解雇员工，因证据不足被认定违法

用人单位以劳动者多次骚扰同事为由解除劳动合同，法院提示劳动者应理智处理同事关系但不构成违纪，用人单位解除违法。

案情简介

2009年12月1日，舒某入职迈某（北京）医疗科技有限公司（以下简称迈某公司），岗位为客户服务代表、账户与行政管理。2017年3月1日，迈某公司向舒某发出《劳动合同解除通知》，载明“本公司认为，您在公司任职期间，存在若干不当行为，严重违反了公司规章制度的规定、您的合同义务及相关法律规定，依据《劳动合同》约定、《劳动合同法》及规章制度的规定，公司决定于2017年3月1日解除您的《劳动合同》。本公司将从劳动合同解除日起停止向您发放工资及其他薪酬”。双方因此发生劳动争议。

法院裁判

一审法院认为：在《劳动合同解除通知》中，迈某公司解除的理由是舒某在职期间存在若干不当行为，严重违反公司规章制度，但并未说明解除的具体事由。在

仲裁及庭审中，迈某公司表示舒某的具体不当行为包括，舒某在明知触摸屏器材尚未办理相关器械注册的情况下继续推销该商品，被公司拒绝；舒某骚扰、言语攻击同事。首先，关于迈某公司所述舒某存在明知触摸屏器材尚未办理相关器械注册的情况，继续推销该商品遭公司拒绝的行为，迈某公司未提供充分有效的证据证明系舒某本人故意为之且造成严重后果，同时此事发生在2014年，与迈某公司发出《劳动合同解除通知》的时间已隔近三年，以此事处理舒某与常理不符；其次，关于迈某公司所述舒某存在骚扰同事及言语攻击同事的行为，从庭审中双方提交的舒某与张某的通话录音来看，舒某并不存在攻击性语言及骚扰的情况，且迈某公司亦未就该情况构成解除劳动合同条件提交规章制度依据。综上，迈某公司以上述理由解除与舒某之间的劳动合同系违法解除。根据相关法律规定，用人单位违法解除或者终止劳动合同，劳动者要求继续履行劳动的，用人单位应当继续履行，故迈某公司应继续履行与舒某签订的无固定期限劳动合同。

二审法院认为：迈某公司决定于2018年12月17日解散，故迈某公司与舒某的劳动合同于该日终止，二审法院对一审判决的该项予以变更，改判迈某公司与舒某的劳动合同履行至2018年12月17日，维持其他几项判决。

律师点评

通过本案，简要说明以下三点。

第一，本案中，劳动者与同事相处过程中确实存在不理智行为，虽然法院提出批评，但尚不构成严重违纪，用人单位解除行为违法。通过用人单位提交的电话录音证据可以看出，劳动者的言辞激烈，确有挑衅的意味，说明劳动者与同事的关系紧张，但没有恶意的语言攻击或其他过激行为，用人单位也没有提交劳动者多次骚扰同事的证据，故不构成严重违纪。

第二，用人单位以劳动者三年前存在不当行为解除劳动合同，明显不符合常理，不会得到法院的支持。用人单位在劳动用工管理过程中，不仅要合法合规，还要具有合理性。劳动者违纪后，多长时间内对其进行处分具有合理性呢？当然是越早越好，最好不要超过半年。

第三，诉讼中用人单位解散，双方无固定期限劳动合同无法继续履行，只能履行至用人单位解散之日。本案诉讼中，用人单位决定提前解散，根据规定，用人单位解散将失去用工主体资格，与劳动者劳动合同终止。虽不清楚是不是这样一个劳动争议案件终结了一个用人单位，但无论如何，用人单位应当重视企业劳动用工法律风险的管控。

案例索引

北京市第二中级人民法院（2019）京02民终1570号

128　用人单位对员工的具体职位承担举证责任

用人单位被判违法解除与劳动者劳动合同后，双方就劳动者具体职位有争议，用人单位因无法举证被判继续履行。

案情简介

陶某于2016年1月6日入职福建华某教育科技有限公司北京分公司（以下简称华某北分公司），岗位为人力资源总监，工作任务或职责详见《职位说明书》。2017年12月4日，陶某收到华某北分公司发送的解除劳动合同的短信，双方发生劳动争议。

法院裁判

华某北分公司以陶某存在三项违纪事实为由将其辞退，但华某北分公司提举的证据不足以证明陶某存在严重违纪的行为，故对华某北分公司的主张，法院不予采纳，鉴于解除劳动合同通知于2017年12月4日送达陶某，故法院认定华某北分公司系于当日违法将陶某辞退。针对双方劳动合同是否具备继续履行的客观基础，法院认为，双方针对陶某的工作岗位各执一词，华某北分公司主张陶某为整个北京分公司的人力资源负责人，陶某则主张其为其中一个部门即工程院的人力资源总监，并提举了《各部门业务负责人及 HRBP 列表》。华某北分公司作为劳动关系中负有管理职责的用人单位一方，在双方就陶某任职的人力资源总监系指向全公司还是某部门这一基本事实存在争议的情况下，未能就己方主张提举有效证据，应承担举证不能的法律后果。同时，华某北分公司主张陶某的工作岗位已被他人替代，但提举的该人劳动合同中载明的岗位“HRBP 总监”与陶某劳动合同中载明的岗位“人力资源总监”存在区别，故在陶某不予认可的情况下，对华某北分公司的主张不予采纳。综上，鉴于华某北分公司将陶某辞退的行为构成违法解除劳动合同，且双方签订的劳动合同尚未到期，故对陶某要求华某北分公司与其继续履行劳动合同的请求，予以支持；对华某北分公司提出无须继续履行劳动合同的请求，不予支持。

律师点评

通过本案，我们总结以下三点。

第一，用人单位负有管理职责，在享有权利的同时，也承担相应义务。没有无义务的权利，也没有无权利的义务。用人单位在劳动关系中，自始至终处于主导地位，作为管理者行使管理权利，推动整个劳动关系的发展。同时，对劳动者负有管理职责和义务，如果未能尽到该义务，或履行存在缺陷，则应承担不利的法律后果。在劳动争议案件中，多数用人单位处于不利局面，原因也在于用人单位多是行使权利，很少履行义务，未尽管理职责或管理存在漏洞。

第二，关于用人单位违法解除与劳动者的劳动合同能否继续履行问题。实践中，很多 HR 仍存在这样的错误认识，认为用人单位开除劳动者，大不了赔钱，但是用人单位违法解除劳动合同，劳动法还赋予劳动者另外一项权利，即有权要求继续履行与用人单位的劳动合同。此时，是否具备继续履行的客观条件就十分重要了，本案中，用人单位以劳动者系人事总监，具有不可或缺性，已经有新员工替代为由，主张无法继续履行，然而法院认定双方对于劳动者具体岗位存在争议，用人单位无法举证证明劳动者工作岗位，应承担不利法律后果，继续履行劳动合同。

第三，HR 对于本案法院如此认定，可能会一头雾水：合同中约定劳动者的岗位为人事总监，劳动者主张其属于部门人事负责人怎么就获得法院支持了呢？其实法院的认定结果也并非根据这一项，因为我们没有参与案件，无法了解案件的更多详细信息，不能得出确切判断，但裁判者是在详尽研究双方的证据材料并结合庭审情况后做出的判断，应当有充分依据。

案例索引

北京市第一中级人民法院（2019）京02民终927号

129　无证据证明员工手册经培训及告知员工的，不能直接适用

用人单位无证据证明员工手册经培训及告知劳动者，不能直接适用，但本案因劳动者违反劳动纪律和职业道德，最终被认定解除合法。

案情简介

郭某于2015年4月21日入职北京希某科技有限公司（以下简称希某公司），岗位为销售总监。2016年10月26日，希某公司向郭某发出《员工严重违纪警告信》，以劳动者严重违纪为由决定给予其严重警告并做出辞退处理。双方发生劳动争议。

法院裁判

《劳动法》第三条第二款规定，劳动者应当遵守劳动纪律和职业道德。本案中，郭某认可其在希某公司任职期间请希某公司同事提供餐厅客户资源为银行办理信用卡消费优惠，而希某公司从事餐饮行业的互联网平台线上销售。根据劳动法的相关规定及民法上的诚实信用原则，郭某在希某公司任职期间应遵守劳动纪律和职业道德，本着诚实、善意、不侵害他人与社会的利益的原则行使权利，此系劳动者最基本的职业操守。尽管郭某主张其行为系为朋友提供帮助的个人行为，与希某公司的团购业务并无竞争关系。但从常理来看，如消费者选择使用银行卡消费，则不会再

选择在希某公司的平台上线上消费，即推广银行卡的消费优惠势必影响希某公司的商业利益，郭某的行为已对希某公司构成竞争威胁。希某公司提交的《员工手册》郭某不予认可，公司也无证据证明员工手册经过培训以及告知劳动者，因而法院无法认定劳动者违反员工手册。不过，法院认为郭某的行为违反了劳动纪律及职业道德，希某公司因此与其解除劳动合同符合《劳动法》的规定，所以对希某公司不支付违法解除劳动关系赔偿金的请求应予支持。故法院判令希某公司支付郭某工资，无须支付违法解除劳动合同赔偿金。

律师点评

本案中，用人单位最重要的证据《员工手册》，因缺乏必要程序，法院未能采信，如果不是劳动者的行为违背职业道德，用人单位解除劳动合同很大可能就属于违法解除。

首先，用人单位员工手册制定需经民主程序。实践中，很多用人单位员工手册制定过程中的民主程序，很难有效地执行到位，甚至有的用人单位根本不知道何谓民主程序，如此一来，员工手册在制定程序上必然存在重大漏洞，最终可能导致员工手册存在瑕疵，甚至对劳动者不能适用。

其次，员工手册经公示及有效送达给劳动者后，方能对劳动者适用。用人单位员工手册经民主程序制定后，还需要向劳动者送达，甚至需要组织劳动者对员工手册学习或培训，目的就是保证员工手册能够被劳动者熟知，只有在知悉其内容的情况下，才具备遵守的前提条件。此后，劳动者违反员工手册的规定，用人单位依据员工手册做出的处罚，才有可能被认定合法有效。如同本案，用人单位无法证明员工手册已经经过培训或告知，进而未获支持。

最后，如果劳动者的行为违反基本的劳动纪律和职业道德，用人单位欲依此解除劳动合同的，必须谨慎对待。劳动者违反基本的劳动纪律和职业道德，并没有统一的标准，需要根据行业惯例及劳动者的具体行为，才能做出认定，这一认定只能在用人单位与劳动者发生纠纷后，在诉讼过程中由裁判机关最终做出，用人单位无法将诉讼的主动权掌握在自己手中，存在一定的风险，所以用人单位以劳动者违反劳动纪律和职业道德为由解除劳动合同的，务必对解除行为进行合规性审查，避免不必要的麻烦和损失。

案例索引

北京市第三中级人民法院（2018）京03民终11851号

130　用人单位掌握员工加班证据，员工对此不负举证责任

劳动者对加班事实的存在负有举证责任，但劳动者有证据证明用人单位掌握加班事实存在的证据而用人单位不提供的，由用人单位承担不利后果。

案情简介

田某2015年4月7日入职北京伊某医院有限公司（以下简称伊某公司），担任企划主管。伊某公司于2017年7月28日以伊某公司组织机构调整，不再设立企划部为由向田某出具《劳动关系解除（终止）通知书》，双方产生纠纷。

田某诉称：在职期间存在加班，伊某公司并未支付加班费用或安排调休，为此提交了OA系统截屏、钉钉截屏、加班视频等予以证明。

伊某公司辩称：对田某提供的OA系统证据，伊某公司对真实性和关联性不认可，假如证据成立，也只能证明其提出过加班申请，不能证明伊某公司同意其加班，也不能证明其确实为伊某公司提供了足额时长的劳动。

法院裁判

田某提交了伊某公司OA系统截屏，伊某公司对此不予认可，但伊某公司亦掌握OA系统截屏，该公司曾在（2018）京0108民初165号案件中提交该案劳动者相关OA系统截屏佐证加班和调休情形，故本案中伊某公司以田某已经离职故无法

提交相应证据的主张，法院不予采信。现伊某公司未提交田某加班事实的证据，应承担不利后果。伊某公司还主张其向田某支付的工资中包含加班工资，但未能提交证据予以证明，故不予采信。鉴于此，法院依据田某提交的OA系统截屏核算其加班时长，并采信其所持该部分加班均未支付加班费和安排调休之主张。经法院核算，伊某公司应向田某支付2015年4月7日至2017年7月16日期间延时、休息日及法定节假日加班费差额117425.95元。

律师点评

本案涉及如何理解劳动者就加班事实的存在承担举证责任的问题。

《最高人民法院关于审理劳动争议案件适用法律问题的解释（一）》第四十二条规定，劳动者主张加班费的，应当就加班事实的存在承担举证责任。但劳动者有证据证明用人单位掌握加班事实存在的证据，用人单位不提供的，由用人单位承担不利后果。实践中，关于如何理解劳动者的举证责任，裁审机构把握的尺度不一，普遍的做法是要求劳动者就加班事实承担举证责任，劳动者无法举证或者举证不力的，承担举证不能的法律后果。

本案中，劳动者已经提供了考勤的相关截屏，初步完成了加班事实存在的举证，而且在另外一起案件中，用人单位也已经提供相应的考勤记录的截图，而在本案中，用人单位拒绝提供，应当承担不利后果。提示用人单位，在劳动争议案件的处理过程中，裁审人员明确要求提供相关证据材料的，用人单位应当引起重视，这些材料可能是审判人员认定事实的重要依据，如果盲目提交或者无理拒绝提交，都有可能引起不利后果。本案中的用人单位拒绝提交在其他案件中已经公开的证据材料，实属不智。

案例索引

北京市第一中级人民法院（2020）京01民终3492号